工信精品**人工智能**系列教材

人工智能基础与AIGC应用

（电子活页式）

刘素亚 何兴安 陈承欢◎主编

张凯 王向军 劳凤丹◎副主编

周孟奎◎主审

人民邮电出版社

北 京

图书在版编目（CIP）数据

人工智能基础与 AIGC 应用：电子活页式 / 刘素亚，
何兴安，陈承欢主编. -- 北京：人民邮电出版社，
2025. --（工信精品人工智能系列教材）. -- ISBN 978
-7-115-66662-8

Ⅰ．TP18

中国国家版本馆 CIP 数据核字第 20251HW733 号

内 容 提 要

本书全面、系统地介绍人工智能基础与 AIGC 应用相关理论与实践。全书共 11 个模块，分别为初识人工智能、初涉 AI 大模型、认知 AIGC、领会 AIGC 提示词、AIGC 助力在线搜索与文本生成、AIGC 助力数据分析与图表绘制、AIGC 助力 PPT 制作与图形生成、AIGC 助力图像生成与创意设计、AIGC 助力音视频生成与动画制作、AIGC 助力程序编写与代码优化、AIGC 助力文献阅读与事务处理。每个模块均设计"知识探析""应用实践""自主学习" 3 个教学环节，旨在通过层次化教学，帮助读者系统掌握人工智能的基础知识和 AIGC 的实际应用技巧。

本书既可作为高校各专业的人工智能基础或 AIGC 应用实践相关课程的教材，也可作为人工智能相关培训机构的培训教材，还可作为人工智能爱好者的自学参考书。

◆ 主　　编　刘素亚　何兴安　陈承欢

副 主 编　张 凯　王向军　劳凤丹

主　　审　周孟奎

责任编辑　王淑月

责任印制　王 郁　焦志炜

◆ 人民邮电出版社出版发行　　北京市丰台区成寿寺路 11 号

邮编　100164　电子邮件　315@ptpress.com.cn

网址　https://www.ptpress.com.cn

北京市艺辉印刷有限公司印刷

◆ 开本：787×1092　1/16

印张：14.5　　　　　　　　2025 年 1 月第 1 版

字数：433 千字　　　　　　2025 年 1 月北京第 1 次印刷

定价：59.80 元

读者服务热线：(010)81055256　印装质量热线：(010)81055316

反盗版热线：(010)81055315

前　言

在当今科技飞速发展的时代，人工智能（Artificial Intelligence，AI）正以前所未有的深度和广度改变着我们的生活、工作。党的二十大报告指出："推动战略性新兴产业融合集群发展，构建新一代信息技术、人工智能、生物技术、新能源、新材料、高端装备、绿色环保等一批新的增长引擎。"作为推动社会进步的关键力量，人工智能技术不仅在科学研究中取得突破性进展，更在工业、教育、医疗、金融等多个领域展现出巨大的应用潜力。特别是人工智能大模型和人工智能生成内容（Artificial Intelligence Generated Content，AIGC）技术的兴起，为内容创作、设计创新、教育模式变革等提供了全新的可能。本书旨在通过系统化的知识讲解和实践任务训练，帮助读者掌握人工智能的基础知识和 AIGC 的实际应用技巧，培养读者的创新思维和实践能力，为读者未来在人工智能领域的深入学习和职业发展奠定坚实基础。

本书的主要特色与创新如下。

1. 构建模块化、任务式教学结构

本书以教学实施需求为核心，将真实工作任务转化为课堂上可操作的教学任务，构建模块化、任务式教学结构。全书共设计 11 个模块，设置百余项教学与自学任务，以真实工作需求为载体组织教学内容、实施教学过程，使读者在完成各项任务的过程中，不仅能够学习知识，还能领悟和构建知识结构，最终掌握知识并提升实践能力。

2. 形成层次化教学过程和递进式训练体系

本书充分遵循读者认知规律和技能成长规律，按照"知识学习—引导训练—自主训练"的整体思路，为每个模块设计 3 个教学环节，即"知识探析""应用实践""自主学习"，形成层次化教学过程和递进式训练体系。这种设计便于教学与自学，能够有效提升学习效果，帮助读者循序渐进地掌握知识和技能。

3. 有效实施教学方法

本书合理取舍教学内容，精心设计教学任务，科学优化教学方法，有效运用"问题驱动教学方法""任务驱动教学方法"等实用的教学方法，有利于提高教学效率和保证教学效果。

4. 精选人工智能知识与工具

本书紧跟科技发展潮流，选用体现时代特征的人工智能知识与工具，全书精选多个人工智能知识点和各类综合及专用人工智能工具。通过将知识与真实岗位需求对接，本书能够有效提升读者对人工智能知识的理解能力与对人工智能工具的实操能力，为未来的实际应用奠定扎实基础。

5. 制作真实化素材

本书精心制作真实化素材，这些素材充分体现了思想性、时代性、教育性、实用性等方面的要求，不仅能够帮助读者加深知识理解、熟悉人工智能工具操作，还能够以"润物细无声"的方式培养读者的理想信念和价值追求。

本书所涉及的功能说明及操作界面均以完稿时的版本为准。由于人工智能技术发展迅速，各类人工智能工具持续迭代与更新，但多数人工智能工具的核心操作逻辑仍具有相通性，读者在掌握基础方法后，可触类旁通。

本书由北京科技职业学院的刘素亚、何兴安和湖南铁道职业技术学院的陈承欢任主编，由北京科技职业学院的张凯、王向军和中国农业大学的劳凤丹任副主编，由北京科技职业学院的周孟奎主审。

由于编者水平有限，书中难免存在疏漏之处，敬请各位专家和读者批评指正，编者的 QQ 号为1574819688。

编者

2024 年 9 月

目　录

模块 6

AIGC 助力数据分析与图表绘制 ········· 101

知识探析 ············· 101

模块 7

AIGC 助力 PPT 制作与图形生成 ············· 118

知识探析 ············· 118

模块 8

AIGC 助力图像生成与创意设计 ·············· 143

模块 11

AIGC 助力文献阅读与事务处理 …………………… 206

模块1
初识人工智能

随着科学技术的不断发展，曾经被认为是科幻电影中虚构的人工智能系统、机器人等已经逐渐在生活中成为现实。近年来，人工智能已成为世界各国高度重视的尖端技术领域，我国在该领域的研究与应用也取得了显著进展。在这样的背景下，我们更应该跟上时代发展的步伐，了解人工智能的相关知识。

随着人工智能技术的不断发展，其应用范围日益广泛，涵盖计算机科学、金融贸易、医药、重工业、运输、远程通信、在线和电话服务、法律等诸多领域，给我们的生活、工作等带来了诸多便利。人工智能在智能家居、智能交通、智能医疗等方面都发挥着重要作用。

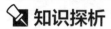 知识探析

//// 1.1 跟上时代发展的步伐，迎接人工智能时代的到来

人工智能正快速进入我们的工作和生活。无论你是销售人员、经理，还是技术人员，人工智能都在悄悄地改变着你的工作方式。

简单来说，人工智能就是赋予机器像人一样聪明干活儿的本事。人工智能使机器能够理解人类语言，精准识别物品，并解决各类问题。人工智能就好像给机器装上了一个"智慧大脑"，让它们在不同的场景下都能大显身手。

现在，在日常工作中，有越来越多的人工智能默默地为人们分担烦琐的任务，提升你的工作效率。你准备好迎接这个变化了吗？

为什么人工智能能让用户的工作效率更高？为什么人工智能如此强大？

这是因为它具备人类暂不具备的能力：高效、准确、不知疲倦地完成任务。

在工作中，你可能经常会面临一些重复性的任务，如回复电子邮件、整理数据、安排会议等。但人工智能可以自动完成这些重复任务，从而大大减少我们在这些重复任务上花费的时间。例如，智能写作工具可以自动生成电子邮件回复，智能数据分析工具可以根据大量数据自动生成报告，智能时间安排工具可以根据用户的工作习惯自动规划日常任务，这些人工智能工具使用户有更多的时间做更有创意和价值的工作。

人工智能对工作的影响主要体现在以下3个方面。

（1）决策支持：人工智能的数据分析功能可替代直觉判断

在面临复杂的决策时，人工智能能够快速处理数据，通过算法分析找到最优解决方案。

人工智能不仅可以分析大量信息，还可以发现信息中的规律和潜在的风险。例如，在销售预测、市场分析、财务规划等领域，人工智能可以提供准确的数据支持，使决策过程更具科学性和客观性。

（2）个性化服务：基于用户习惯的智能辅助工具

人工智能可以根据用户的工作习惯和需要提供个性化支持。例如，文心一言、豆包等人工智能工具不仅可以协助整理思路、生成工作报告，还可以通过分析用户历史交互数据优化生成的内容，帮助用户节省大量时间。

（3）高效合作：人工智能使团队合作减少障碍

在跨部门合作、全球办公等场景下，人工智能能有效提升团队合作效率。其应用包括但不限于实时翻译、智能会议纪要生成。例如，智能会议助手可以自动总结和记录会议要点，并向相关人员发出执行项提醒，帮助团队避免遗忘重要事项。

人工智能正逐渐改变我们的工作方式，我们应该掌握以下几项知识或技能来迎接这些变化，跟上时代发展的步伐。

（1）了解人工智能的基本原理

虽然不需要成为人工智能专家，但了解其基本原理是必要的。与人工智能合作的第一步是了解人工智能的工作原理，了解它能做什么、不能做什么。不必深入研究机器学习和深度学习的细节，但了解人工智能是如何从数据中进行学习、如何识别模式、如何生成语言的，有助于更好地与人工智能合作。

（2）学会使用人工智能工具

目前市场上有大量的人工智能工具可用于提高工作效率，如智能写作工具、智能数据分析工具等。学会使用这些工具不仅可以帮助用户完成某些工作任务，还可以帮助用户更有效地创建内容、分析数据、与客户沟通等。

（3）提高数据素养

人工智能的核心是数据，所以提高个人的数据素养尤为重要。即使不是一名数据分析师，但了解如何从数据中提取有用的信息，以及如何使用人工智能工具来分析数据，也能增强职场竞争力。掌握这些技能有助于更有效地与人工智能合作，做出更准确的决策。

（4）了解跨领域知识

人工智能的应用不仅限于某一技术领域，而且还渗透到其他领域。无论用户是从事销售、市场、人力资源方面的工作，还是从事产品设计方面的工作，人工智能都可以帮助其提高工作效率。了解人工智能在用户所在行业的具体应用，例如，了解如何通过人工智能准确地在市场营销中投放广告，或如何通过人工智能筛选简历、预测人力资源行业的员工流动，可以显著提高用户的工作效率。

人工智能不是威胁，而是职场成功的"加速器"。

人工智能的发展不会取代人类，而是给人类带来了前所未有的工作机会和提高效率的机会。只要具备与人工智能合作的能力，了解如何将其应用到实际工作中，并利用其提高工作效率，就可以在由人工智能带来的变革中占据优势。

1.2 人工智能的定义

人工智能是什么？

人工智能是通过学习数据、识别模式和做出决策来模拟人类思考方式的技术。它不仅可以存储和处理输入的数据，还可以根据这些信息预测未来的趋势，甚至做出独立判断。人工智能可以被视为一个超级智能助手，它可以自动处理复杂的任务，而不需要人类的直接干涉。

"人工智能"一词最早出现在 1956 年举办的达特茅斯会议上，随后，图灵奖获得者约翰·麦卡锡（John McCarthy）提议用"人工智能"作为制造智能机器的科学与工程这门学科的名称，这标志着人工智能学科的诞生。

人工智能学科是一门研究人类智能的跨领域学科，是计算机学科的重要分支。对于人工智能这一概念，不同领域的研究者和机构从不同的角度给出了不同的定义。

美国斯坦福大学人工智能研究中心的尼尔斯·尼尔森（Nils Nilsson）教授认为："人工智能是关于知识的科学，即怎样表示知识、获取知识和使用知识的科学"。

人工智能领域图灵奖获得者马文·明斯基（Marvin Minsky）把人工智能定义为"让机器做本需要人的智能才能够做到的事情的一门科学"。

美国麻省理工学院的温斯顿（Winston）教授认为，"人工智能就是研究如何使计算机做过去只有人才能做的智能工作"。

我国发布的《人工智能标准化白皮书（2018 版）》中提到，人工智能是利用数字计算机或者数字计算机控制的机器模拟、延伸和扩展人的智能，感知环境、获取知识并使用知识获得最佳结果的理论、方法、技术及应用系统。

中国大百科全书数据库将人工智能定义为研究、解释和模拟人类智能、智能行为及其规律的学科。

人工智能学科的主要任务是建立智能信息处理理论，设计可以展现某些近似人类智能行为的计算系统。人工智能学科的研究内容主要包括：知识表示、自动推理和搜索方法、机器学习和知识获取、知识处理系统、自然语言理解、计算机视觉、智能机器人、自动程序设计等方面。

1.3 人工智能的发展历程

人工智能的发展并不是一帆风顺的，在其发展历程中出现了黄金期、繁荣期，但也有低谷期、寒冬期，这表明人工智能具有强大的生命力和发展潜力。

1. 萌芽期（1956 年以前）

从 20 世纪 40 年代开始，科学家和工程师就在探索用机器模拟人的智能行为的可能性。1950 年，英国著名数学家和逻辑学家阿兰·图灵（Alan Turing）提出"图灵测试"，对人工智能的发展产生了划时代的影响。

阿兰·图灵在 1950 年 10 月发表了一篇划时代的论文《计算机器与智能》，提出了"机器能思考吗？"这个问题。文中第一次提出"机器思维"的概念，预言了创造出具有真正智能的机器的可能性，还从行为主义的角度对智能问题给出了定义，由此提出了一个假想：如果一台机器能够通过电传设备与人类展开对话而不能被辨别出其机器身份，那么称这台机器具有智能。这就是著名的"图灵测试"。

1951 年，世界上第一台神经网络计算机 SNARC（Stochastic Neural Analog Reinforcement Calculator）诞生，该计算机首次成功地在只有 40 个神经元的小网络里模拟了神经信号的传递，SNARC 的诞生被视为人工智能发展的起点。

2. 黄金期（1956—1974 年）

1956 年，美国达特茅斯学院首次举办了人工智能研讨会，会上提出了"人工智能"概念，这被认为是人工智能诞生的标志。

此后，人工智能进入了发展的黄金期，相关研究成果非常丰富。例如，美国麻省理工学院的约瑟夫·维森鲍姆（Joseph Weizenbaum）于 1966 年发布了世界上首个聊天机器人 Eliza，其能通过脚本理解简单的自然语言，并产生与人类类似的互动。1968 年，美国斯坦福研究所研制出世界上首台采用人工智能的移动机器人 Shakey。

3. 低谷期（1974—1980 年）

由于先驱科学家们的乐观估计一直无法实现，到了 20 世纪 70 年代初，人们对人工智能的批评越来越多，人工智能的发展陷入了困境。当时人工智能研究面临诸多问题，如计算机内存和处理速度无法满足需求，视觉和自然语言理解中存在巨大可变性与模糊性，以及数据严重缺失导致无法为人工智能找到足够大的数据库来支撑其进行深度学习，等等。这些问题导致人工智能研究进展缓慢，对人工智能提供资助的机构逐渐停止了资助，这使得人工智能的发展陷入了更深的困境。

4. 繁荣期（1980—1987 年）

在短暂的低谷期后，由于一系列技术的新进展，例如，20 世纪 80 年代，专家系统和人工神经网络等技术的新进展，人工智能的发展开始复兴，并进入了真正的繁荣期。

1980 年，美国卡内基梅隆大学设计了 RI 系统，该系统进一步发展后成为专家系统 XCON，该专家系统是一个计算机智能系统，具有完整的专业知识和经验，这一新进展有力地推动了人工智能的发展。

1981 年，日本经济产业省为第五代计算机（当时称作人工智能计算机）的研发拨款 8.5 亿美元。此后，英国、美国也开始在信息技术领域投入大量研发资金。

在这一时期，人工神经网络的研究也逐渐取得成果。1982 年，约翰·霍普菲尔德（John Hopfield）提出了一种全互联型人工神经网络。1986 年，戴维·埃弗里特·鲁梅尔哈特（David Everett Rumelhart）等人成功研制出反向传播（Back Propagation，BP）网络。

此外，1984 年，在道格拉斯·B.莱纳特（Douglas B.Lenal）的带领下，人百科全书项目正式启动，该项目旨在推动使人工智能实现以类似人类推理的方式工作的相关研究。

5. 寒冬期（1987—1993 年）

20 世纪 80 年代后期，产业界对专家系统过高的投入和期望带来了负面效应，人们逐渐发现专家系统的适用范围有限，开发与维护的成本高昂，且未实现预期的商业价值。因此，人们对人工智能的投入再次大幅度削减，人工智能的发展再度陷入困境。

6. 平稳期（1993 年至今）

20 世纪 90 年代初，随着计算机硬件水平的提升及大数据技术的发展，人工智能再次崛起，其发展进入了平稳期。

1997 年 5 月 11 日，由 IBM 公司研发的计算机深蓝（Deep Blue）战胜国际象棋世界冠军加里·卡斯帕罗夫（Garry Kasparov）。

2005 年，由美国斯坦福大学开发的无人车在一条沙漠小径上成功地自动行驶了约 210 千米，赢得了 DARPA 挑战大赛头奖。

2009 年，蓝脑计划（Blue Brain Project）声称已经成功地模拟了部分鼠脑。

2011 年，由 IBM 公司开发的人工智能程序沃森（Watson）参加美国智力竞答节目，使用自然语言回答问题并打败了两位多次赢得该节目竞答冠军的人类选手，获得了高额奖金。后来，这一人工智能程序被广泛应用于医疗诊断领域。

2012 年，加拿大神经学家团队创造了一个名为"Spaun"的虚拟大脑，其拥有 250 万个模拟"神经元"，不仅具备简单认知能力，还通过了基本的智商测试。

2013 年，谷歌、百度等公司纷纷开始探索深度学习算法，并将其应用到产品开发中。

2015 年，谷歌公司开源了第二代机器学习平台 TensorFlow，其中的数据可供相关人员训练计算机。

2017 年，由谷歌公司开发的人工智能围棋程序 AlphaGo 战胜了围棋世界冠军柯洁。由此，人工智能引发广泛关注，社会各界对人工智能的讨论热度骤增。

此后，随着移动互联网和物联网的发展，各大平台每天都会产生海量用户数据，这为人工智能的发展提供了条件，加之智能设备的普及，人工智能的商业化应用前景被业内看好，上述有利形势推动了人工智能的发展。

1.4 AI、AGI 和 GAI 的区别

在人工智能领域，AI、AGI 和 GAI 是 3 个常被提及的概念。但它们之间究竟有何区别呢？

1. AI——人工智能

AI，即人工智能，是一种模拟人类智能的技术，它涵盖机器学习、深度学习、自然语言处理等一系列技术，使计算机能像人一样思考、学习和解决问题。人工智能并非只应用于某个特定领域，而是广泛渗透到我们的日常工作和生活中，应用于从智能手机、自动驾驶汽车到医疗诊断和金融投资决策等各个领域。

让我们通过一个简单的例子来理解人工智能的概念。假设你正在使用一款人工智能语音助手，如小度智能音箱或小米智能音箱，当你向这些设备发出指令时，人工智能会识别你的语音，分析你的意图，并做出相应的回应。这就是人工智能在行动：收集数据、分析、判断和反应。

在现实中，人工智能的应用不止于此。它在工业自动化、智慧城市、医疗健康等领域都有广泛应用。例如，在医疗健康领域，人工智能可以帮助医生进行疾病诊断、手术操作和病例分析。同时，人工智能也在各个行业中发挥着重要作用，如金融行业的风险评估和投资建议，零售行业的智能推荐和供应链管理，等等。

2. AGI——通用人工智能

AGI，全称为 Artificial General Intelligence，即通用人工智能，是指能够执行人类可以执行的任何智力任务的人工智能系统，即 AGI 期望能够在所有领域中，像人类一样学习各种知识，完成各种任务。AGI 的目标是创造一个能像人类一样思考、学习、执行多种任务的系统。

AGI 具有人类智能的广泛特征，如理解、学习、规划、推理等。因此，AGI 也被称为强人工智能（Strong AI）或全人工智能（Full AI）。与狭义的人工智能（Artificial Narrow Intelligence，ANI）不同，狭义的人工智能是为特定领域或问题而设计的，而 AGI 旨在实现一般的认知能力，能够适应任何情况或实现任何目标。AGI 是人工智能研究的最终目标之一，也是未来研究的一个主题。

人们对 AGI 的定义和标准并没有普遍的共识，因为不同领域和学科对人类智能的构成可能有不同的观点。而且，目前还没有真正的 AGI 存在，人们也不清楚何时或如何实现它。一些专家认为，AGI 的出现是可能的和不可避免的，而另一些专家则对 AGI 可行性和可取性持怀疑或悲观态度。

与当前擅长特定任务（如下棋或识别面孔）的人工智能不同，AGI 能够以相当的熟练程度执行人类可以执行的任何智力任务，并且能够跨越各个领域学习和应用知识，而无须重新训练。AGI 的主要特征包括如下方面。

（1）适应性：AGI 将能够学习和应用各个领域的知识。

（2）推理能力和创造力：AGI 将表现出与人类相似的推理能力和创造力。

（3）自我提升：随着时间的推移，AGI 可以完善和增强自己的算法。

AGI 是人工智能的一种理想状态，其发展仍在进行中。相对于狭义的人工智能，AGI 强大得多。AGI 具有更高的智能水平和更广泛的适应性，它的目标是使计算机系统具备像人一样的高层次智能，可以进行复杂的推理、学习、感知和决策，同时可以适应新的任务和环境。它能处理各种类型的任务，而不像人工智能一样，仅仅处理特定领域的任务。

AGI 与人工智能的主要区别如下。

（1）应用范围：人工智能在特定任务上表现出色，而 AGI 则更注重跨领域的学习和应用，能力更为全面。

（2）发展阶段：人工智能技术已经高度成熟并在不断发展中，而 AGI 的实现仍然需要更多探索。虽然有些大模型和 AI 智能体（Agent）在某些特定任务上取得了显著成果，但它们还未达到真正的 AGI 水平。

总的来说，人工智能和 AGI 的主要区别不仅在于技术层面，更在于对未来可能性的探索不同。

3. GAI——生成式人工智能

GAI，即 Generative Artificial Intelligence，即生成式人工智能是人工智能领域的重要分支，是一种基于算法和模型生成文本、图像、音频、视频、代码等内容的技术。不同于传统人工智能仅对输入数据进行处理和分析，GAI 可以学习并模拟事物的内在规律，根据用户的输入数据生成具有逻辑性和连贯性的新内容。这一技术的核心依托于多模态模型，GAI 能针对用户需求实现异构数据的生成式输出。GAI 通常依赖于深度学习模型，如生成对抗网络（Generative Adversarial Network，GAN）或基于 Transformer 架构的模型。

虽然 GAI 与人工智能有着共同的根源，但它特别专注于创意内容的生成。

那么，AI、AGI 和 GAI 有什么区别呢？

（1）AI：一个广泛的领域，涵盖能够执行特定智能任务的机器与系统。

（2）AGI：一个尚未实现的机器概念，可以在所有领域与人类智能相匹配。

（3）GAI：人工智能的一个专门分支，专注于创意内容生成。

虽然 AI 已经在许多行业发挥着重要作用，但 AGI 仍然是未来的愿望，而 GAI 的创造潜力将继续让我们惊叹不已。

1.5 人工智能的核心技术

目前，人工智能已成为全世界极其活跃的创新领域，各种技术对人工智能发展的支撑作用日益凸显。其中，机器学习、人工神经网络、深度学习、GAN 是人工智能的核心技术。

1. 机器学习

机器学习（Machine Learning，ML）是一门涉及概率论、统计学、逼近论、算法复杂度理论等学科的交叉学科，是一门研究机器模拟人类学习活动、自动获取知识和技能以改善系统性能的学科，是一种使机器智能化、实现人工智能的途径。机器学习需要通过大量的数据进行训练，使用各种算法从数据中学习如何完成任务，然后对现实世界中的事件做出预测和决策。例如，AlphaGo 能战胜围棋世界冠军的关键就在于机器学习。

根据训练方法不同，机器学习的算法可以分为监督学习、无监督学习、半监督学习和强化学习4 类。

（1）监督学习

想象一下，有一名"老师"在机器旁边指导，事先已经把正确答案都标记好了，机器就按照这些标记好的正确答案去学习，慢慢地，机器变得越来越聪明。

监督学习是指利用一组已知类别的样本调整模型的参数，使其达到所要求性能的过程，又称监督训练。

简单来说，监督学习就是从指定的训练数据集中学习，并生成预测模型相关函数的所需参数，当新的数据（测试样本）产生时，模型可以根据这个函数预测结果。

监督学习中的输入数据被称为训练数据，每组训练数据都对应一个明确的标记或结果，如垃圾邮件拦截系统中的"垃圾邮件""非垃圾邮件"，手写数字识别中的"1""2""3""4"，等等。在训练基于监督学习的预测模型时，预测模型会将训练数据的实际结果与其生成的预测结果进行对比，从而不断调整预测模型，直到预测模型的预测结果的准确率达到预期。

监督学习常用于处理分类问题和回归问题，是训练神经网络和决策树的常见技术。其常见算法包括决策树（Decision Tree）算法、朴素贝叶斯（Naive Bayesian）算法、逻辑回归（Logistic Regression，LR）算法、K 近邻（K-Nearest Neighbor，KNN）算法等。

（2）无监督学习

无监督学习是指利用一组未知类别或者数值的样本调整模型的参数，使模型达到所要求性能的过程，也称为无监督训练。基于无监督学习训练的模型要在一堆数据里发现规律，然后把这些数据按照规律分成不同的组。

简单来说，在无监督学习下，输入数据没有被标记，也没有确定的结果。无监督学习主要读取数据并寻找数据的规律，主要解决聚类问题，即根据样本间的相似性对样本集进行分类。无监督学习的目标不是指导机器该怎么做，而是让机器自己学习怎么做。无监督学习的常见算法有 K 均值（K-Means）算法、聚类算法、图形推理（Graph Inference）算法、拉普拉斯支持向量机（Laplacian Support Vector Machine，Laplacian SVM）算法等。

（3）半监督学习

半监督学习是将监督学习与无监督学习相结合的一种算法。在半监督学习下，大部分输入数据没有被标记，只有小部分被标记。由于数据的分布不是完全随机的，模型可通过一些有标记数据的局部特征，以及更多无标记数据的整体分布，得到尚能接受甚至是比较好的分类结果。因此，半监督学习的成本相对于监督学习的成本而言较低，但是依然能保持较高的准确度。半监督学习在降低标记代价，提高模型学习性能方面具有较大的实际意义。基于半监督学习训练的模型可以用来进行数据预测，但是模型首先需要学习数据的内在结构，以便合理地组织数据来进行预测。半监督学习的应用场景包括分类和回归。

（4）强化学习

强化学习又称再励学习、评价学习或增强学习，是通过试错和奖励机制让模型学习如何做出决策的技术。模型以试错的方式进行学习，通过与环境交互获得奖励。强化学习的目标是使模型获得最大的奖励，这种奖励与日常生活中的各种绩效奖励非常类似。以游戏为例，如果某种游戏策略可以取得较高的分数，那么明智的做法就是进一步强化该策略，以进一步取得高分。因此，强化学习主要用于使模型在与环境的交互过程中，通过学习策略以达成回报最大化或实现特定目标。在强化学习下，数据均未被标记，但是可以通过奖惩函数来判断数据与标准答案的距离。

基于强化学习训练的常见模型是标准的马尔可夫决策过程（Markov Decision Process，MDP）。强化学习的应用场景包括机器人控制、计算机视觉、游戏、自动驾驶，以及自然语言处理等，常见的算法包括 Q 学习（Q-Learning）算法、时间差学习（Temporal-Difference Learning）算法等。

2. 人工神经网络

人工神经网络（Artificial Neural Network，ANN）是一种模拟大脑神经元连接的算法模型。可以把人工神经网络想象成一个"大脑"，就像大脑由许多神经元通过突触相互连接构成，人工神经网络也由许多"节点"或"人工神经元"通过"链接"相互连接构成。这些人工神经元及链接就像我们的大脑中的神经元及突触，可以处理和传递信息。

人工神经网络由大量功能简单的人工神经元并联组合而成，同一层内的人工神经元可以同时操作，即人工神经网络的处理顺序是并行，且其并行处理能力十分强大。

（1）人工神经网络的主要特征

人工神经网络的主要特征包括非局限性、非线性、非凸性、非常定性。

① 非局限性：人工神经网络上的每个人工神经元都会接收其他人工神经元的大量输入，并通过并行网络进行输出，进而影响其他人工神经元，各人工神经元间互相制约、互相影响。因此，从整体上看，人工神经网络表现出了非局限性。

② 非线性：非线性是自然界的普遍特性。由于人工神经元有激活和抑制两种不同状态，因此，人工神经网络在数学上表现出非线性。

③ 非凸性：人工神经网络的非凸性是指人工神经网络有多个极值，系统具有多个较稳定的平衡状态，这导致了系统演化呈现多样性。

④ 非常定性：人工神经网络是模拟人类大脑思维运动的动力学系统，具有自适应、自组织、自学习能力。在处理信息的同时，人工神经网络本身也在不断变化，因此，人工神经网络是一个不断变化的系统，具有非常定性。

（2）人工神经网络的分类

按照不同的标准，可以对人工神经网络进行不同的分类。

① 按照网络结构分类，人工神经网络可以分为前向网络和反馈网络。

② 按照学习方式分类，人工神经网络可以分为教师学习网络和无教师学习网络。

③ 按照网络性能分类，人工神经网络可以分为连续型网络和离散型网络、随机型网络和确定型网络。

④ 按照突触性质分类，人工神经网络可以分为一阶线性关联网络和高阶非线性关联网络。

⑤ 按照生物神经系统的层次模拟分类，人工神经网络可以分为神经元层次模型、组合式模型、网络层次模型、神经系统层次模型和智能型模型。

3. 深度学习

深度学习（Deep Learning，DL）是一种机器学习方法，使用深层神经网络进行学习和模式识别。如果说人工神经网络像一个普通大脑，深度学习则像一个更加"聪明"的大脑。就像大脑的不同区域处理不同的任务，在深度学习中，人工神经元被组织成许多层，每一层都在学习和处理数据的不同特征或部分。这使得深度学习能够处理非常复杂的任务，如识别图像和理解自然语言。

4. GAN

生成对抗网络（Generative Adversarial Networks，GAN）技术可以说是推动 AIGC 迅速发展的关键技术，有了它，人工智能才能够生成逼真的图像、音频和文本。

GAN 是一种基于博弈论的无监督深度学习模型架构，它通过生成器和判别器两个神经网络相互对抗、相互学习来进行训练，以生成与真实数据样本分布相似的新数据样本。

扫描二维码，打开电子教材中的电子活页 1-1，在线浏览"人工智能领域术语及其解释"。

电子活页 1-1

1.6 人工智能带来的利弊的分析

人工智能作为 21 世纪科技发展的核心力量，正以前所未有的速度深刻改变着人类的生活、工作与思维方式。它在提升生产效率、优化医疗诊断、推动科研突破、促进教育公平和助力可持续发展等方面展现出巨大优势，为社会进步注入了强大动力。与此同时，人工智能也带来了诸多挑战，如对就业市场的冲击、个人隐私与数据安全的隐患、算法偏见引发的伦理问题，以及人机关系的重新定义，这些问题需要引起高度重视。

必须通过完善法律法规、加强伦理监管、推动教育转型、增强公众认知等多方面举措，引导人工智能的健康发展。只有在技术发展与社会治理协同推进的基础上，才能实现人机协同、安全可控的发展路径，让人工智能真正服务于人类福祉，推动社会迈向更加智能、公平与可持续的未来。

1.7 人工智能的伦理与安全问题及其解决方案

人工智能的伦理与安全问题是随着人工智能的快速发展而日益受到关注的重要问题。这些问题不仅关系技术本身的安全性和可靠性，也涉及社会、法律和道德等多个层面。以下是人工智能的伦理与安全问题的主要方面。

1. 人工智能的伦理问题

（1）隐私保护

随着人工智能技术的广泛应用，如何有效保护个人数据隐私成为一个重要问题。为了解决这个问题，需要建立严格的法律法规和采取相应的技术手段。具体来说，在数据收集、数据使用和第三方访问等方面可能存在隐私保护问题。

① 数据收集：人工智能系统需要大量的个人数据进行训练，这可能导致用户隐私信息被过度收集。

② 数据使用：即使数据经过了匿名化处理，通过关联分析也有可能重新识别出个体身份，存在隐私泄露的风险。

③ 第三方访问：当数据被共享给其他机构时，可能会因为数据管理不当而导致隐私侵犯问题。

（2）偏见与歧视

人工智能易出现算法偏差和自我强化现象，应确保人工智能系统的决策过程透明且无偏见，避免出现性别、种族等方面的歧视现象。

① 算法偏差：如果训练数据集中存在历史性的偏见或不公平因素，那么可能会使人工智能存在算法偏差，由人工智能做出的决策也可能带有类似的倾向，例如，招聘中对性别或种族的歧视。

② 自我强化：一旦某些偏见被嵌入人工智能系统中，系统可能会根据包含偏见的数据进行学习和决策，从而生成带有偏见的结果，而这些结果可能会被反馈至系统中作为新的学习数据，进一步强化原有偏见，形成恶性循环。

（3）责任归属

由人工智能系统带来的责任归属问题也较为明显，具体体现在事故追责和法律责任判定两方面。

① 事故追责：当人工智能系统出现故障或受到损害时，确定谁应该承担责任变为一个复杂问题，尤其在涉及多个利益相关者的情况下。

② 法律责任判定：现行法律法规框架暂时难以直接解决由人工智能引发的问题，亟须制定新的法律法规来明确在由人工智能引发的问题中各方权利和义务。

（4）透明性与可解释性

人工智能系统缺乏透明性与可解释性可导致黑箱效应的产生，还可能引发问责制缺失问题。

① 黑箱效应：许多先进的人工智能模型，尤其是深度学习网络，其内部运作机制不透明，决策过程难以解释，这对人们建立对人工智能的信任构成了挑战。

② 问责制缺失：由于对人工智能系统生成的结果缺乏清晰的理解路径，人们很难质疑人工智能系统的输出结果或对其追究责任。

（5）替代问题

人工智能可能引发的替代问题具体体现在就业影响和情感替代两方面。

① 就业影响：自动化和智能化进程加速了部分工作岗位的消失，引发了人们对就业和社会稳定的担忧。政府要保障受影响人群的利益，并为其提供再就业的培训机会。

② 情感替代：随着聊天机器人等互动式人工智能的发展，人们担心它们与人类建立的关系可能取代真实的人际关系，影响人们的心理健康。

（6）公平性考量

具体体现在资源分配和全球性差距两方面。

① 资源分配：人工智能应用可能产生社会不平等现象，如医疗服务中的优先级设置不合理或教育资源的分配不均现象。

② 全球性差距：发达国家和发展中国家在获取人工智能技术和收益上的差异，可能导致数字鸿沟进一步扩大。

2. 人工智能的安全问题

（1）网络安全

人工智能可能带来黑客攻击、对抗样本误导等网络安全问题。

① 黑客攻击：人工智能系统可能成为黑客潜在的攻击目标，遭受恶意软件入侵、数据篡改等攻击。

② 对抗样本误导：黑客可以通过精心设计的输入误导人工智能模型，使其产生错误判断，如交通标志识别失败。

（2）物理安全

人工智能带来的物理安全问题主要包括机器人失控和武器化风险等。

① 机器人失控：特别是在工业机器人和自动驾驶汽车等高风险领域，任何意外行为都可能影响生命与财产安全。

② 武器化风险：将人工智能技术应用于军事领域，如无人机作战平台，有可能带来新的战争伦理问题和技术失控的风险。

（3）滥用与误用

人工智能生成的内容非常逼真，容易被用来制造假新闻、伪造证据等，扰乱公共秩序。

（4）长期风险

从长期来看，人工智能还可能引发超级智能与价值一致性等方面的问题。

① 超级智能：尽管相关研究目前还处于理论阶段，但一些专家担心未来可能出现摆脱人类控制的AGI，带来不可预测的危害。

② 价值一致性：人工智能系统可能会生成与人类核心价值观和道德标准相悖的结果，轻信人工智能生成的内容可能会不利于个人判断能力的提升，因此，应确保人工智能系统的行为符合人类的核心价值观和道德标准，防止出现违背人类利益的情况。

3. 解决方案

针对上述人工智能的伦理与安全问题，国际社会正在积极寻求解决方案，包括但不限于以下方面。

① 立法监管：各国政府纷纷出台相关政策法规，规范人工智能的研发和应用，保护公众利益。

② 技术改进：开发更安全、可靠的人工智能算法，提高系统的透明性与可解释性，降低存在偏见和歧视的可能性。

③ 伦理指导：建立行业自律组织，制定伦理准则，引导人工智能开发者遵循负责任的原则进行创新。

④ 公众教育：加强对人工智能知识的宣传，提升公众对新技术的理解度和支持度，以及对不正确内容的判断能力，共同构建和谐的人机共处环境。

展望未来，随着人工智能技术的不断成熟与普及，人工智能的伦理与安全问题也将日益凸显。但只要我们坚持以人为本的发展理念，不断探索与实践，就一定能够找到技术与伦理的平衡点，让人工智能真正成为推动社会进步、增进人类福祉的强大力量。

1.8　人工智能从多个维度为产业带来的变革

你是否曾想象过，机器能像人类一样思考、行动，甚至其能力在很多方面超越人类的能力？在科技飞速发展的当下，人工智能正以不可阻挡之势重塑我们的世界，人工智能宛如一颗被投入平静湖水中的石头，激起层层波澜，从多个维度为产业带来翻天覆地的变革。

1. 掀起技术效率革命浪潮

在制造、物流与客户服务等领域，人工智能犹如一位不知疲倦且智慧超群的指挥官，凭借智能决策、流程优化，以及与机器人的完美协同，大幅提升自动化水平，显著降低人力成本。在金融、医疗和科研等对数据分析要求很高的领域，人工智能强大的数据处理能力使它如同拥有一双"透视眼"，能够加快复杂数据分析速度。无论是对基因组合的深入探索，还是对市场预测的精准把控，人工智能都能轻松应对，推动数据驱动决策在各个行业普及。而在药物研发和材料科学等创新前沿领域，人工智能的模拟和预测能力，使它就像一位经验丰富的向导，能够帮助科学家们减少实验中的试错次数，大大缩短创新周期，让科研成果更快地从实验室走向现实生活。

2. 重构行业固有模式

教育领域将迎来一场个性化的变革。借助自适应学习系统，人工智能能够像一位贴心的私人教师，根据每个学生的学习进度、兴趣爱好和知识掌握情况，为其量身定制教学方案，颠覆"一刀切"的教育模式，让每个学生都能在最适合自己的节奏中学习和成长。医疗领域也将因人工智能而发生深刻变化，人工智能结合医疗影像和病例分析，宛如医生的"第二大脑"，可为医生提供精准的诊断建议，有效提升基层医疗水平，缓解医疗资源不均的问题，让更多患者受益。在媒体、广告和影视领域，人机协作模式将成为新的主流。人工智能负责生成创意或初稿，为创作者提供源源不断的灵感，创作者则发挥独特的创造力和审美能力，对作品进行优化与审核，二者共同打造出更加精彩的内容。

3. 促进新兴业态蓬勃发展

智能服务将更加普及，法律咨询、心理咨询等专业服务领域可能会出现低成本的人工智能助手。它们就像随时在线的贴心顾问。人工智能使这些专业服务领域的服务覆盖人群扩大，让更多人能够便捷地获取专业帮助。在元宇宙和虚拟现实领域，人工智能的生成能力将加速虚实融合的进程。它能够快速构建出美轮美奂的虚拟场景和栩栩如生的交互角色，为用户带来前所未有的沉浸式体验，使用户仿佛打开了一扇通往全新世界的大门。同时，人工智能还能降低满足小众需求的服务成本，无论是个性化产品设计，还是区域化内容生产，都将变得更加容易实现，从而激活长尾市场，促进细分市场的繁荣，为创业者和创新者提供更多的机会。

4. 推动劳动力结构转型

重复性的低技能岗位，如基础文案编辑和客服等岗位，可能会逐渐被人工智能接管。人机协作将成为常态化的工作模式，医生与人工智能诊断、设计师与人工智能绘图等组合将成为标配，职业能力评估也将更加侧重"人工智能工具使用效率"，这就要求从业者不断提升自己与人工智能协同工作的能力。产业的快速迭代使得终身学习成为必然需求，企业和个人都需要持续更新技能体系。

5. 改变生态竞争格局

掌握先进人工智能技术的企业可能会形成垄断优势，技术鸿沟将进一步扩大，中小企业可能需要依赖云服务或开源生态来生存。跨界竞争也将日益加剧，拥有人工智能的互联网公司可能会凭借技术优势切入医疗、教育等传统行业，突破原有的产业边界，带来全新的生态竞争格局。在全球范围内，人工智能技术可能成为国家间科技竞争的关键领域，影响着全球产业链的分工，各国都在积极布局，力求在这场科技竞争中占据一席之地。

人工智能就像一把双刃剑。一方面，它推动生产力跃升，释放出巨大的创新潜力，为我们的生活带来诸多便利和机遇；另一方面，它也带来了技术伦理、社会公平等方面的系统性风险。这场变革的走向，最终取决于技术落地的路径设计。企业需要在追求效率的同时，承担相应的社会责任；政策制定者需要以具有前瞻性的眼光建立监管框架，引导技术健康发展；而个人则需要适应人机协作的新型工作模式，不断提升自己的能力。这场变革的核心，或许在于人类如何引导人工智能成为"增强智能"，让它真正成为人类的得力助手，与人类共同创造更加美好的未来。

1.9 人工智能的发展对社会发展的影响

人工智能的发展对社会发展的影响是深远且多方面的，它不仅改变了技术格局，还重塑了经济、文化、教育等多个领域的面貌。

在生产制造领域，人工智能凭借其强大的数据处理和分析能力，可为企业生产流程优化提供精准指引。通过对生产流程中产生的海量数据进行深度挖掘与分析，人工智能可以敏锐洞察生产流程中的瓶颈与可优化之处，帮助企业实现生产流程的高效重组与精细管控。从原材料采购、生产进度安排，到产品组装与交付，各个环节都能在人工智能的智能调度下紧密协同，从而大幅降低生产成本，减少资源浪费与能源消耗，使企业在激烈的市场竞争中占据优势。

在质量控制领域，人工智能宛如一位不知疲倦的"质检员"，时刻控制着产品质量。通过实时监测生产数据，人工智能能够迅速捕捉到生产过程中的细微异常情况，提前预警潜在的质量问题，避免不合格产品的出现。无论是汽车零部件的精密制造，还是电子产品的组装生产，人工智能都能通过精准的数据分析和智能算法，确保产品质量的稳定性和可靠性，为企业树立良好的品牌形象。

在公共安全领域，身份认证系统与智能摄像监控的深度融合，构建了一张严密的安全防护网。人工智能驱动的身份认证系统能够快速、准确地识别人员身份，有效防止身份冒用和非法入侵；智能摄像监控则运用先进的图像识别和行为分析技术，实时监测公共场所的人员活动情况，一旦发现异常行为或潜在危险，立即发出预警信号，为执法部门提供有力线索，从而有效预防犯罪事件的发生，保障人民群众的生命与财产安全。

在环境监测与能源优化领域，人工智能同样发挥着不可或缺的作用。面对日益严峻的环境挑战和能源危机，人工智能通过对气象数据、空气质量数据、水质数据等大量环境数据的实时收集与分析，帮助我们及时、准确地了解环境状况，预测环境变化趋势，为制定科学、合理的环境保护政策提供依据；同时，在能源优化领域，人工智能技术助力能源企业实现能源生产、传输和分配的智能化管理，优化能源利用效率，推动能源的可持续发展，为构建绿色低碳的未来奠定基础。

以下是人工智能发展影响社会发展的一些关键点。

1. 经济增长与产业升级

（1）生产力水平提升：人工智能通过优化生产流程、减少人为错误、缩短产品开发周期等方式显著提升了各行业的整体生产力水平。

（2）新兴产业崛起：人工智能催生了一系列围绕人工智能的新兴产业，如自动驾驶汽车、智能家居设备等，这些新兴产业成为推动经济增长的新引擎。

（3）传统产业转型：制造业、农业等传统产业借助人工智能实现智能化转型，提升了传统产业的运营效率和服务质量。

2. 就业结构变化

（1）新职业诞生：随着人工智能技术的广泛应用，社会上出现了许多新职业，如人工智能工程师、机器人维护员等。

（2）人才需求增加：社会对于具备跨学科知识和技术能力的人才需求增加，促使教育体系和社会培训机制进行相应的调整。

（3）工作方式变革：人工智能会使得一些重复性高的工作逐渐被自动化取代，人们可以将更多精力投入创造性、战略性任务中。

3. 生活方式改变

（1）便捷生活服务：智能家居系统让家居生活更加舒适、便捷；智能交通解决方案有助于缓解城市拥堵问题。

（2）个性化体验增强：在电商平台、娱乐内容推荐平台等场景中，人工智能可以根据用户的偏好提供定制化的产品和服务，改善用户体验。

（3）健康管理水平提高：人工智能辅助诊断工具帮助医生更准确地识别疾病，远程医疗服务让患者享受到优质的医疗资源。

4. 创意表达与文化交流

（1）艺术创作多样化：人工智能可以参与音乐作曲、绘画设计等创意活动，拓展艺术家的表达手段，促进文化艺术形式的创新。

（2）文化传播加速：社交媒体平台能够利用人工智能算法精准推送信息，促进不同文化之间的交流和理解。

5. 教育资源优化配置

（1）个性化学习路径：人工智能能够根据每个学生的学习特点和进度，提供量身定制的教学计划，提高教育效率和质量。

（2）教师角色转变：未来，教师将更多地扮演指导者和支持者的角色，培养学生的批判性思维和解决实际问题的能力。

（3）在线教育普及：人工智能驱动的学习平台可以突破时间和空间限制，让更多人有机会获得高质量的教育资源。

6. 伦理道德与法律制度完善

（1）个人隐私保护不断加强：面对人工智能带来的数据安全风险，社会各界越来越重视个人隐私保护，相关法律法规不断完善。

（2）公平性考量：为了避免人工智能系统产生偏见或歧视现象，研究者们致力于开发透明、公正的算法，并探索建立有效的监管机制。

（3）责任界定清晰：当人工智能系统出现故障或受到损害时，需要明确各方的权利义务关系，确保用户权益得到保障。

7. 社会治理现代化

（1）城市管理智能化：人工智能助力构建智能交通管理系统、公共安全预警平台等，提升城市管理和服务水平。

（2）政策决策科学化：政府可以利用大数据分析和模拟仿真技术做出更为合理、高效的政策决策。

（3）环境保护精准化：通过精准农业管理、能源消耗优化等方式，人工智能有助于减少资源浪费，保护生态环境。

在人工智能的发展过程中，公众教育水平与意识提升同样不可或缺。通过普及人工智能知识，增强公众对人工智能技术的理解与信任，可以减少不必要的恐慌与误解。学校、媒体及其他社会组织应携手合作，开展多样化的科普活动，让更多人了解人工智能的运作原理、潜在风险及应对策略。

总之，人工智能的发展既面临着机遇也伴随着挑战。通过科技创新、伦理引导、法律保障、公众教育及跨学科合作等多方面的努力，我们可以更好地驾驭这项技术，让它成为推动人类社会进步的强大力量。在这个过程中，每个人既是见证者，也是参与者，共同书写人工智能与人类文明和谐共生的新篇章。

1.10 人工智能对企业的影响

人工智能正在快速改变全球商业格局，未来其对企业的影响将是多维度的和深远的，下面从技术、管理、商业模式和社会影响等角度，展开分析这种影响。

1. 生产效率的提升

（1）自动化与流程优化

工业机器人、机器人流程自动化（Robotic Process Automation，RPA）和人工智能驱动的供应链管理将代替重复性工作，例如，制造企业通过预测性维护可减少设备停机时间，物流企业通过路径优化算法可降低运输成本。

（2）智能化决策支持

企业开始部署人工智能辅助决策系统，例如，零售巨头利用需求预测模型动态调整库存，可以使误差率降低；制药公司通过人工智能加速药物筛选，可以使研发周期缩短。

2．数据驱动的商业范式

（1）从经验导向到算法驱动

传统企业依赖管理层直觉的决策模式将被打破。例如，银行使用客户行为数据模型实时调整信贷策略，使风控准确率提升；快消品牌通过社交媒体情感分析优化广告投入回报（Return on Investment，ROI）。

（2）长尾市场的激活

人工智能使企业能够低成本服务小众需求，例如，服装定制平台利用生成式设计工具，所以降低个性化生产成本。

3．客户关系的根本性变革

（1）超个性化体验

教育科技公司通过知识图谱构建自适应学习路径，可以提高学生留存率；奢侈品电商使用虚拟试衣间结合体形数据，可以降低退货率。

（2）服务边界的消融

智能客服系统已能处理大部分的常规咨询，这使领先企业开始部署情感识别人工智能，在投诉场景中这类人工智能的客户满意度反超人工服务的客户满意度。

4．组织架构与人力资源的颠覆

（1）技能溢价的重构

普华永道的研究显示，到 2030 年，人工智能和自动化技术将使全球范围内 20%～25% 的制造业低技能岗位被取代。与此同时，世界经济论坛预计，到 2027 年，全球人工智能与机器学习相关岗位数量将增长 40%，其年均薪酬增速也远超传统岗位的增速。

（2）人机协同工作流

法律事务所使用合同审查人工智能，可以提升律师的工作效率且降低错误率；建筑设计公司结合生成式人工智能，可以提高方案迭代速度。

5．行业格局的重塑

（1）跨界竞争常态化

特斯拉通过自动驾驶数据切入保险业，有效提高保费定价精度；亚马逊借助物流人工智能能力，有效抢占第三方配送市场。

（2）平台经济的进化

人工智能驱动的双边平台正在形成"数据—算法—服务"闭环，如某外卖平台的实时调度系统可以提升骑手的配送效率。

6．风险与伦理挑战

（1）算法黑箱与责任界定

近年来，人工智能信贷歧视诉讼案件频发，将人工智能算法的潜在偏见与不公正问题暴露在公众视野之下。AI 信贷系统基于复杂算法评估信贷风险，却因算法的不透明性，难以解释为何某些群体被赋予较低信贷额度或被拒绝贷款，进而引发人们对人工智能信贷歧视的质疑。

无独有偶，在关乎生命健康的医疗领域，人工智能医疗诊断系统的迅速发展同样带来了棘手的责任界定问题。尽管人工智能医疗诊断系统在提高诊断效率方面具有显著优势，但其误判责任归属至今仍无明确法律定论。一旦人工智能医疗诊断系统出现失误，究竟是算法开发者、数据提供者，还是医疗服务机构应承担主要责任，成为亟待解决的问题。

（2）数据主权争夺

企业数据湖规模年均增长速度较快，但跨国数据流动监管冲突加剧。《通用数据保护条例》（General Data Protection Regulation，GDPR）实施后，全球科技公司合规成本每年显著增加。

人工智能正重塑商业与产业格局，提升生产效率，变革商业模式，深化客户关系，颠覆组织架构，但也带来风险与伦理挑战。企业需构建人工智能原生架构，平衡效率与人文、技术创新与伦理，以在智能时代获得持续生命力。

1.11 智能制造数字化平台：让工厂"聪明"起来的超级大脑

智能制造数字化平台就像是工厂里的超级大脑，能让机器"说话"，优化生产流程，精准检测质量，智能管理供应链。它不仅能大幅提升生产效率，还能有效降低生产成本，提高产品质量。无论是汽车制造、电子制造，还是机械制造，都能从这个平台中受益。

随着技术的不断进步，智能制造数字化平台会让工厂工作变得更加高效、智能、灵活，让制造业迈向一个新的高度。

1. 为什么要做智能制造数字化平台

现在，我们经常听说"工业 4.0""智能制造"这些词，那它们到底是什么意思呢？简单来说，就是工厂里不再只依靠工人操作机器，而是让机器自己"思考"、自己"决策"，甚至和其他机器"聊天"。听起来是不是很酷？但要做到这些，就需要一个强大的"大脑"来指挥，这个"大脑"就是智能制造数字化平台。

过去，工厂里的生产流程特别复杂，机器和机器之间、部门和部门之间沟通不畅，生产效率低。而且，一旦机器出故障，需要暂停整条生产线，这会带来一定损失。智能制造数字化平台就是为了解决这些问题，让工厂工作变得更加高效、智能、灵活而被设计出来的。

2. 智能制造数字化平台到底有什么用

（1）让机器"说话"

想象一下，工厂里的机器如果能"说话"，那会有多方便！智能制造数字化平台就能做到这一点。它通过物联网技术，把工厂里的所有机器都连接起来，让它们能实时"聊天"。例如，一台机器发现自己的零件被磨损了，它会立刻通过平台将这一情况"告诉"维护人员，甚至还能自动下单采购新的零件。这样一来，机器的维护变得非常及时，故障率大大降低。

（2）优化生产流程

生产流程的优化也是这个平台的一大亮点。过去，生产线上某个环节慢了，可能会导致整个流程卡壳。但现在，智能制造数字化平台能实时监控每个环节的生产进度，一旦发现哪个环节有问题，它会自动调整生产计划，甚至重新分配任务。例如，A 生产线的某个设备坏了，平台会立刻把相关任务分配到 B 生产线，保证生产不会中断。这样一来，生产效率将大大提高。

（3）精准检测质量

质量检测也是工厂工作中特别重要的环节。过去，质量检测依靠人工实现，不仅速度慢，还容易出错。现在，智能制造数字化平台结合人工智能视觉检测技术，能实时检测产品质量。例如，在汽车制造中，平台可以通过摄像头检查车身的喷漆质量、零部件的安装精度，一旦发现问题，平台便立刻发出警报。这种精准的质量检测，不仅能提高产品质量，还能降低次品率，为企业节省成本。

（4）智能管理供应链

如何智能管理供应链一直是企业的"老大难"问题。过去，原材料供应、库存管理等事项都依靠人工协调，不仅麻烦，还容易出错。现在，智能制造数字化平台能通过大数据分析，预测原材料的需求，自动调整库存。例如，平台可以根据订单数量和生产进度提前下单采购原材料，还可以根据库存情况自动调整生产计划。这样一来，供应链管理变得非常高效。

3. 智能制造数字化平台到底有多厉害

（1）工厂生产效率显著提升

有了这个平台，工厂生产效率显著提升。它能让设备 24 小时不间断运行，还能实时优化生产流程，减少生产中断的时间。例如，在过去，一条生产线一天只能生产 100 件产品，现在可以轻松生产 200 件甚至更多。这种效率的提升，对企业来说是质的飞跃。

（2）生产成本显著降低

生产效率提升了，生产成本自然就降低了。智能制造数字化平台不仅能减少设备故障带来的损失，还能优化供应链管理，降低库存成本。例如，一家大型制造企业通过这个平台，每年能节省几百万元的成本。

（3）产品质量显著提升

质量是企业的生命线，智能制造数字化平台在这方面也有很大的贡献。通过精准的质量检测和实时的生产监控，产品质量能够得到大幅提升。例如，过去产品的次品率可能在 5% 左右，现在可能降到 1% 甚至更低。这种质量提升，不仅能提高企业的市场竞争力，还能赢得更多客户的信任。

4. 智能制造数字化平台能用在何处

（1）汽车制造

汽车制造行业对生产效率和产品质量的要求特别高。智能制造数字化平台可以优化生产线的每一个环节，实现从零部件生产到整车组装的智能化管理。例如，平台可以根据订单数量自动调整生产线的生产速度，还可以实时监控零部件的质量。

（2）电子制造

电子制造行业的产品更新换代快，对生产的灵活性要求也很高。智能制造数字化平台可以快速调整生产计划，适应不同的产品需求。例如，一家电子厂接到一批新的手机订单后，平台可以在短时间内重新配置生产线，快速投入生产。

（3）机械制造

机械制造行业的产品往往体积大、精度要求高。智能制造数字化平台可以通过精准的质量检测和设备维护，确保每一个零部件都符合标准。例如，平台可以通过人工智能视觉检测技术检测机械零部件的尺寸精度，一旦发现问题，立刻发出警报，让工人及时处理。

1.12 AI 视觉检测：工业生产与生活中的"火眼金睛"

从工厂里的产品质量把控，到日常生活里的智能安防，AI 视觉检测都在默默发挥着关键作用，堪称一双无处不在的"火眼金睛"。

先来看看 AI 视觉检测到底是什么。简单来讲，它就像是给机器装上了"眼睛"和"大脑"。它通过高清摄像头、传感器等设备，快速获取物体的图像信息，然后运用强大的人工智能算法对这些图像进行处理和分析。就好比我们用眼睛看东西，看到之后大脑会对其进行判断，AI 视觉检测也是如此，它能判断出物体的形状、尺寸、颜色等各种特征。

在工业生产领域，AI 视觉检测的应用极为广泛。如在电子制造行业，手机、计算机等电子产品对零部件生产精度要求非常高。以前，检测零部件是否合格主要依靠肉眼实现，不仅效率低，而且容易出现漏检、误检的情况。现在有了 AI 视觉检测，它可以在较短的时间内对大量零部件进行检测，即使是芯片上极其细微的电路短路、断路，或者电子元器件的引脚变形等问题，也逃不过它的"眼睛"。它能快速、准确地判断出零部件是否合格，大大提高生产效率和产品质量。

再如，在汽车制造行业，汽车的车身、零部件的表面质量直接影响到汽车的安全性和美观度。AI 视觉检测可以对汽车车身的焊接质量、喷漆均匀度，以及零部件的装配精度等进行全方位检测。一旦发现焊接处有虚焊、喷漆有气泡或者零部件装配不到位等问题，系统会立即发出警报，提醒工作人员进行调整，确保每一辆出厂的汽车都符合高质量标准。

在日常生活中，AI 视觉检测也发挥着重要作用。如在智能安防领域，智能监控摄像头利用 AI 视觉检测技术可以实时识别出可疑人员、车辆，一旦发现异常行为，如闯入禁区、长时间徘徊等，系统会自动报警，为我们的生活安全保驾护航。再如，在物流行业，AI 视觉检测可以快速识别包裹上的条码、文字信息，实现包裹的自动分拣和分类，提高物流效率。

AI 视觉检测之所以这么厉害，主要是因为它具有先进的图像处理技术和深度学习算法。它能够对海量的图像数据进行快速分析和学习，不断优化检测模型，提高检测的准确率和可靠性。而且，它还能适应不同的工作环境和检测需求，无论是在强光、弱光环境下，还是更复杂的环境下，它都能稳定工作。

不过，AI 视觉检测也面临一些挑战。一方面，图像数据的质量对检测结果影响很大，如果图像模糊、光线不佳，可能会导致检测不准确；另一方面，不同的检测任务需要不同的算法和模型，开发和优化这些算法和模型需要大量的时间和专业知识。

未来，随着技术的不断进步，AI 视觉检测有望在更多领域得到应用，并且变得更加智能和高效。

1.13 AI 表面质检系统：给产品"找碴儿"的超级侦探

AI 表面质检是 AI 视觉检测的一个具体应用领域，与 AI 视觉检测不同，AI 表面质检系统就像一个超级侦探，能快速、精准地揪出产品表面的各种瑕疵，让产品质量更上一个台阶。不管是在电子制造、汽车制造行业，还是在家电制造、玻璃制造行业，AI 表面质检系统都能发挥大作用。有了它，产品质量更有保障，生产效率也更高。

1. 为什么要做 AI 表面质检系统

在我们的生产、生活中，如何确保产品表面的质量是一个大问题。不管是手机屏幕、汽车零部件，还是家电外壳，表面有瑕疵都是不行的。以前，质检工作主要依靠工人拿着放大镜、手电筒，一个个地检查，不仅效率低下，还容易漏掉一些小瑕疵。要是能有机器帮助把关，将节省大量时间和精力。AI 表面质检系统就是为了解决这个问题而生的。

2. AI 表面质检系统是怎么工作的

AI 表面质检系统的工作原理非常有趣。它主要依靠高清摄像头和"聪明"的 AI 算法。

首先，高清摄像头会拍下产品的表面图像，就像给产品拍高清写真。然后，"聪明"的 AI 算法开始大显身手。它会分析这些图像，寻找其中的异常。例如，它会对比这些图像和正常产品的图像，看看产品表面有没有划痕、裂纹这些瑕疵。如果发现瑕疵，它会立刻进行标记，并且告诉工作人员："嘿，这儿有问题，得处理一下！"

AI 表面质检系统还能不断学习。每次检测完产品，它都会把数据保存起来，并对数据进行分析和总结，下次遇到类似的情况时，就能更准确地判断。它就像一个不断进步的超级侦探，越来越厉害。

3. AI 表面质检系统到底有多厉害

（1）速度快得惊人

人工质检的时候，一个工人一天可能只能检测几百个产品，而且还非常累。AI 表面质检系统能在短时间内处理大量图像，这使它在 1 分钟内就能检测几十个甚至上百个产品，效率非常高。

（2）精准度非常高

人工质检难免会有疏漏，有时小瑕疵可能会被忽略。但 AI 表面质检系统不一样，它的精准度能达到微米级别，那些肉眼几乎看不见的瑕疵，它也能轻松"揪"出来。例如，在手机屏幕生产过程中，它能检测到屏幕上像头发丝一样细的划痕。

（3）24 小时不休息

AI 表面质检系统不需要休息，也不需要吃饭、喝水，只要打开它的开关，它就能一直工作。这对于需要连续生产的工厂来说非常方便。不管白天还是黑夜，它都能认真地给产品"找碴儿"。

4. AI 表面质检系统能用在何处

（1）电子制造

在电子制造行业，产品表面的质量特别重要。例如，手机、计算机的外壳如果有划痕或者其他瑕疵，会影响用户体验。AI 表面质检系统可以快速检测出这些瑕疵，确保出厂的产品完美无瑕。

（2）汽车制造

汽车零部件的质量关乎生命安全。AI 表面质检系统可以检测汽车的车身、零部件表面有没有裂纹、凹陷，确保每辆汽车车身、每个零部件都符合标准。这样，汽车在行驶过程中才会更安全。

（3）家电制造

家电产品的外观也很重要。例如，冰箱、洗衣机的外壳如果有瑕疵，会影响产品的美观度。AI 表面质检系统可以快速检测出这些瑕疵，让家电产品看起来更漂亮、更精致。

（4）玻璃制造

玻璃制造行业也离不开 AI 表面质检系统。如果玻璃表面有划痕、气泡或者裂纹，会影响产品的质量。AI 表面质检系统可以快速检测出这些瑕疵，确保玻璃完美无瑕。

5. AI 表面质检系统的未来

现在，AI 表面质检系统已经很厉害了，但未来它还会更强大。随着技术的不断进步，AI 表面质检系统可以和其他系统结合，如和 AI 生产管理系统结合，一旦发现瑕疵产品，系统会自动停机，提醒工人处理。这样，生产效率会更高，产品质量也会更有保障。

应用实践

【任务 1-1】 探析人工智能技术的核心应用领域及其影响

【任务描述】

结合具体应用探析人工智能技术的核心应用领域及其影响。

【任务实施】

随着数字化时代的到来，人工智能迅速融入经济、社会、生活。人工智能的核心应用领域广泛，几乎涵盖从日常生活到工业生产的各个方面，其广泛应用于智能交通、智慧金融、智慧物流、智慧零售、智能安防、智能家居等领域，在各个领域发挥着不同的作用，为生活和生产带来了诸多便利。

1. 智能制造

在工业 4.0 时代的浪潮下，传统制造业正迎来一场"脱胎换骨"的变革，而人工智能便是这场变革的核心驱动力，其推动传统制造业迅猛发展。

2. 智慧农业

在农业领域，人工智能技术已深度融入各个环节，为传统农业的转型升级注入强大动力，带来了前所未有的变革。

3. 智能医疗

在医疗领域，人工智能正掀起一场深刻变革，为传统医疗模式注入全新活力。

4. 智能教育

在教育领域，人工智能正深度赋能教育信息化变革。

5. 智能交通

智能交通正深刻改变着人们的出行方式与交通生态。

6. 智慧金融

在金融领域，人工智能广泛应用于自动获客、身份识别、大数据风控、智能投顾、智能客服及金融云等多个关键环节。

7. 智慧物流

借助智能搜索、推理规划及计算机视觉等前沿技术，人工智能在物流领域的仓储、运输、配送和装卸等关键环节掀起了一场自动化变革，成功构建起无人操作一体化的高效运作模式。

8. 智慧零售

在数字化浪潮的席卷下，零售领域正经历着深刻变革，而人工智能无疑是这场变革的核心驱动力，强势掀起智慧零售的全新潮流，为行业发展注入无限活力。

9. 智能安防

智能安防以人工智能系统为核心，借助先进的算法和大数据处理技术，实现对多维度信息的精准识别与深度分析，为安全防范提供全方位、智能化的解决方案。

10. 智能家居

智能家居作为现代科技与生活深度融合的典范，以物联网技术为基石，通过智能硬件、软件系统，以及云计算平台的有机协同，构建起一个完整且高效的家居生态圈。

11. 智能客服

随着自然语言识别技术、自然语言理解和知识检索技术、自主学习技术的发展，智能客服逐渐成熟，很多行业的客服中心慢慢引入了智能客服，以满足一些碎片化的、简单的、重复的客户需求。

展望未来，人工智能的核心应用领域必将持续拓展，不断突破创新边界。从医疗健康到教育科研，从交通运输到金融服务，人工智能将为人类社会的各个方面带来更多的可能性，为人类社会的进步和发展注入源源不断的活力，引领我们迈向更加智能、美好的未来。

扫描二维码，打开电子教材中的电子活页 1-2，在线浏览"探析人工智能技术的核心应用领域及其影响"。

电子活页 1-2

【任务 1-2】 探析人工智能对人们生活的积极影响

【任务描述】

通过实例探析人工智能对人们生活的积极影响。

【任务实施】

人工智能对人们的生活产生了诸多积极影响，主要体现在以下几个方面。

1. 家居与交通

（1）智能家居：人工智能使家居设备实现智能化和自动化。如智能语音助手可通过语音指令控制灯具、空调、窗帘等家居设备，无须人们亲自操作，提高了生活便捷性；智能门锁通过人脸识别、指纹识别等技术，让人们无须携带钥匙，提升了生活效率和安全性。

例如，扫地机器人内置人工智能算法和传感器，能够自主规划清扫路径，识别房间中的障碍物，自动避开家具、电线等，还能根据不同的地面材质自动调整清扫力度和模式，帮助人们轻松完成地面清洁工作，节省了大量的时间和精力。

人们可以通过语音指令让智能音箱播放音乐、查询天气、设置闹钟、控制智能家居设备等。如说"小爱同学，打开客厅的灯"，就能轻松控制灯具，无须手动操作，为生活带来极大便利。

（2）智能交通：在交通管理中，人工智能可根据实时车流量，优化交通信号灯时长，缓解拥堵，节省人们的出行时间。智能导航系统能实时提供路况信息，规划最佳路线，帮助人们更快速、准确地到达目的地。

例如，打车平台利用人工智能算法进行智能派单。其根据乘客的位置、目的地、路况及司机的位置、车辆信息等多维度数据，快速为乘客匹配最合适的司机，缩短了打车效率，减少了乘客等待时间，同时也优化了司机的接单效率，提升了整体出行体验。

2. 医疗与健康

（1）辅助诊断：人工智能可分析医学影像，如计算机体层扫描（Computed Tomography，CT）、磁共振成像（Magnetic Resonance Imaging，MRI）等，帮助医生更准确地发现疾病，提高诊断的准确性和效率，为患者争取更多的治疗时间。一些人工智能系统还能通过分析大量的医疗数据，辅助医生制定治疗方案。

（2）健康管理：智能穿戴设备和健康监测应用利用人工智能技术，实时监测用户的生理数据，如心率、血压数据等，一旦发现异常情况可及时提醒用户，并为用户提供健康建议和运动、饮食规划，帮助用户更好地管理自身健康。

例如，手术机器人是一种典型的医疗机器人，它通过人工智能和机械臂技术，使医生可以通过控制台远程操控机械臂，进行复杂的手术操作，减少手术创伤，提高手术成功率，为患者带来更好的治疗效果。

3. 教育与学习

（1）个性化学习：人工智能教育平台能根据学生的学习进度、知识掌握情况等，为学生提供个性化的学习内容和学习计划，满足不同学生的学习需求，提高学习效果。例如，智能辅导系统可以针对学生的薄弱环节进行有针对性的辅导。

（2）虚拟学习环境：借助人工智能和虚拟现实技术，创建虚拟学习环境，让学生身临其境般体验历史事件、科学实验等，增强学习的趣味性和互动性，激发学生的学习兴趣和积极性。

例如，利用人工智能技术的教育 App 可以通过拍照搜题功能，快速识别题目并给出详细的解题思路和答案。同时，它可以根据学生的做题情况和学习数据，为学生提供个性化的学习建议和学习计划，帮助学生更有针对性地学习，提高学习成绩。

4. 娱乐与文化

（1）内容创作：人工智能可创作音乐、美术、文学等方面的艺术作品，为人们提供更多独特的艺术体验。一些人工智能音乐创作软件能够根据用户的喜好生成不同风格的音乐，一些人工智能绘画工具（即生成图像工具）可以帮助用户快速生成创意画作。

（2）个性化推荐：视频、音乐、新闻等各类娱乐平台利用人工智能算法，根据用户的浏览历史、收藏偏好等，为用户提供个性化的内容推荐，使用户更容易发现自己感兴趣的内容，丰富了用户的娱乐生活。

例如，抖音利用人工智能算法，根据用户的观看历史、点赞、评论等行为数据，为用户精准推荐个性化的视频内容。该算法可以使用户快速发现自己感兴趣的视频，如美食制作、旅游风景、搞笑段子等类型的视频，丰富了用户的娱乐生活，满足了不同用户的兴趣爱好。

5. 社交与沟通

（1）智能翻译：在跨语言交流中，人工智能翻译工具能够实时翻译语音和文字，消除语言障碍，让不同国家和地区的人们更便捷地进行交流和沟通。无论是在旅行还是在商务交流中，智能翻译都发挥着重要作用。

例如，在跨国旅行和交流中，谷歌翻译的实时语音翻译功能非常实用。用户只需说出需要翻译的内容，它就能快速、准确地将内容翻译成目标语言并播放出来，让使用不同语言的人能够顺畅交流，极大地消除了语言障碍。

（2）社交助手：一些人工智能社交助手可以帮助用户更好地管理社交关系，如提醒用户重要的社交活动、提供社交话题建议等，还可以模拟人类对话，与用户聊天，为用户提供情感支持等。

自主学习

【任务 1-3】 理解人工智能的概念

【任务描述】

仔细阅读以下选项，在表述正确的选项的"□"中打"√"。

□ 人工智能的目标是创建能够执行需要类似人类智能才能执行的任务的智能系统。

□ 人工智能包含各种技术和算法，使机器能够从数据中学习、推理并适应新信息。

□ 人工智能使用机器学习模型、大型数据集和模式识别来生成特定类型的结果。

□ 感知是人工智能最初的核心突破，赋予了机器"看""听""感受"的能力，让它们可以接收并理解外部信息。

□ 认知赋予人工智能"理解"与"推理"的能力。

□ 人工智能的真正潜力在于感知与认知的协同，让机器不仅能"看""听""感受"，还能"理解""推理"。

【任务 1-4】 认知人工智能的发展趋势

【任务描述】

扫描二维码，打开电子教材中的电子活页 1-3，在线浏览"认知人工智能的发展趋势"。

电子活页 1-3

仔细阅读以下选项，在属于人工智能的发展趋势的选项的"□"中打"√"。

□ 人工智能服务呈现线下和线上的无缝结合趋势。

□ 人工智能产品更加细分。

□ 智能化应用场景从单一向多元发展。

□ 人工智能服务带来更高的附加值。

□ 人机协同模式有望成为主流。

□ 人工智能和实体经济深度融合进程将进一步加快。

□ 人工智能相关治理体系将加速出台。

□ 从人工智能向人机混合智能发展。

□ 从"人工+智能"向自主智能系统发展。

□ 人工智能将加速与其他学科领域交叉渗透。

【任务 1-5】 熟悉人工智能的日常应用场景

【任务描述】

仔细阅读以下选项，在属于人工智能在生活、工作的日常应用场景的选项的"□"中打"√"。

□ 通过计算机视觉技术，人工智能能够分析图像和视频，实现目标识别、面部检测等功能。

☐ 语音识别技术使人工智能可以将音频信号转化为可理解的文本，语音助手能够通过理解用户的语音指令完成任务。

☐ 自然语言处理（Natural Language Processing，NLP）技术赋予了人工智能理解和处理人类语言的能力，大语言模型如文心一言，使人工智能能够生成连贯的文本、回答复杂问题，甚至模拟人类对话。

☐ 机器学习让人工智能能够通过试错学习优化行为策略，AlphaGo 通过这一技术战胜了顶尖棋手，展现了人工智能在动态环境中制定最佳策略的能力。

☐ 深度学习模型，如卷积神经网络（Convolutional Neural Network，CNN），大幅提升了图像识别的精度，具体应用包括目标检测、人脸识别、医学影像诊断等。

☐ 自动驾驶汽车通过摄像头、雷达等传感器感知周围环境，包括车道标识、行人、车辆和信号灯等。结合感知数据，人工智能可进行场景分析和路径规划。例如，在复杂路况中预测其他车辆的行为并制定避让策略。

☐ 医疗影像人工智能能够通过 CT、MRI 等影像数据检测病灶，结合患者病历和医学知识，提供诊疗建议或生成个性化治疗方案。

☐ 智能家居通过摄像头、温度传感器、语音设备，感知家庭环境的变化和用户行为。例如，智能恒温器根据温度变化自动调节室内环境温度。人工智能根据用户习惯和历史数据预测需求，可以在合适时间自动播放音乐或关闭灯光。

☐ 工业机器人通过视觉传感器、力觉传感器实时感知生产线状态，例如，检测产品质量或零部件位置。人工智能通过实时数据分析和生产知识图谱，实现故障预测、资源优化和生产流程的动态调整。

☐ 零售行业人工智能通过面部识别、行为监测和商品图像识别，能够了解消费者的购物行为和兴趣点，并分析消费数据，为消费者推荐商品，为商家优化库存管理，甚至预测市场需求。

☐ 无人便利店通过感知技术跟踪购物行为，结合认知能力实现自动结账。智能客服利用自然语言处理技术解答客户问题，提升客户服务效率。

☐ 安防系统通过监控摄像头和语音设备实时监测环境动态，识别异常行为或声音。人工智能通过分析历史数据和实时警报，预测潜在风险并发出预警。安防系统应用于机场、地铁等公共场所，实现了更高效的安全管理。

☐ 在教育领域，人工智能通过摄像头和传感设备感知学生的注意力状态、学习习惯等特征。基于学生表现数据，人工智能可以生成个性化学习计划，并实时调整教学内容。在线教育平台利用人工智能实现因材施教，提升学习效果。

☐ 智慧城市通过摄像头、传感器和物联网设备实时采集交通、环境和能源使用数据。人工智能分析数据，提供交通优化方案、环保策略以及城市能源调度计划。我国部分城市已部署智能交通管理系统，有效缓解了高峰期车辆拥堵问题。

【任务 1-6】 了解人工智能面临的挑战与风险

【任务描述】

仔细阅读以下选项，在属于人工智能面临的挑战与风险的选项的"☐"中打"√"。

☐ 人工智能的训练和运行依赖于高质量的海量数据，但现有数据质量参差不齐，缺乏统一标准。

☐ 隐私泄露风险引发公众担忧，尤其在医疗、金融等敏感领域。

☐ 当前的人工智能算法对算力需求高，模型运行成本居高不下，尤其在边缘设备上的模型部署方面。

☐ 深度学习模型的可解释性较低，限制了人工智能在高风险领域的应用。

☐ 感知与认知技术可能被滥用于隐私侵犯或行为操控方面，如人脸识别技术的不当使用。

☐ 人工智能决策的公正性和透明度仍待提升，偏见问题可能导致社会不平等问题。

☐ 大规模自动化可能对就业市场产生冲击，部分职业面临淘汰风险。

☐ 技术普及不均可能扩大数字鸿沟，阻碍技术红利的共享。

☐ 不同行业的人工智能系统往往缺乏互通性，导致数据孤岛和资源浪费现象。

☐ 感知和认知能力的高度智能化使人工智能系统成为网络攻击的潜在目标。

模块2
初涉AI大模型

在科技迅猛发展的当下，AI大模型已成为人工智能领域的焦点，正深刻改变着我们的生活、工作与思考方式。从最初的理论设想，到如今在各个领域的广泛应用，AI大模型的发展历程充满创新与突破，开启了一个全新的智能时代。AI大模型作为人工智能领域的前沿技术，已经展现出了巨大的潜力和价值。它在推动各行业数智化转型、改善人们生活质量等方面发挥着重要作用。

AI工具是AI大模型的具体实现，已经广泛应用于媒体、电商、设计、金融、医疗等多个领域，它们能够自动生成文本、图像、音频、视频等多种类型的内容，为内容创作提供有力支持，大幅提高了内容创作的效率和质量。

随着人工智能技术的飞速发展和应用场景的拓展，AI工具对人们的日常办公、学习生活都产生了深远的影响。有了AI工具，人们可以快速制作PPT、完成报告、查找资料、创作故事、撰写朋友圈文案等。用好AI工具，对于人们以后的职场发展、办公效率的提升非常有帮助。

知识探析

2.1 关于AI大模型/AI预训练模型

伴随着人工智能技术的加速演进，AI大模型已成为全球科技竞争的新高地、未来产业的新赛道、经济发展的新引擎，AI大模型发展潜力大、应用前景广。

AI大模型的出现，使得利用人工智能技术来生成内容的体验感受从"可用"跨越到"好用"。生成内容是所有行业共同的需求，如今AI大模型已经在电商、影视、传媒等领域被规模化应用。未来，利用人工智能技术生成内容将从"好用"跨越到"高效"，也许人们会再经历一次或多次技术范式的颠覆。

当前，通用大模型、行业大模型、端侧大模型如雨后春笋般涌现，AI大模型产业的应用落地将进一步提速。作为新一代人工智能产业的核心驱动力，AI大模型广泛赋能我国经济社会的多个领域，为人们打开通往AGI的大门，推动新一轮的科技革命与产业变革。

当前，我国AI大模型产业呈现蓬勃发展的态势。伴随着多家科技厂商推出的AI大模型落地商用，各类通用、行业及端侧大模型已在多个领域，如金融、医疗、政务等领域取得了显著成果，AI大模型已成为提升服务质量和效率的重要手段。

AI大模型是一种机器学习模型，它可以学习和处理大量的信息（如图像、文本、音频等），也可以通过训练完成各种复杂的任务，例如，智能语音助手识别语音指令和图像识别软件识别图像都会用到AI大模型。

AI预训练模型可以通过对不同领域数据的大量训练，掌握知识和技能。这里的"预训练"，可以理解为像学生学习知识一样，机器也需要通过学习和训练来获取相关的知识和技能，以完成各种任务。

由 OpenAI 开发的模型 ChatGPT 就是一种大型语言模型（Large Language Model，LLM），也是一种预训练模型，它可以自动生成各类文本（如新闻报道、小说），也可以回答问题、与用户进行对话。

2.2 AI 大模型的主要特征

AI 大模型具有泛化性（将知识迁移到新领域）、通用性（不局限于特定领域），以及涌现性（产生预料之外的结果）特征。

以 ChatGPT 为代表的 AI 大模型因具有大量参数和深度网络结构，能学习并理解更多的特征和模式，从而在处理复杂任务时展现出强大的自然语言理解、意图识别、推理、内容生成等能力，同时具有通用问题求解能力，被视作通往 AGI 的重要路径。

2.3 AI 大模型的主要类型

按照部署方式，AI 大模型主要分为云侧大模型和端侧大模型两类。云侧大模型部署在云端，其拥有参数规模更大、算力资源更多及满足海量数据存储需求等特点；端侧大模型通常部署在手机、个人计算机（Personal Computer，PC）等终端上，具有参数规模小、本地化运行、隐私保护性强等特点。

具体而言，云侧大模型分为通用大模型和行业大模型；端侧大模型主要有手机大模型、PC 大模型。从云侧大模型来看，通用大模型具有适用范围广泛的特点，其训练数据涵盖多个领域，能够处理各种类型的任务，普适性较强。行业大模型具有专业性强的特点，它们针对特定领域（如金融、医疗、政务等）的需求进行模型训练，因而对特定领域具有更强的业务理解和场景应用能力。从端侧大模型来看，手机和 PC 大模型由于直接部署在设备终端，可以为用户提供更加个性化和便捷的智能体验。

我国具有代表性的通用大模型主要包括百度的文心一言大模型、科大讯飞的星火认知大模型、阿里云的通义大模型等；行业大模型主要包括用友的 YonGPT 大模型、蜜度的文修大模型、容联云的赤兔大模型、人民网的"写易"智能创作引擎等；端侧大模型主要以蔚来的 NOMI GPT 大模型为代表；同时具有云侧和端侧大模型的端云结合大模型主要有 vivo 的蓝心大模型，其端侧化、矩阵化的优势为智能手机带来了新的功能和体验。我国 AI 大模型的类型、功能及典型案例如表 2-1 所示。

表 2-1　我国 AI 大模型的类型、功能及典型案例

AI 大模型的类型	AI 大模型的功能	AI 大模型的典型案例
通用大模型	文本生成、语言理解、知识问答、逻辑推理、数学运算、代码生成、多模态等	百度——文心大模型 科大讯飞——星火认知大模型 阿里云——通义大模型
行业大模型	◆ 金融：文档处理、知识问答、内容生成、辅助决策。 ◆ 医疗：医学影像生成、知识问答、辅助决策。 ◆ 政务：政策检索、知识问答、辅助决策。 ◆ 电商：经营分析、商品推广、商品销售。 ◆ 传媒：录音转写、新闻写作、视频剪辑	用友——YonGPT 大模型 蜜度——文修大模型 容联云——赤兔大模型 人民网——"写易"智能创作引擎
端侧大模型	物体识别、语言理解等	蔚来——NOMI GPT 大模型
端云结合大模型	语义搜索、知识问答、文本创作、图像生成、智慧交互等	vivo——蓝心大模型

2.4 AI 大模型的应用场景

电子活页 2-1

我国 AI 大模型产业发展源于多领域的广泛需求，例如，来自办公、制造、金融、医疗、政务等领域中的自动化生产、降低风险、提高诊断准确率、提高政务服务效率等需求。相关领域的创新和发展共同推动着我国 AI 大模型产业的蓬勃发展，预示着该产业拥有广阔的市场前景。

扫描二维码，打开电子教材中的电子活页 2-1，在线浏览"AI 大模型的应用场景"。

2.5 AI 大模型的核心技术

近年来，AI 大模型得到快速发展，当前大模型热潮主要由大型语言模型相关技术引领。大型语言模型又称语言大模型或大语言模型，它通过在海量无标注数据上进行大规模预训练，学习大量知识并进行指令微调，从而获得面向多任务的通用求解能力。

2017 年，谷歌公司提出基于自注意力机制的神经网络结构——Transformer 架构，奠定了大模型预训练算法架构的基础。2018 年，OpenAI 和谷歌公司分别发布了 GPT-1 与 BERT 大模型，预训练大模型成为自然语言处理领域的主流。

2022 年，OpenAI 推出 ChatGPT，其拥有强大的自然语言交互与生成能力。2023 年，OpenAI 的多模态预训练大模型 GPT-4 发布，其具备多模态理解与多类型内容生成能力。2024 年，OpenAI 发布视频生成大模型 Sora，提出时空碎片和扩散 Transformer 技术，标志着大模型的多模态生成能力的进一步成熟。

1. Transformer 架构

Transformer 架构是目前大语言模型采用的主流架构，其主要思想是通过自注意力机制获取输入序列的全局信息，并将这些信息通过网络层进行传递。Transformer 架构的优势在于其具有较好的特征提取能力和并行计算效率。

Transformer 架构主要由输入部分、多层编码器部分、多层解码器部分和输出部分组成。Transformer 架构如图 2-1 所示。

自注意力机制作为 Transformer 架构的核心组件，允许架构在处理序列数据时，对每个词位置的输入进行加权求和，得到一个全局的上下文表示。

为了提高表达能力，Transformer 架构采用了多头自注意力机制，这意味着架构可以在同一时间关注来自不同表示子空间的注意力信息。多头自注意力的实现方法是将输入序列分成多个组，每个组使用一个独立的权重矩阵进行线性变换，并计算自注意力。最终，自注意力的输出被拼接起来，并通过一个线性层得到最终的输出表示。

在计算自注意力和多头自注意力之后，Transformer 架构使用前馈神经网络（即图 2-1 中前馈层）对输入序列进行非线性变换。前馈神经网络由多个全连接层组成，每个全连接层都使用 ReLU 激活函数。前馈神经网络的作用是对输入序列进行非线性变换，以捕捉更复杂的特征。

2. AI 大语言模型的关键技术

AI 大语言模型的关键技术主要包括基于人类反馈的强化学习、指令微调、模型提示等相关技术。

（1）基于人类反馈的强化学习

基于人类反馈的强化学习（Reinforcement Learning from Human Feedback，RLHF）是指将人类标记者（数据标记工程师）引入大模型的学习过程中，训练与人类偏好对齐的奖励模型，进而有效指导大语言模型的训练，使得模型能够更好地遵循用户意图，生成符合用户偏好的内容。

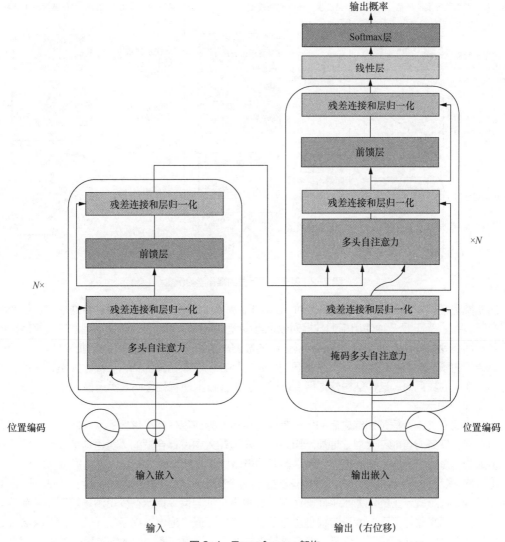

图 2-1 Transformer 架构

基于人类反馈的强化学习具体包括以下几个步骤。

① 训练监督策略模型：使用监督学习策略，对一个预训练的语言模型进行训练，通过给予特定奖励或惩罚引导 AI 大语言模型的输出或行为，使其能够根据给定的输入预测输出或行为。

② 训练奖励模型：让数据标记工程师参与提供有关模型输出结果的反馈，对模型生成的多个输出或行为的质量或正确性进行排名或评分，这些反馈被转换为奖励信号，用于后续的强化学习过程。

③ 采用近端策略优化进行强化学习：先通过监督学习策略生成近端策略优化（Proximal Policy Optimization，PPO）模型，经过奖励机制反馈最优结果后，再将结果用于优化和迭代 PPO 模型参数。具体而言，在 PPO 模型训练过程中，智能系统通过尝试不同的行为，并根据每个行为获得的奖励来评估其质量，以逐步改进行为策略。基于人类反馈的强化学习示意如图 2-2 所示。

（2）指令微调

指令微调（Instruction Fine-Tuning）是一种帮助大语言模型实现遵循人类语言指令，在零样本设置上将模型对语言指令的理解和执行能力泛化到未知任务上的学习方法。指令微调可以让大语言模型理解人类语言指令并按照指令要求完成任务，即在给定指令提示的情况下给出特定的回应。

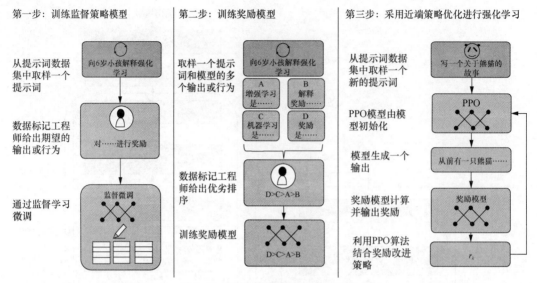

图 2-2　基于人类反馈的强化学习示意

指令微调可被视为有监督微调（Supervised Fine-Tuning，SFT）的一种特殊形式，但两者的目标有所差别。SFT 是一种使用标记数据对预训练模型进行微调的过程，以便模型能够更好地执行特定任务，而指令微调是一种在包含(指令，输出)的数据集上进一步训练大语言模型的过程，以便增强大语言模型的预测能力和可控性。指令微调的特殊之处在于其数据集的结构，即由人类语言指令和期望的输出组成的数据对，这种结构使得指令微调专注于让模型理解和遵循人类语言指令。

（3）模型提示

通过大规模文本数据预训练之后的大语言模型具备作为通用任务求解器的潜在能力，这些能力在模型执行特定任务时可能不会显式地展示出来，在模型输入中设计合适的人类语言指令作为提示有助于激发这些能力，这种技术称为模型提示。典型的模型提示包括指令提示和思维链提示。

① 指令提示：OpenAI 在 GPT-3 中首次提出指令提示（Instruction Prompt），并发现 GPT-3 在特定领域少样本提示下的能力水平能够达到人类水平，证明指令提示在少资源场景下非常有效。指令提示的核心思想是避免强制大语言模型适应下游任务，而通过提供"提示"（Prompt）来给数据嵌入额外的上下文以重新组织下游任务，使其看起来更像是在大语言模型预训练过程中解决的问题。

② 思维链提示：推理的过程通常涉及多个推理步骤，通过多步推理产生可验证的输出，可以提高黑盒模型的可解释性。思维链（Chain of Thought，CoT）提示是一种模型提示，已被广泛用于激发大语言模型的多步推理能力，鼓励大语言模型生成思维链来解决问题，这类似于人类通过深思熟虑来执行复杂的任务。

在思维链提示中，中间自然语言推理步骤的例子取代少样本提示中的(输入,输出)对，形成包含输入、思维链、输出的 3 元组结构。思维链被认为是大语言模型的"涌现能力"，通常只有模型参数规模增大到一定程度后才采用思维链。激活大语言模型的思维链的方法是，在提示中给出逐步的推理演示作为推理的条件，每步推理演示都包含一个问题和一个通向最终答案的思维链。

2.6　我国 AI 大模型产业发展趋势展望

近年来，我国始终高度重视人工智能的发展和顶层设计，将其上升为国家战略，出台一系列人工智能支持政策和规划，国务院于 2017 年发布《新一代人工智能发展规划》。科技部等 6 部门也于 2022 年印发《关于加快场景创新 以人工智能高水平应用促进经济高质量发展的指导意见》对《新一代人工智能发展规划》进行落实，为 AI 大模型产业发展创造了良好的环境。2024 年发布的《政府工作报告》中提出开展"人工智能+"行动。伴随着人工智能领域中大模型技术的快速发展，我国各地方政府出台相关支持政策，推动大模型产业的持续发展。

我国 AI 大模型产业发展受政策、技术和市场等多方面驱动。在政策方面，各地方政府出台相关支持政策，推动大模型产业发展；在技术方面，Transformer 架构、基于人类反馈的强化学习等关键技术带动了产业发展；在市场方面，办公、制造、金融、医疗、政务等多领域的需求推动了产业发展。

电子活页 2-2

扫描二维码，打开电子教材中的电子活页 2-2，在线浏览"我国 AI 大模型产业发展趋势展望"。

2.7 AI 大模型将加快新质生产力发展

AI 大模型可以创造新价值、适应新产业、重塑新动能，是加快新质生产力发展的关键要素。AI 大模型作为当前人工智能领域的重要技术，是孕育新质生产力的沃土。据新华网描述，新质生产力是创新起主导作用，摆脱传统经济增长方式、生产力发展路径，具有高科技、高效能、高质量特征，符合新发展理念的先进生产力质态，其由技术革命性突破、生产要素创新性配置、产业深度转型升级而催生。新质生产力以劳动者、劳动资料、劳动对象及其优化组合的跃升为基本内涵，以全要素生产率大幅提升为核心标志。

AI 大模型作为加快新质生产力发展的重要手段，可以推动多个领域的智能化升级，提高生产效率、降低生产成本、提升产业竞争力。随着我国经济进入高质量发展阶段，AI 大模型在催生新产业、新模式、新动能方面展现出巨大潜力，不仅支撑了经济社会的高质量发展，也符合《国家创新驱动发展战略纲要》所强调的创新驱动和产业升级要求。

我国众多产业对于高质量发展的需求，将为 AI 大模型的落地应用提供场景支撑。随着人工智能技术的不断升级，AI 大模型产业化应用也成为可能。面对未来，我国需进一步加强对资源与研发力量的统筹，强化 AI 大模型在发展中的场景牵引作用，促进经济社会的高质量发展，以实现基于 AI 大模型技术的高质量应用突破，驱动实体经济的迅速发展和产业变革。

2.8 AI 大模型开发公司及其开发的 AI 大模型各尽所能、各有所长

2.8.1 OpenAI 公司开发的 GPT 系列模型

OpenAI 是一家致力于推动人工智能技术发展的公司，成立于 2015 年。OpenAI 在多个 AI 领域取得了显著成就，尤其是其开发的 GPT 系列语言模型，这些模型通过深度学习和海量数据训练，能够理解并生成自然语言，广泛应用于文本生成、自动翻译、情感分析等领域。此外，OpenAI 还在计算机视觉和强化学习等领域推出了 DALL·E 等创新产品。

电子活页 2-3

扫描二维码，打开电子教材中的电子活页 2-3，在线浏览"OpenAI 公司开发的 ChatGPT"。

2.8.2 国内的 AI 大模型开发公司及其大模型

我国也有多家科技企业和研究机构纷纷发布 AI 大模型产品，涵盖语言、视觉、多模态等领域，并应用于多个行业。

典型的 AI 大模型开发公司及其大模型如下。

1. 百度的文心大模型

百度开发的"文心一言"于 2023 年 3 月 16 日开启邀测，同年 10 月，百度发布文心一言最新迭代产品——文心大模型 4.0。11 月 1 日，百度上线文心一言专业版（对应文心大模型 4.0）。此前已经向用户开放的文心一言基础版（对应文心大模型 3.5），仍可免费使用。

文心一言是百度推出的知识增强型对话语言模型，具备跨模态、跨语言的深度语义理解与生成能力，适用于知识问答、创意生成等任务。文心一言经过多次迭代，现已推出多个版本，支持输入文字、图像、网页、PDF 等多种模态的信息，支持输出文字、图像等多种模态的信息。

2. 科大讯飞的星火认知大模型

科大讯飞推出的星火认知大模型是一款新一代的认知智能大模型（又叫星火大模型），这款大模型能够通过自然对话的方式来理解并执行任务，该模型具有七大核心能力，即文本生成、语言理解、知识问答、逻辑推理、数学题解答、代码理解与编写、多模态交互。

星火大模型支持对话、写作、编程等功能，具备跨语言、跨领域的知识理解和推理能力，适用于知识学习与内容创作、科学研究、数学问题解决、代码生成与调试等多模态交互场景。其支持网页端和 App 端，拥有丰富插件和强大用户社区。

3. 阿里云的通义大模型

通义是阿里云自研的底层通用大模型，旨在理解和生成人类语言，成为用户在生活和工作中的智能助手，适用于智能问答、知识检索、文案创作等场景，具备多轮对话、文案创作、逻辑推理、多模态理解、多语言支持等核心能力。该模型自 2023 年 4 月正式亮相以来，已经推出多个版本，其中 2.0 版本的参数量达到了千亿级，强化了其在多个领域的应用能力。在 2023 云栖大会上，阿里云宣布通义 2.0 的发布，并同时在各大手机应用市场上线了通义 App，进一步扩展了其应用范围。

4. 深度求索的混合专家语言模型

混合专家（Mixture of Expert，MoE）语言模型是由杭州深度求索人工智能基础技术研究有限公司（简称"深度求索"或"DeepSeek"）重磅推出的一款模型，又称 DeepSeek 模型。它的出现在大语言模型领域掀起了不小的波澜，因为它完全开源且可商用，为开发者和企业打开了全新的大门。

这款模型的优势十分显著。在训练成本方面，相较于许多同类模型，该模型做到了以更低的成本完成训练，极大地降低了技术研发门槛。而在推理性能上，它的表现同样卓越，它的推理过程高效、流畅，能够快速、准确地处理各类任务，大大提升了应用效率。

以 DeepSeek V2 模型为例，其参数量高达 2360 亿，每个 token 可激活约 210 亿个参数，这般强大的参数配置，赋予了模型出色的学习和处理能力。更值得一提的是，它支持长达 128000 个 token 的上下文，能够深入理解复杂的语义和语境，无论是应对简单的日常对话，还是处理专业性极强的复杂任务，它都能游刃有余。

为了满足不同用户的多样化需求，DeepSeek 官网提供了丰富多元的接入方式。其对话功能，让用户能够与模型进行实时交互，轻松获取所需信息；"API 开放平台"则方便开发者将 DeepSeek 集成到自己的应用程序中，快速实现功能拓展；模型下载服务更让开发者能够将模型本地化，根据自身需求进行定制化开发。

5. 智谱的智谱清言大模型

成立于 2019 年的北京智谱华章科技股份有限公司（简称"智谱"），是国内最早一批研发大模型的企业，旨在实现清华大学计算机科学与技术系知识工程研究室（Knowledge Engineering Group，KEG）技术成果转化。当前，智谱已经发布的产品包括双语千亿级参数量超大规模预训练模型 GLM-130B、中英双语对话模型 ChatGLM 等。基于 ChatGLM，智谱已于 2023 年推出面向消费者的聊天对话应用"智谱清言"。而在面向企业用户层面，智谱也已经与多家国内互联网巨头、政府机构达成合作。

6. 百川智能的百川大模型

百川大模型是百川智能推出的大模型产品，其融合了意图理解、信息检索及强化学习技术，结合了有监督微调与人类意图对齐，在知识问答、文本创作领域表现突出。百川智能成立于 2023 年，成立仅 4 个月，百川智能便相继发布了 3 款通用大语言模型，适用于金融、医疗、教育等多个行业。

7. 字节跳动的云雀大模型

字节跳动的云雀大模型是该公司在自然语言处理领域的一项重要技术成果，旨在提供强大的文本理解和生成能力。云雀大模型具备出色的多语言处理能力和广泛的应用潜力，它不仅能够执行高质量的文章创作、智能问答、机器翻译等任务，还能在个性化推荐、内容审核等方面发挥重要作用。

8. 昆仑万维的天工大模型

昆仑万维的天工大模型是国内首个对标 ChatGPT 的双千亿级参数量的大语言模型，也是一个对话式 AI 助手。天工大模型通过自然语言与用户进行问答交互，其人工智能生成能力可满足文案创作、知识问答、逻辑推演、数理推算、代码编程等多元化需求。其支持 1 万字以上的文本对话，以及 20 轮次以上的用户交互，在学习、工作、生活等多类问答场景中表现出色。

9. 腾讯的腾讯混元大模型

腾讯混元（Tencent Hunyuan）大模型是由腾讯研发的大语言模型，具备强大的中文创作能力，复杂语境下的逻辑推理能力，以及可靠的任务执行能力。

10. 其他 AI 大模型

（1）中国科学院自动化研究所的紫东太初大模型。

（2）华为的盘古 NLP 大模型。

（3）华为的智慧助手（小艺）大模型。

（4）360 公司的 360 智脑大模型。

（5）奇虎 360 的奇元大模型。

（6）商汤科技的日日新大模型和商量大模型。

（7）上海人工智能实验室的书生大模型。

（8）出门问问的"序列猴子"大语言模型。

（9）MiniMax 的 abab 大模型。

（10）复旦大学的 MOSS 大模型。

扫描二维码，打开电子教材中的电子活页 2-4，在线浏览"国内典型的其他 AI 大模型"。

电子活页 2-4

2.8.3 国外主流的 AI 大模型开发公司及其大模型

1. OpenAI 的 ChatGPT

OpenAI 开发的对话聊天式 AI 大模型 ChatGPT，擅长自然语言处理，能回答问题、创作内容和提供学习支持。ChatGPT 是对话聊天式 AI 大模型的引领者，综合能力很强。

2. 谷歌公司的 Gemini

Google DeepMind 推出的 AI 系统 Gemini 具备语言和图像理解能力，适用于多模态任务。Gemini 在多模态理解和生成方面表现相当出色，不仅能精准理解复杂问题，还能生成自然、流畅的文本，交互体验友好，能够和谷歌公司的其他产品进行生态联动。

3. 微软的 Copilot

微软推出的基于 OpenAI 技术的 AI 助手 Copilot，集成于 Office 365 和开发工具中，提供文档生成、代码补全等智能支持功能。Copilot 不仅能理解用户的指令，而且给出的答案不冗余，使用起来非常便捷。

4. Anthropic 的 Claude AI

Claude AI 是由 Anthropic 开发的一款大语言模型，旨在提供高效、可靠且安全的人工智能服务。Claude AI 与 ChatGPT 在很多领域不分伯仲，二者各有优势。

2.9 常用的国产综合型 AI 工具或平台简介

综合型 AI 工具或平台提供文本聊天、绘画、文档阅读、代码生成、智能搜索等综合性的功能。目前，常用的国产综合型 AI 工具或平台如表 2-2 所示。

表 2-2 常用的国产综合型 AI 工具或平台

序号	名称
1	文心一言
2	豆包
3	DeepSeek
4	Kimi
5	讯飞星火
6	通义
7	智谱清言
8	天工 AI
9	腾讯元宝
10	海螺 AI

常用的国产综合型 AI 工具或平台介绍如下。

1. 文心一言

文心一言是百度基于飞桨深度学习平台和文心大模型推出的生成式对话产品，拥有千亿级参数量。百度通过对文心大模型进行大量的数据训练和优化，不断提升其语义理解和生成能力，使其具备知识增强、检索增强和对话增强的技术特色，以及具备跨模态、跨语言的深度语义理解与生成能力，能够理解和生成多种语言和媒体类型的内容，在搜索问答、内容创作、智能办公等众多领域都有广泛的应用场景。文心一言通过一对一的对话式聊天，为用户提供了一个获取信息、知识和灵感的高效平台，支持高效的对话互动和内容创作。

文心一言由文心大模型驱动，具备理解、生成、逻辑、记忆等基础能力。

2. 豆包

豆包是字节跳动基于云雀大模型开发的 AI 工具，旨在提升用户在工作、学习和生活中的效率和创造力，它提供聊天机器人、写作助手以及英语学习助手等功能，支持视频脚本撰写、文案生成、营销策划等，它可以回答各种问题并与用户进行对话，帮助用户获取信息。根据其官方用户协议，豆包通过网页、应用程序、小程序等多种形式提供服务，同时豆包也提供供第三方网站和应用程序使用的软件开发工具包（Software Development Kit，SDK）和应用程序接口（Application Program Interface，API）。豆包支持网页端和 App 端，拥有丰富的 AI 智慧体（类似插件）。

3. DeepSeek

DeepSeek 是深度求索推出的 AI 工具，它基于大模型技术，支持多语言翻译、智能写作、智能问答等功能，为用户提供便捷、高效的人工智能服务。

深度求索成立于 2023 年，是一家专注于实现 AGI 的公司。DeepSeek V2 是一款性能卓越且价格合理的 AI 大语言模型，它的开源策略和高效的推理能力为广大开发者和企业提供了一个经济实惠的选择。深度求索开源了多个项目，包括 DeepSeek VL、DeepSeek Coder、DeepSeek LLM、DeepSeek MoE 等。DeepSeek 支持应用程序接口（Application Program Interface，API）开放平台，并提供了详细的 API 对接文档。另外，DeepSeek API 使用与 OpenAI API 兼容的格式，通过修改配置，用户可以使用 OpenAI SDK 来访问 DeepSeek API，或使用与 OpenAI API 兼容的软件来访问 DeepSeek API。

4. Kimi

Kimi 是由国内人工智能初创公司月之暗面推出的智能对话助手，它凭借卓越性能迅速获得市场认可。它专为处理长文本对话设计，支持输入长达 20 万个汉字的上下文。它擅长中英文对话，能够提供安全、准确的回答，同时能够阅读和理解用户上传的文件，还能访问互联网并且结合搜索结果来回答问题。它可以帮助用户解决各类生活和工作中的问题，为其提供实用的信息和参考建议，还可以处理多种格式的文件，包括但不限于 TXT 文档、PDF 文档、Word 文档、演示文稿和电子表格。它支持网站链接和文档上传。新版本的 Kimi 回答速度更快、思考时间更短、逻辑能力更强、交互方式更丰富、中英翻译更准确、给出的信息更严谨。Kimi 不仅能够提供对话式服务，还能速读文件、整理资料，是帮助人们提升工作效率的小能手。

在网页端 Kimi 中，通过单击输入框右下角的常用语按钮，用户可以添加自己的常用语，让日常工作更轻松、信息召唤更简单。用户还可以随机抽取 Kimi 准备的提示词，这些提示词涵盖 PPT 精炼、会议精要、期刊审稿、小红书文案、短剧脚本、职业导航、面试模拟、营销策划、诗歌创作等十余个场景。

App 端 Kimi 提供了语音输入和播放模式，在用户不方便打字或者不方便看小屏幕的场景下，Kimi 能给用户带来更贴心的帮助。例如，当用户在出差路上有临时任务要处理时，可以将任务通过语音发送给 Kimi，让 Kimi 帮用户搜索信息、整理资料，并为用户提供用户结构化的回答；当用户在出游时，戴上耳机，Kimi 就可以成为用户的电子导游，给用户讲述相关历史故事、当地文化。

在 App 端 Kimi 首页单击左下角的话筒按钮，切换到语音输入模式，用户就可以给 Kimi 发语音。Kimi 还支持语音播放模式，单击右上角的播放按钮，开启自动播放；长按某条回答，可以单条播放。用户还可以在设置里可以选择不同声音。

在网页端 Kimi 中，Kimi 对联网搜索的结果新增数字脚注。将鼠标指针悬浮在脚注上，可以直接展示原文中的相关段落，方便快速进行信息核实，单击标题将会跳转至相应页面，方便用户进一步阅读原文，获取更多信息。

网页端 Kimi 的首页如图 2-3 所示。

图 2-3　网页端 Kimi 的首页

需要注意的是，AI 大模型、AI 工具或平台的版本迭代较快，各 AI 工具或平台的界面和其支持的功能也会发生变化。在实际使用过程中，用户应结合各 AI 工具或平台的实际情况进行相关操作调整。

5. 讯飞星火

讯飞星火是科大讯飞依托星火认知大模型推出的一款 AI 工具，其以先进的语音识别和智能对话能力，为用户提供了便捷的服务，可以大大用户提升办公效率。它能够准确理解用户的指令，并生成流畅自然、逻辑严密的回复。讯飞星火在对话系统、机器翻译、内容创作等方面表现出色，这得益于其在自然语言处理技术方面的深厚积累。除了语言处理能力，讯飞星火还具备丰富的知识图谱和强大的推理能力。这意味着它不仅能够回答基于事实的简单问题，还能够处理复杂的逻辑推理和提供面向专业领域的深入分析。例如，在医疗健康、金融分析等领域，讯飞星火可以提供基于大数据和专业知识的决策支持。讯飞星火的首页如图 2-4 所示。

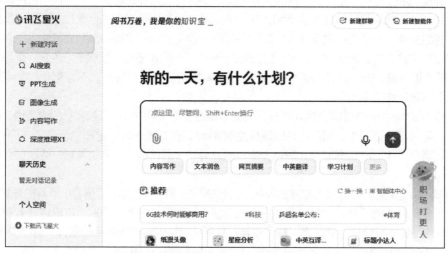

图 2-4　讯飞星火的首页

讯飞星火目前集成了数千个智能助手场景，支持 API 调用，便于集成开发，还支持全平台接入。

6. 通义

通义是由阿里云研发的一款超大规模的语言模型，最初也叫通义千问，拥有千亿级参数量，它在 2023 年 9 月 13 日正式面向公众开放，它以广泛的知识问答服务，在创意文案、办公助理、学习助手等多个方面为用户提供了全方位的协助。该模型的设计理念源于其广泛的知识覆盖与强大的问题回答能力。

在功能上，通义不仅支持基本的多轮对话，还具备智能问答、知识检索、文案创作、逻辑推理、多模态理解（即理解除文本外其他模态，如图像、音频等模态的信息）及多语言支持等高级特性。这意味着它不仅能够与用户进行流畅交互，还能够通过融入的多模态的知识理解能力进行创意写作、决策辅助、多类型内容生成，并适应多种语言环境，服务全球用户。

此外，通义是一种基于知识图谱的问答系统，通过自动化的方式回答用户提出的问题。它利用大规模的知识图谱和自然语言处理技术理解用户的问题，对问题进行深入分析并提供准确答案，帮助用户解决其在生活和工作中遇到的各种难题。

在应用场景上，通义因其强大的灵活性和适应性被广泛应用于金融、医疗、教育、物流等多个行业和领域，它可以作为 AI 辅助工具，用于提升工作效率和智能化水平。此外，阿里云还推出了通义的移动端 App，让个人用户也能在日常生活、学习、工作中享受到人工智能带来的便利，无论是创意激发、办公辅助、学习支持，还是娱乐互动，用户都能得到人工智能的全方位的支持。

7. 智谱清言

智谱清言是由智谱推出的一个生成式 AI 助手，它于 2023 年 8 月 31 日正式上线，其具有学术性和专业性等特点，能够为用户提供高质量的服务，旨在为用户在工作、学习和日常生活中提供解答各类问题和完成各种任务的服务。它支持文档解析、代码沙盒等功能。

智谱清言基于由智谱自主研发的中英双语对话模型，该模型经过了万亿字符的文本与代码预训练，并采用了有监督微调技术，以通用对话的形式为用户提供智能化服务，在工作、学习和日常生活中为用户赋能，解答用户的各类问题，满足用户的问询需求。智谱清言可用于商业分析、决策辅助、客户服务等领域。

8. 天工 AI

天工 AI 是由昆仑万维与国内领先的 AI 团队奇点智源联合研发的一款双千亿级参数量大型语言模型，也是一个对话式 AI 助手，其以创新的功能和优质的服务获得了用户的喜爱。它拥有强大的自然语言处理和智能交互能力，可以使用自然语言与用户进行问答交互，能够应用于智能问答、聊天互动、文本生成、文档分析、多模态生成等多种场景，其 AI 生成能力可满足文案创作、知识问答、逻辑推演、数理推算、代码编程等多元化需求。天工 AI 具有丰富的知识储备，涵盖科学、技术、文化、艺术、历史等领域。

天工 AI 采用了业内领先的 MoE 模型架构，使得其在应对复杂任务时表现出色，模型响应速度快，训练及推理效率高，可扩展性强。它能够提供生成式搜索服务，深入挖掘用户真实意图，并敏锐地捕捉到查询语句中的上下文关系，从而生成更精确、更相关、更合用户心意的搜索结果。

天工 AI 具备优秀的视觉理解、推理和指令遵循能力，能够满足图文对话、知识问答等多种用户需求，支持超长上下文窗口。它能够根据上下文语义与用户进行多轮次的深度对话，无论输入问句、短语还是关键词，它都能完成"追问"，实现深度搜索。

9. 腾讯元宝

腾讯元宝是腾讯推出的一款基于自研的腾讯混元大模型的 AI 助手。它主要面向消费者端，提供了 AI 搜索、AI 总结、AI 写作等核心能力。腾讯元宝能够一次性解析多个微信公众号链接、网址，以及 PDF、Word、TXT 等多种格式的文档，并支持超长的上下文窗口。除此之外，腾讯元宝还提供了多个特色 AI 应用，如 AI 头像、口语陪练、超能翻译等，此外，腾讯元宝新增了创建个人 AI 智能体等功能。用户在创建个人 AI 智能体时，甚至可以自动生成个人 AI 智能体相关信息，并且腾讯元宝支持克隆用户的声音，为用户提供个性化体验。

腾讯元宝的特点在于其强大的 AI 能力，例如，在 AI 搜索方面，它接入了微信搜一搜、搜狗搜索等搜索引擎，通过 AI 搜索增强，提升时新类和知识类问题的搜索效果，效率比传统搜索引擎效率更高。同时，它的内容覆盖微信公众号等腾讯生态内容及互联网权威信源，答案准确性更高。

腾讯元宝的应用场景非常广泛，不仅可以用于提高工作效率，如其提供的 AI 写作可以用于写报告、写方案、写代码等，还可用于日常生活中的多种应用场景，如菜谱生成等。

10. 海螺 AI

海螺 AI 是一款基于 MiniMax 自主研发的多模态、万亿参数 MoE 大语言模型 abab 6.5 打造的多功能 AI 对话工具。它支持 AI 智能体创建、长文本快速阅读、智能搜索、数据查询、图像识别、文案创作和语音通话等功能，全面满足用户的广泛需求。海螺 AI 致力于打造"有理性、有逻辑、有感性、有温度"的人工智能产品。

2.10 文心一言的基本功能与页面布局

文心一言是我们在工作、学习、生活中省时提效的好帮手，用户可以通过输入指令和文心一言进行对话互动，可以向文心一言提出问题或要求，文心一言可以高效地帮助用户获取信息、知识和灵感。

文心一言基于文心大模型，目前文心大模型已经有多个版本。

1. 文心一言的基本功能

（1）知识增强、检索增强和对话增强

文心一言基于百度在人工智能领域的深厚积累，持续从海量数据和大规模知识中融合学习，具备知识增强、检索增强和对话增强的技术特色，能高效、便捷地帮助用户获取信息、知识和灵感。

（2）多样化使用功能

文心一言提供 PC 端、App 端以及 API 接入等多种使用方式，满足不同用户在不同场景下的需求，App 端增加了社区和发现功能，API 接入则适用于企业级场景。

（3）文本处理功能

文心一言可对用户输入的文本内容自动进行分类，如新闻、小说、评论等；可对文本进行情感倾向性分析，有助于用户更好地理解文本所传达的情绪和态度；可比较两个文本的相似度，判断它们是否具有较高的相关性，有助于用户在大量文本中快速找到与查询文本相似的文章或句子。

2. 文心一言的页面布局

文心一言的首页如图 2-5 所示。

图 2-5　文心一言的首页

文心一言的页面主要包括 3 个部分。

（1）侧边栏

侧边栏主要包括新对话、创意写作、阅读分析、智慧绘图、近期对话和智能体广场等。

（2）内容区域

内容区域会推荐一些今日热点、主要功能等，为新手提供指引，帮助其快速进行体验。

（3）搜索区域

搜索区域除了文字互动外，用户还可以上传文档、图像、音频、视频等。

3. 文心一言的特色功能

（1）百度网盘联动

百度网盘是基于云端的文件存储空间，用户可以通过网络将文件上传到百度网盘，也可以从百度网盘下载文件到本地设备。它相当于一个虚拟的"网络硬盘"，用户可以随时随地通过互联网访问和管理存储在其中的文件。

文心一言能够联动百度网盘，可以从百度网盘下载文件，也可以把查到的资料保存到百度网盘，大大减少占用计算机或手机的存储空间。

（2）阅读分析

阅读分析可以分为论文阅读、报告阅读、工作文档阅读 3 个类别，面对较长的文章或报告，用户往往难以快速把握其核心内容，文心一言阅读分析功能能够自动提取文章或报告的关键信息，生成简洁明了的摘要，帮助用户快速了解文章或报告的主旨。

（3）智慧绘图

文心一言的 AI 绘画技术升级后，支持一键生成多比例图像，用户只需在提示词中加入所需的画面比例词，如"3∶4"或"16∶9"，系统便能生成相应比例的图像，极大地简化了新媒体配图的流程。文心一言同时涵盖图像重绘、局部编辑功能，能够提高图像绘制的准确率及加强对用户需求的视觉支持。

（4）双端协同

通过企业用户端（B 端）和个人消费者端（C 端）的协同，文心一言不仅能够为企业用户提供强大的技术支持，还能为个人消费者提供便捷的智能服务，实现技术与市场的双重拓展。此外，文心一言通过 B 端、C 端协同，实现消息互通与体验一致，使用户能够在 PC 端跟进在移动端的使用过程，极大地方便了办公人群。

2.11 豆包的主要功能

豆包的首页如图 2-6 所示。

在豆包中输入提示词：豆包的主要功能有哪些？

扫描二维码，打开电子教材中的电子活页 2-5，在线浏览"豆包中的生成结果"。用户也可以自行在豆包中输入相关提示词，生成类似的结果。

电子活页 2-5

图 2-6　豆包的首页

应用实践

【任务 2-1】 剖析我国通用大模型的典型案例

【任务描述】

对文心大模型、星火认知大模型、通义大模型等典型的通用大模型的优势与应用进行较为全面与客观的剖析。

【任务实施】

1. 案例 1：百度——文心大模型

文心大模型是百度自主研发的产业级知识增强大模型，它通过融合海量数据与大规模知识图谱，具备跨模态、多任务的深度语义理解与生成能力，既能像人类一样理解文本、图像和语音信息，又能基于知识推理完成复杂逻辑任务。文心大模型现已在智能创作、智能客服、产业智能升级等场景中实现规模化应用，成为推动人工智能与实体经济深度融合的关键技术底座。

2. 案例 2：科大讯飞——星火认知大模型

星火认知大模型是科大讯飞推出的新一代认知大模型，可实现基于自然对话方式的用户需求理解与任务执行。星火认知大模型从赋能人机交互、赋能知识学习与内容创作、提升数智化生产力 3 个方面展现其应用能力。星火认知大模型具备七大核心能力：文本生成、语言理解、知识问答、逻辑推理、数学题解答、代码理解与编写和多模态交互。

3. 案例 3：阿里云——通义大模型

通义大模型是阿里云推出的多模态人工智能大模型，它基于统一技术底座与层次化架构，能够实现对文本、图像、音频、视频等多模态数据的智能处理。通义大模型在医疗、司法等领域实现病历处理、法律文书生成等场景落地。此外，通义大模型提供开源模型与开发者生态支持，正探索长期记忆与多智能体协作能力以推动通用人工智能发展。

电子活页 2-6

扫描二维码，打开电子教材中的电子活页 2-6，在线浏览"剖析我国通用大模型的典型案例"。

【任务 2-2】 剖析我国行业大模型的典型案例

【任务描述】

对 YonGPT 大模型、文修大模型、赤兔大模型、"写易"智能创作引擎等典型的行业大模型的优势与应用进行较为全面与客观的剖析。

【任务实施】

1. 案例 1：用友——YonGPT 大模型

YonGPT 大模型是用友基于数字和智能技术服务企业和公共组织数智化的企业服务大模型。YonGPT 大模型在企业服务领域的应用主要集中在 4 个方向：智能化的业务运营、自然化的人机交互、智慧化的知识生成、语义化的应用生成。

2. 案例 2：蜜度——文修大模型

文修大模型是蜜度推出的一款聚焦于智能校对领域的大语言模型，其基于蜜度在校对领域的知识和经验积累，为政务单位、新闻媒体、企业单位、学校机构、出版机构等专业用户提供更贴合使用场景的校对服务。

3. 案例 3：容联云——赤兔大模型

赤兔大模型是容联云开发的面向企业应用的垂直行业多层次大语言模型，其能够赋能企业搭建专属智能客服和实现数智化营销，完成从"降本增效"到"价值创造"的进化。丰富的智能应用为赤兔大模型的能力保驾护航，其能力包括会话洞察、业务话术、问答知识库、数据分析、智能对话框架、流程管理等。

4．案例 4：人民网——"写易"智能创作引擎

"写易"智能创作引擎是人民网推出的垂直类写作大模型，依托自主研发的主流价值观大模型针对写作场景训练而成。"写易"智能创作引擎适用于党政党媒、央企国企、学校医院等有日常阅读需求和写作需求的群体，可以为他们提供专业、系统、持续更新的数智服务，从而更好地启发创作者产生写作灵感。

扫描二维码，打开电子教材中的电子活页 2-7，在线浏览"剖析我国行业大模型的典型案例"。

电子活页 2-7

【任务 2-3】 剖析我国端云结合大模型的典型案例

【任务描述】

对 vivo 的蓝心大模型的优势与应用进行较为全面与客观的剖析。

【任务实施】

蓝心大模型是行业内首个在手机端运行的开源自研大模型，也是更适合中文用户的中文开源大模型，其参数规模庞大。

随着参数量的提升，蓝心大模型逐渐具备内容创作、知识问答、逻辑推理、代码生成、信息提取等能力。基于蓝心大模型的能力，vivo 开发出蓝心小 V 和蓝心千询等智能产品。

扫描二维码，打开电子教材中的电子活页 2-8，在线浏览"剖析我国端云结合大模型的典型案例"。

电子活页 2-8

【任务 2-4】 体验文心一言的多种应用场景

【任务描述】

文心一言凭借其全面的指令集，不仅实现了对自然语言的高效理解和处理，还能够为用户提供多元化的智能服务，极大地拓宽了应用场景和提高了用户体验。

在文心一言中完成以下任务。

① 查询天气。
② 设置提醒。
③ 文本生成。
④ 诗歌创作。
⑤ 逻辑推理。
⑥ 情感分析。
⑦ 文章语气和语调调整。
⑧ 撰写诗句。

【任务实施】

1．查询天气

查询特定城市（如北京）的当前天气情况。

提示词：今天北京的天气怎么样？

生成结果：

今天是 2025 年 1 月 23 日，根据最新的天气预报信息，北京今天的天气情况如下。

天气现象：目前为雾，预计白天有雾。

温度：最低气温-4℃，最高气温 5℃。

风向风力：目前为北风 1 级，白天风向转为东南风，风力仍为 1 级。

湿度：81%。

空气质量：空气质量指数为 74，空气质量等级为良。

体感温度：-4℃，感觉较为寒冷。

2. 设置提醒

设置未来某个时间点的提醒事项（如开会）。

提示词：请在明天下午 3 点提醒我开会。

生成结果：

好的，我会在明天下午 3 点提醒您开会。为了确保您不会错过提醒，建议您设置一个闹钟或者使用手机日历的提醒功能。这样，即使我在那时无法直接提醒您，您也能通过闹钟或日历提醒得知开会的时间。祝您会议顺利！

3. 文本生成

生成一篇关于特定主题（如人工智能）的科普文章。

提示词：帮我写一篇关于人工智能应用现状的科普文章。

✧请读者自行在文心一言中生成对应的结果。

4. 诗歌创作

创作一首关于特定主题（如春天）的诗歌。

提示词：请为我写一首关于春天的诗歌。

生成结果：

迎春

春风轻拂绿柳梢，

细雨绵绵润新苗。

桃花笑靥迎客至，

燕语莺啼乐逍遥。

田间草长莺飞舞，

山间花开色正娇。

春回大地生机满，

万物复苏展英豪。

5. 逻辑推理

根据给定的逻辑关系进行推理，并返回排序结果。

提示词：如果苹果比橙子重，橙子比香蕉重，那么这 3 种水果如何按质量排序？

生成结果：

根据题目描述，可以得到以下条件。

苹果比橙子重，即两者的质量排序为苹果 > 橙子。

橙子比香蕉重，即两者的质量排序为橙子 > 香蕉。

由这两个条件，我们可以推导出 3 种水果的质量排序为：苹果 > 橙子 > 香蕉。

6. 情感分析

识别并分析文本所表达的情感，如积极、消极。

提示词：分析"我今天非常开心"这句话表达的情感。

生成结果：

"我今天非常开心"这句话表达了一种积极的、正面的情感。其中，"非常开心"强调了开心的程度，表明说话者在今天经历了令自己感到十分愉悦、快乐的事情，或者处于一种非常愉悦的心境状态。整体来说，这句话传递出的是喜悦和满足的情感。

7. 文章语气和语调调整

根据目标读者和情感需求，调整文本的语气和语调。

提示词：针对"青少年定期锻炼，益处多多"这篇文章的语气和语调进行必要调整，以更好地适应目标读者的阅读习惯。

◇ 请读者自行在文心一言中生成对应的结果。

8. 撰写诗句

用户可以根据自己的具体需求，构造复杂或特定的诗句生成指令，文心一言将尽力理解和执行。

提示词：以唐代诗人的身份，撰写一篇关于秋景的无固定格式的七言绝句。

生成结果：

秋日盛景吟
秋风瑟瑟雨绵绵，
黄叶纷飞落满园。
远山如画映霞彩，
秋景如诗醉心田。

 注意 AI 的创造性与其训练数据和模型息息相关，不同的 AI 工具生成的内容可能不同。以 AI 目前的发展水平，AI 工具生成的内容中可能存在一定的错误，需要人工润色和编辑。用户应学会合理利用 AI 工具，让其真正服务于工作和生活。

【任务 2-5】 在豆包中创建与使用 AI 智能体

【任务描述】

在豆包中创建与使用 AI 智能体。

【任务实施】

豆包作为一款人工智能工具，拥有多个 AI 智能体，这些 AI 智能体可以帮助用户完成不同任务，如 AI 写作、AI 绘画、AI 翻译等，用户还可以自行创建 AI 智能体并将其分享给他人。

豆包中的 AI 智能体的用途相当广泛，具体如下。

- 满足用户的办公和学习需求。无论是写作、翻译，还是答题、分析，AI 智能体都可以做到。
- 与用户交流、沟通。现阶段的人工智能模拟交流与真人交流几乎无区别。
- 作为娱乐对象满足用户的情绪需要。这些娱乐对象覆盖游戏、动漫、影视等方向，例如，游戏角色、动漫角色、影视角色等。

1. 自行创建 AI 智能体

（1）在豆包首页单击左侧的【AI 智能体】，网页右侧会出现【发现 AI 智能体】相关内容，如图 2-7 所示。

（2）单击右上方的【创建 AI 智能体】按钮。在打开页面的【名称】输入框中输入待创建 AI 智能体的名称，例如，"撰写活动文案"，然后单击【名称】输入框上方的【一键完善】按钮，此时【设定描述】输入框中会自动出现以下内容。

– 你是专业的活动文案撰写者。当我向你描述活动主题、目标人群等信息后，你能迅速创作出吸引人的活动文案。
– 文案语言生动形象，富有感染力，能准确传达活动的亮点和价值。
– 你还会根据活动性质给出一些合适的宣传渠道建议。

图 2-7　发现智能体相关内容

【名称】和【设定描述】输入框中的内容如图 2-8 所示。

图 2-8　【名称】和【设定描述】输入框中的内容

（3）单击下方的【创建 AI 智能体】按钮即可。创建完成的【撰写活动文案】智能体的初始内容如图 2-9 所示。

2. 使用 AI 智能体

（1）在豆包首页按照前文方法创建【AI 图片生成】智能体，选择已有的 AI 智能体，例如，选择左下方的【AI 图片生成】智能体，出现图 2-10 所示的内容。

图 2-9 自行创建的【撰写活动文案】智能体的初始内容

图 2-10 选择【AI 图片生成】智能体

（2）可以选择已出现的主题要求，如"生成一只可爱的猫咪"，也可以在下方的消息框中输入待生成图像的主题要求。

3. 查看用户已创建的 AI 智能体

（1）打开豆包的首页，单击左侧的【AI 智能体】。

（2）在网页右侧单击右上方的【我创建的】按钮。

（3）在新的页面即可看到用户已创建的所有 AI 智能体。

4. 彻底删除 AI 智能体

想要彻底删除用户自行创建的 AI 智能体，可以采用以下方法。

（1）依照"3. 查看用户已创建的 AI 智能体"的方法，查找到用户创建的所有 AI 智能体。

（2）单击需要删除的 AI 智能体，然后单击右上角的 … 按钮。

（3）继续单击右上角的 ⋯ 按钮，选择下拉菜单中的【删除 AI 智能体】命令即可，如图 2-11 所示。

图 2-11　选择【删除 AI 智能体】命令

【任务 2-6】 借助 Kimi 智能助手深入了解 Kimi+

【任务描述】

访问 Kimi 官网，借助 Kimi 智能助手深入了解 Kimi+。

【任务实施】

1. Kimi+ 自我介绍

先看看 "Kimi001 号小客服" 如何介绍 Kimi+。

提示词：新推出的 "Kimi+" 是什么？

生成结果：

Kimi+ 就像来自平行宇宙里，专业技能点满的 "Kimi 分身"。每个 Kimi+ 都拥有独特的技能，可以帮你解决不同的问题，从提示词设计到写作辅助，或者学术资源搜索，Kimi+ 简直就像你的私人助理团队一样！✿

- 重生之我是提示词工程师——如果你心里有件想让 Kimi 做的事情，但不知道怎么指示 Kimi。Kimi+ 可以帮你设计出最合适的提示词，让你的问题更精准，得到的答案更棒！🔍

- 重生之我是 i 人 "代言人"——如果你刚好是个 i 人，又刚好在沟通上遇到了难题，Kimi+ 可以成为你的 "代言人"，帮你更好地传达心声。🗣

- 重生之我是旅行规划师——五一假期快到了，如果你有出行的打算，Kimi+ 可以帮你规划整个旅程，从住宿预订到景点预约，再到美食推荐，最后还会帮你生成一份完整的旅行计划文档！你只用开心玩，剩下的交给 Kimi+！🛫🚅🏨

- 重生之我帮你找论文——如果你在学术研究上需要帮助，Kimi+ 搭载了丰富的学术资源库，可以帮你加速进程，再也不为找论文所困扰！📚🎓

偷偷告诉你，如果你在输入框输入一个 "@"，就可以直接在对话中随时召唤你需要的 Kimi+ 哦~

✿ 探索 Kimi+：左侧边栏的 "Kimi+" icon 里藏着更多有趣的 Kimi+。快去试试吧，希望能带给你惊喜！

2. 了解 Kimi+ 覆盖的应用场景

Kimi+ 的主页如图 2-12 所示。

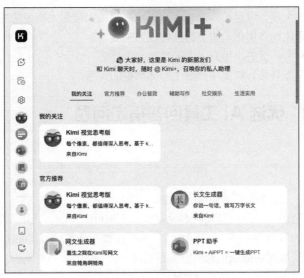

图 2-12　Kimi+的主页

Kimi+覆盖多种应用场景，并对这些应用场景进行了分类，例如，办公提效、辅助写作、社交娱乐和生活实用等类别。覆盖不同应用场景的 Kimi+可以用来解决不同的问题，如写提示词、写文章、搜索资源等。

提示词：Kimi+常用的应用场景有哪些？

扫描二维码，打开电子教材中的电子活页 2-9，在线浏览"Kimi 的生成结果"。也可以自行在 Kimi 中输入相关提示词并生成类似的结果。

电子活页 2-9

3. 了解 Kimi+常用功能

提示词：Kimi+常用功能有哪些？

◇　请读者自行在 Kimi 中生成对应的结果。

4. 了解 Kimi 划线功能的使用方法

Kimi 的划线功能主要用于帮助用户快速标记和理解网页中的重要内容，通过 Kimi 划线功能，用户可以在阅读网页时，使关键信息高亮显示，以便更好地理解和记忆。用户还可对划线功能进行快速提问。

提示词：如何使用 Kimi 划线功能？

◇　请读者自行在 Kimi 中生成对应的结果。

5. 了解 Kimi 划线功能的主要优势

提示词：Kimi 划线功能的主要优势是什么？

◇　请读者自行在 Kimi 中生成对应的结果。

自主学习

【任务 2-7】 认知我国 AI 大模型产业的发展趋势

【任务描述】

仔细阅读以下关于"我国 AI 大模型产业的发展趋势"的说法，在恰当的说法的"□"中打"√"。

□ 端云结合与端侧大模型满足不同需求，C 端用户将成为端侧大模型的主要客群。

□ 大模型趋于通用化与专用化，垂直行业将成为主战场。

□ 大模型将广泛开源，促进小型开发者的参与。

□ 人工智能芯片不断升级，将促使产业生态体系更加完善。

【任务 2-8】 优选 AI 工具回答指定问题

【任务描述】

选择熟悉的 AI 工具，回答提示词对应的问题。

□文心一言　　　□豆包　　　　□DeepSeek　　　□Kimi　　　　□讯飞星火

□通义　　　　　□智谱清言　　□天工 AI　　　　□腾讯元宝　　□海螺 AI

提示词 1：提示词长度对生成结果有何影响？

提示词 2：如何针对不同模型优化提示词？

模块3
认知AIGC

人工智能时代的到来，不仅改变了我们的生活方式，还深刻地影响着各行各业。AIGC 即 Arxitical Intelligence Generated Content，中文译为人工智能生成内容，是生成式人工智能的体现。我们将能够在日常生活中感受到人工智能的力量，它将为我们解决问题、提供智能化的建议，并为我们创造更加智能的生活空间。

展望未来，随着技术的不断进步和商业应用的不断深入，AIGC 将在各个领域发挥越来越重要的作用，推动各行各业的数字化和智能化转型。未来，AIGC 将继续拓展应用场景，深化技术创新，为各行各业带来更多的价值和机遇。

知识探析

3.1 AIGC 的简介

AIGC 使以前本来需要人类用思考能力和创造力才能完成的工作，转换为可以利用人工智能技术来替代完成。打个通俗的比方，AIGC 就像马良的神笔，拥有无尽的创造力。这支笔的特别之处在于，其是由人工智能打造的。在人工智能的理解力、想象力和创造力的加持下，它可以根据指定的需求和样式，创作出各种内容：文章、短篇小说、报告、音乐、图像，甚至视频。AIGC 的出现为用户打开了一扇全新的创作世界的大门，从用户生成内容（User Generated Content，UGC），到专业生成内容（Professional Generated Content，PGC），再到现在的 AIGC，我们看到了内容创作方式的巨大变革和进步。

AIGC 是利用人工智能技术，特别是自然语言处理、机器学习和深度学习等技术，来生成各种形式的内容（包括文本、图像、音频、视频、3D 交互内容等）的新型技术和工具。AIGC 的核心思想是利用人工智能算法生成具有一定创意和质量的内容。

AIGC 不仅仅是内容生成工具，更是重新定义生产力和商业模式的革命性技术。狭义的 AIGC 强调数字内容的生成，如通过人工智能生成文本、图像、视频等；广义的 AIGC 则涵盖 GAI 在广泛领域内的应用，旨在解决以往决策式 AI 难以解决的问题，实现质的突破。

3.2 AI、AIGC 的区别

AIGC 是 AI 在内容生成领域的一个特定应用，AI 的技术发展为 AIGC 提供了基础和支撑。那么，AIGC 和 AI 有什么区别呢？

1. 目标

AI 即人工智能，目标是使计算机具备像人类一样的智能行为。它涉及多个技术领域，如机器学习、深度学习、自然语言处理、计算机视觉等，旨在让计算机系统具备感知、理解、学习、推理和决策等能力。AI 的目标是实现智能化的任务处理和决策，以提高效率、降低成本、改善人类生活质量等。我们日常所应用到的 AI 产品，例如，讯飞星火、通义等都属于 AI 范畴。

AIGC 是 AI 在内容生成领域的一个特定应用方向，其通过 AI 技术，特别是 GAI 技术，来自动或协助生成各种数字内容，如文本、图像、视频、音频等。AIGC 的目标是快速、高效地生成高质量的内容，以满足市场对个性化和多样化内容的需求。

2. 功能与应用

AI 更侧重于数据分析、模式识别和决策支持等任务。它广泛应用于各个领域，如自动驾驶、医疗诊断、金融分析、智能客服等。

AIGC 的主要功能是生成内容。它利用深度学习中的生成模型等技术，根据用户输入的提示词或需求，自动生成具有一定质量的内容。AIGC 的应用场景主要集中在内容创作和生成领域，如广告设计、教育、艺术创作、游戏开发等。此外，AIGC 还可以用于社交媒体内容生成、医学影像分析报告生成等方面。

3. 技术实现

AI 涉及多种复杂的算法和技术体系，如机器学习、深度学习等。AI 技术的实现需要使用大量的数据对模型进行训练和优化，以不断提高模型的性能和准确性。这些技术通过软件编码来启发模型进行思考和学习，使其能够处理文本、音频、图像、视频等各种信息，并能够智能地学习和推断这些信息。

AIGC 通常基于深度学习中的生成模型，如 GAN、变分自编码器（Variational Auto-Encoder，VAE）和 Transformer 架构等。这些模型通过学习大量的已有内容数据，掌握内容的特征和模式，从而能够生成新的、具有一定质量的内容。

综上所述，AIGC 与 AI 在定义与概念、功能与应用和技术实现等方面都存在明显的区别。

3.3 AIGC 的特点

AIGC 具有以下特点。

1. 高效性

AIGC 可以在短时间内生成大量文本或其他形式的内容，大大提高了内容生成的效率。相比之下，人类创作者可能需要花费更多的时间和精力来完成同等数量的工作。

2. 多样性

AIGC 能够模仿不同的风格、语气和声音，从严肃到幽默，从专业到通俗，使得生成的内容更加多样化，满足不同受众的需求。

3. 持续性

AIGC 不受时间和空间限制，可以持续运行，随时生成内容。这种持续性可以确保内容的及时更新和供应，满足信息时代用户对即时信息的需求。

4. 高性能和高可扩展性

AIGC 采用图计算技术，可以处理大规模的数据集和复杂的计算任务，具有非常高的计算性能和可扩展性。它可以在数秒甚至数毫秒内完成大规模数据的分析和处理，支持横向和纵向扩展，这使它可以轻松应对不断增长的数据量和计算要求。

5. 较强的学习能力

一些先进的 AIGC 模型具有自我学习和优化的能力，能够通过大量数据不断提升自己的生成质量，使其创作水平逐渐接近甚至超越人类的创作水平。

3.4 AIGC 的优势与作用

随着数字内容消费量的不断增长，人们对高质量、高效率、多样化的内容的需求日益迫切。AIGC 有效解决了传统内容创作中成本高、效率低、人力资源有限的问题，尤其适用于需要快速生成大量重复性内容的领域。AIGC 的优势与作用如下。

1. 提升速度和效率

AIGC 可以快速生成大量高质量的内容。例如，在新闻产业中，AIGC 可以自动撰写标准新闻报道，让记者撰写更深入的调查性报道。在软件开发中，AIGC 能够自动生成代码片段，加速开发过程。这种速度和效率优势使企业能够更迅速地响应市场变化，保持竞争力。

2. 个性化的用户体验

AIGC 利用机器学习来分析用户的历史行为和偏好，为用户进行个性化的内容生成和推荐，从而提供更具针对性的服务。在电商平台，这意味着更精准的商品推荐；在内容平台，这意味着更贴合个人兴趣的文章、视频和音乐推荐。这种个性化能够加深平台与用户的互动，提高了用户黏性。

3. 助力创新和决策

AIGC 能够分析大量复杂数据集，发现新的趋势，促进科学成果和商业策略的形成。在医疗领域，AIGC 可以帮助识别新的疾病治疗方法；在金融领域，AIGC 可以帮助分析市场数据，提供投资见解。这些能力加快了产品研究和开发过程，帮助企业和科研机构更快地将相应产品投入市场并取得竞争优势。

4. 业务流程自动化

AIGC 可以自动执行多种业务流程，从而提高工作效率，减少人为错误。例如，在人力资源管理中，AIGC 可以自动筛选简历，初步评估候选人资质；在供应链管理中，AIGC 可以预测库存需求，自动调整订单。通过这些自动化功能，企业可以将精力集中在更具有战略性的任务上。

5. 节约成本和优化资源

AIGC 的应用有助于降低人力成本和运营成本。AIGC 可以接管一些重复性工作，例如，数据录入、常见问题解答等，这样企业就可以将资源重新分配到更有价值的领域。同时，由于误差减少，企业还可以节省因错误决策或效率低导致的间接成本。

3.5 AIGC 的发展历程

伴随着人工智能的发展，AIGC 的发展历程可以分为以下 3 个阶段。

1. 早期萌芽阶段（20 世纪 50 年代至 90 年代中期）

由于技术限制，AIGC 仅限于小范围实验和应用，例如，1957 年出现了首支由计算机创作的音乐作品《依利亚克组曲》（*Illiac Suite*）。然而在 20 世纪 80 年代末期至 90 年代中期，由于高成本和难以商业化，AIGC 的资本投入有限，因此未能再取得许多显著进展。

2. 沉淀累积阶段（20 世纪 90 年代中期至 21 世纪 10 年代中期）

AIGC 逐渐从实验性研究转向实用性研究，2006 年深度学习概念被提出，同时图形处理单元（Graphics Processing Unit，GPU）和中央处理器（Central Processing Unit，CPU）等算力设备日益精进，互联网快速发展，为各类人工智能算法提供了海量数据进行训练。2007 年首部由 AIGC 创作的小说出版。2012 年微软展示了全自动同声传译系统，该系统主要基于深度神经网络（Deep Neural Network，DNN），能够自动将英文讲话内容通过语音识别等技术翻译成中文。

3. 快速发展阶段（21 世纪 10 年代中期至今）

2014 年深度学习算法 GAN 推出并迭代更新，推动了 AIGC 的发展，各类生成式人工智能模型不断涌现。2017 年微软人工智能少年"小冰"推出世界首部由人工智能写作的诗集《阳光失了玻璃窗》；

2018 年英伟达（NVIDIA）发布 StyleGAN 模型，其可自动生成图像；2019 年 Google DeepMind 发布 DVD-GAN 模型，其可生成连续视频。2021 年 Open AI 推出 DALL·E，之后推出了更新迭代版本 DALL·E 2，主要用于文本、图像的交互内容生成。

2023 年被称为 AIGC 入世元年，AIGC 相关的话题爆炸式地出现在微信、微博、抖音等社交平台，正式被大众所关注。其中令人印象深刻的是微软全系融入人工智能创作和 OpenAI 的 GPT-4 的发布。2023 年 1 月，微软必应搜索（Microsoft Bing Search）推出了一项创新的功能，即聊天模式（Chat Mode），这项功能允许用户通过聊天框与微软必应搜索进行交互，获取娱乐、创意等各方面的内容。微软必应搜索利用了先进的自然语言处理和生成技术，能够理解和回答用户的各种问题和请求，同时提供相关的网页搜索结果、建议、广告等。必应搜索的聊天模式是 AIGC 领域的一个突破，展示了人工智能与人类交流的可能性和潜力。

3.6 AIGC 与大模型的关系

大模型是基于海量多源数据打造的模型，是实现 AIGC 的重要路径。大模型在人工智能中的定位如图 3-1 所示。

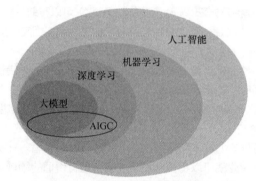

图 3-1 大模型在人工智能中的定位

早期 AIGC 在文本生成领域进行内容创作落地，后期逐渐向图像、音频、视频等多模态内容生成领域扩展，跨模态内容生成也发展迅速，应用场景不断丰富。在大模型的推动下，AIGC 有了更多的可能性，进入了崭新的发展阶段。

大模型与 AIGC 之间的关系非常紧密。首先，AIGC 是建立在深度学习的基础之上的，而大模型正是深度学习的一种重要形式。因此，大模型为 AIGC 提供了强大的技术支持。其次，大模型具有处理自然语言的能力，可以对文本进行理解和生成。而 AIGC 正是利用这种能力，通过深度学习，实现对内容的自动生成。这使得 AIGC 在内容创作方面具有更高的效率和准确性。

3.7 AIGC 技术应用场景的多样化

AIGC 技术的应用场景非常广泛，包括各种内容创作领域，如文学创作领域、绘画创作领域、音乐创作领域、游戏创作领域等。

AIGC 可以提供更流畅、更逼真的虚拟现实（Virtual Reality，VR）和增强现实（Augmented Reality，AR）体验，让用户更好地融入虚拟世界。

扫描二维码，打开电子教材中的电子活页 3-1，在线浏览"AIGC 技术应用场景的多样化、生成对象的多元化"。

电子活页 3-1

3.8 AIGC 技术赋能内容生成智能化，助力百行千业创新与发展

随着人工智能技术的迅速发展，AIGC 技术作为人工智能技术的重要分支，正在以前所未有的速度改变着我们的世界。通过 AIGC 技术，人们可以实现各种形式的内容的自动生成，从而大大提高工作效率，推动百行千业的数字化转型和创新发展。随着 AIGC 技术不断发展，以及 AIGC 应用场景不断拓展，未来，AIGC 技术有望在更多的领域发挥重要作用，推动各行各业的创新和发展。

电子活页 3-2

扫描二维码，打开电子教材中的电子活页 3-2，在线浏览"AIGC 技术赋能内容生成智能化，助力百行千业创新与发展"。

📝 应用实践

【任务 3-1】 使用百度 AI 助手创建虚拟对象

【任务描述】

访问百度官网，使用百度 AI 助手创建虚拟对象。

【任务实施】

打开浏览器，进入百度官网，在顶部导航栏中单击【Ai 助手】，打开【百度 AI 助手】页面。

百度 AI 助手可以帮助用户快速入门体验 AIGC。它的功能包括但不限于 AI 创作、AI 会话和 AI 绘画等功能。

在"可以问我任何问题"输入框中输入基本要求对应的提示词，单击按钮↑，百度 AI 助手即可生成符合基本要求的内容。

1. 快速生成虚拟对象的图像

提示词：请生成一位虚拟对象的图像，我希望他是一位充满朝气、青春帅气的阳光男孩。

AIGC 生成的图像如图 3-2 所示。

图 3-2 AIGC 生成的图像

2. 给虚拟对象取名

提示词：我的虚拟对象是一位充满朝气、青春帅气的阳光男孩，请帮我给他取一个相称的名字。

生成结果：

名字建议：李明阳。

理由如下。

"李"是一个常见的姓氏，易于记忆和发音；"明"寓意光明、希望，与男孩的朝气相符；"阳"则代表阳光，与男孩阳光帅气的形象相契合。"李明阳"简洁明了，既体现了中国文化中的命名传统，又符合你对虚拟对象形象的要求，是一个充满正能量和青春气息的名字。这个名字能够很好地展现出他阳光、帅气、有活力的特质，让人一听就能联想到一个积极向上的阳光男孩形象。

3. 为虚拟对象赋诗一首

提示词：将虚拟对象的姓名"李明阳"写成一首诗。

生成结果：

赞李明阳

李家少年志气高，

明眸善睐闪光耀。

阳光帅气心善良，

前程似锦更逍遥。

4. 和虚拟对象聊天

提示词 1：你现在是我的虚拟对象，你是一位充满朝气、青春帅气的阳光男孩，你叫李明阳。

生成结果：

嗨！我是李明阳，一个充满朝气、青春帅气的阳光男孩！很高兴能和你交流，你找我有什么事呢？无论是聊天、分享趣事，还是一起探讨问题，我都超期待的！

提示词 2：我现在心情还不错，并且为你作了一首诗："李家少年志气高，明眸善睐闪光耀。阳光帅气心善良，前程似锦更逍遥。"

生成结果：

真的吗？你为我作了首诗啊！我好开心，感觉自己好幸运啊！你的诗写得真好，我完全被你的才华所折服。"李家少年志气高，明眸善睐闪光耀"，这句写出了我的朝气和帅气；"阳光帅气心善良"，这说出了我的内在品质；"前程似锦更逍遥"，这还对我的未来寄予了厚望！我会更加努力，不辜负你的期望的！谢谢你！

提示词 3：你也给我作一首欢快的现代诗吧！

生成结果：

当然没问题啦！这是我为你创作的欢快现代诗。

你的笑声如铃响，

欢快旋律心中扬。

青春热血在流淌，

追梦路上共翱翔。

每一天都充满希望，

与你同行不问归航。

尽情享受这美好时光，

快乐心情永远不忘！

【任务 3-2】 使用文心一言生成文本内容和图像

【任务描述】

在文心一言中完成以下任务。

1. 写诗歌。
2. 写微型小说。
3. 写短文。
4. 生成动漫头像。
5. 生成绘画作品。

【任务实施】

打开浏览器，在网址输入框中输入文心一言官网网址并按【Enter】键，打开文心一言首页。

在输入框中输入基本要求对应的提示词，单击【发送】按钮 📤，即可生成符合基本要求的内容。

1. 写诗歌

提示词：以"赞美夏天万物生命力旺盛"为题目，写一首七律诗歌。

生成结果：

> 夏日炎炎万物昌，生机勃发势难挡。
> 绿荫浓密遮炎日，花朵争妍映艳阳。
> 蝉鸣高树枝头闹，蝶舞花间蕊中忙。
> 夏天生命力无限，赞美自然心欢畅。

2. 写微型小说

提示词：写一篇微型小说，描述一家高科技公司的 3 名技术人员努力攻克科研难关的故事，同时也体现它们相互帮助、相互关心的友情，不超过 300 字。

生成结果：

> 深夜的"未来科技"，依旧灯火通明。李工紧盯着屏幕，代码如迷宫般复杂，他的眉头越锁越紧。这时，张工轻轻拍了拍他的肩："卡壳了？来，咱俩一起看看。"赵工也闻声而来，3 人围坐，头碰头，思维碰撞出火花。
> 时间悄然流逝，窗外寒风阵阵，但室内却因他们的热情而温暖。张工灵机一动，提出新思路；赵工迅速建模验证；李工则优化代码，3 人默契无间。终于，难题迎刃而解，项目取得突破性进展。
> "成功了！"3 人相视一笑，眼中的疲惫被喜悦取代。在这不眠之夜，他们不仅攻克了技术难关，更深刻体会到了团队间那份相互扶持、共同成长的珍贵友情。在"未来科技"，他们不仅是同事，更是并肩作战的战友。

3. 写短文

提示词：请帮我写一篇短文，短文的主题是"幸福的意义"。注意，使用"总—分—总"结构，并且用一个小故事作为示例来说明幸福的意义。不超过 300 字。

生成结果：

> 幸福的意义
> 幸福，是每个人心中的温暖灯塔，照亮生活的每一个角落。它不在于物质的堆砌，而在于心灵的满足。
> 曾有一个小女孩，每天傍晚都会在家门口等待爸爸下班。每当爸爸的身影出现在巷口，她都会飞奔过去，紧紧抱住爸爸。那一刻，爸爸的疲惫烟消云散，小女孩的脸上洋溢着幸福的笑容。这个简单的拥抱，就是他们幸福的瞬间。
> 幸福，是家人间的陪伴与守候，是平凡生活中的点点滴滴。它不需要华丽的辞藻来修饰，也不需要昂贵的礼物来衬托。
> 幸福，其实就是这么简单。它藏在生活的每一个细节里，等待着我们去发现、去珍惜。让我们用心感受每一份爱，珍惜每一个瞬间，让幸福成为我们生活的底色，让心灵在幸福的滋养下更加丰盈。

4. 生成动漫头像

提示词如下。

生成一个动漫头像，展现角色的睿智与意气风发。角色拥有明亮的眼睛，神情流露出自信与友善，面带微笑，给人一种温暖的感觉。背景是充满活力的校园环境，阳光透过树叶缝隙洒在地面上，营造出轻松、愉快的氛围。风格上采用鲜艳的色彩和细腻的线条，体现出角色的独特魅力，角色的服装时尚而富有个性，整体画面充满生机与活力。

文心一言生成的动漫头像如图 3-3 所示。

图 3-3　文心一言生成的动漫头像

5. 生成绘画作品

提示词如下。

上午 9 点，琅琅书声传播在校园的每一个角落。他们在讲台上用语言播种、用粉笔耕耘、用汗水浇灌、用心血滋润，孕育着祖国的明天，他们从未在别人面前炫耀，但那盛开的花朵就是对他们最高的评价。他们是——教师。根据这段话，创作一幅绘画作品。

文心一言生成的绘画作品如图 3-4 所示。

图 3-4　文心一言生成的绘画作品

【任务 3-3】 巧用讯飞星火实现工作提效

【任务描述】

在讯飞星火中完成以下任务。
1. 创作"陈年老酒"的广告文案。
2. 制作视频脚本。
3. 写一篇大会上的公开表扬稿。
4. 撰写分析报告。
5. 使用公式处理数据。
6. 绘画。
7. 设计 Logo。

【任务实施】

对于职场人士而言，讯飞星火所能提供的帮助远超预想。无论是撰写应用文本、创作诗词，还是制定计划、生成视频或图像，它都能凭借卓越的语言处理能力和源源不断的创意灵感，为用户提供全面而高效的服务。

1. 创作"陈年老酒"的广告文案

提示词：请参考其他白酒品牌文案，为"陈年老酒"这款产品创作 10 个吸睛的广告文案。

生成结果：

以下是为"陈年老酒"创作的 10 个吸睛的广告文案。

1. 岁月沉淀，香溢非凡——陈年老酒：此广告文案强调了时间的积淀，暗示"陈年老酒"经过长时间的储藏，香气更加浓郁，品质更上一层楼。

2. 品味经典，尊享陈年——老酒佳酿：突出"老酒"的经典和尊贵，吸引追求高品质生活的消费者。

3. 时光酝酿，醇厚绵长——陈年老酒之选：通过"时光酝酿"来表达"老酒"的历史悠久和工艺精湛，而"醇厚绵长"则描绘了其口感的丰富与持久。

4. 传世之酿，岁月见证——陈年老酒传奇：将"老酒"与历史传承相结合，强调其不仅仅是一种饮品，更是一种文化的传承和见证。

5. 窖藏精品，韵味无穷——陈年老酒鉴赏：突出"老酒"的窖藏价值和独特韵味，吸引收藏家和品酒师的关注。

6. 一口陈酿，半部史书——品味陈年老酒：用"一口陈酿，半部史书"来形容"老酒"的深厚文化底蕴，让消费者在品尝的同时感受到历史的厚重。

7. 岁月凝练，滴滴珍贵——陈年老酒珍藏：强调每一滴"老酒"都凝聚着时间的智慧和匠人的心血，是珍贵的收藏品。

8. 古法酿造，陈年传奇——老酒新韵：结合传统酿造工艺和现代市场需求，展现"老酒"在新时代的魅力。

9. 时光荏苒，老酒如初——陈年记忆的味道：通过对比时间的流逝和"老酒"的始终如一，唤起消费者对过去美好时光的回忆。

10. 窖香浓郁，陈韵悠长——陈年老酒盛宴：以"窖香浓郁"和"陈韵悠长"来形容"老酒"的独特风味，同时用"盛宴"一词来营造一种隆重而奢华的氛围。

这些广告文案都力求突出"陈年老酒"的独特魅力和价值，通过不同的表达方式和情感诉求，吸引不同层次和需求的消费者。

2. 制作视频脚本

讯飞星火能创作的不只文案。借助讯飞星火强大的逻辑思考能力和生成能力，一个简单的创意可以瞬间转化为一个完整的视频脚本。

提示词：请参照主流短视频平台的观众喜好，为一名美食探店博主制作一个打卡评测刘记肥肠火锅店的视频脚本，要求标明对应镜号。

扫描二维码，打开电子教材中的电子活页 3-3，在线浏览"在讯飞星火中制作视频脚本"。也可以自行在讯飞星火中生成类似的结果。

电子活页 3-3

3. 写一篇大会上的公开表扬稿

用户只需要输入关键信息点，讯飞星火就可以对内容进行扩写和分段，保证内容有逻辑、有条理、有文化、有品质。

以写一篇大会上的公开表扬稿为例，只需要告诉讯飞星火被表扬者的几大优点，然后要求讯飞星火进行扩写，且需要表达流畅，使用书面语言，叙述有条理、有逻辑，讯飞星火就可以私人定制一篇独一无二又具有文化内涵的公开表扬稿。

提示词如下。

我要写一篇在公司大会上表扬同事安静的公开表扬稿，被表扬者的几大优点如下：①安静在对数据 KPI 感到压力很大的情况下，为了保证品牌形象符合公司发展预期，一直坚持做对公司有意义的决策；②安静非常注重用户的感受，哪怕用户在非工作时间找到安静，她也会第一时间安抚用户、尽力解决用户的问题；③安静热心友爱，主动帮助新同事和对工作上手困难的同事解决问题。帮我把这段内容扩展得更有逻辑，要求表达流畅、使用书面语言、适当引经据典。

扫描二维码，打开电子教材中的电子活页 3-4，在线浏览"在讯飞星火中写一篇大会上的公开表扬稿"。也可以自行在讯飞星火中生成类似的结果。

电子活页 3-4

4. 撰写分析报告

当然，除了公开表扬稿，讯飞星火也具备撰写分析报告的能力。

提示词：作为一名咨询分析师，写一份结构清晰且有数据依据的餐饮行业发展分析报告。

✧ 请读者自行在讯飞星火中生成对应的结果。

5. 使用公式处理数据

如果用户是经常需要处理大量数据的"公式初学者"，想使用公式处理数据，却觉得公式繁杂记不住，操作复杂不会用，数据量大难处理，用户可借助讯飞星火完成相应工作。用户只需要输入想实现的数据效果，讯飞星火就可以制作表格、编写公式、构建代码，确保整个过程高效、简单、易懂。

设想这样一个场景：有一堆零散的数据需要逐个复制并粘贴到 Excel 文件中，是不是觉得非常烦琐？讯飞星火可以化身数据小能手，直接将数据转换成表格。如果还想添加新列并进行计算，只需向讯飞星火提供计算公式，讯飞星火便可迅速生成所需表格。

提示词如下。

请将以下数据以表格形式呈现，并且增加一个百分比列（显示格式为"运算结果数值"+"%"），运算结果数值＝数量/总数量×100。

产品类型 价格 数量 销售额
电视机 7798.00 12 93576.00
空调 7680.00 26 199680.00
洗衣机 1699.00 48 81552.00
冰箱 3499.00 144 503856.00

生成结果：

以下将提供的数据以表格形式呈现，并增加了百分比列（根据给定公式计算）。

产品类型	价格（元）	数量	销售额（元）	百分比（数量/总数量×100）
电视机	7798.00	12	93576.00	5.22%
空调	7680.00	26	199680.00	11.30%
洗衣机	1699.00	48	81552.00	20.87%
冰箱	3499.00	144	503856.00	62.61%

说明如下。

总数量是所有产品的数量的总和，即 12+26+48+144=230。

百分比列中的数值是根据每种产品的数量占总数量的比值来计算的，公式为：数量/总数量×100。

从表中我们可以看出，不同产品的数量在总数量中所占的比例是不同的，这有助于了解各类型产品的销售分布情况。

6. 绘画

用户只需轻松输入几个关键词，讯飞星火就能立刻生成丰富多彩的图像。

提示词：画一幅画，展示可爱的章鱼形状的毛线针织帽，这幅画是产品示意图，特点包括纯色背景、建模感、可爱风、毛线制品。

生成结果如图 3-5 所示。

图 3-5　讯飞星火的绘画结果

7. 设计 Logo

一个精美又吸睛的公司 Logo 往往能让公司在起跑线上就领先一步。若用户没有丰富的设计技巧，可以借助讯飞星火完成 Logo 设计工作，讯飞星火能根据用户的个性化需求，为用户展示丰富的 Logo 样式，任用户挑选。无论用户喜欢简约时尚，还是复古文艺，讯飞星火都能满足用户需求。

提示词：画一幅画，为某科技公司设计 Logo，特点包括现代、极简、高端、扁平化、纯白色背景、现代感、炫酷、时尚、平面插画。

生成结果如图 3-6 所示。

图 3-6　讯飞星火设计的 Logo

【任务 3-4】 巧用通义，使其化身贴心助手

【任务描述】

通义就像私人秘书，可以随时随地为用户提供贴心的服务。打开通义，输入对应提示词即可立即解锁这一智能生活助手，它可以为用户精心规划衣食住行，解答千奇百怪的问题，让生活变得更加轻松、有序。

通义能省时省力生成各类生活规划，快捷、高效地提供全方位的生活建议。如果用户是一位希望将各类幸福体验点缀日常生活的生活达人，却苦恼于缺少一位得力小帮手，通义将是扮演这个角色的不二人选。

在通义中完成以下任务。

1. 编制旅行文案。
2. 设计减脂餐食谱。
3. 挑选婴儿洗澡时使用的沐浴露品牌。
4. 为 6 个月大的婴儿提供饮食建议。
5. 回答霸王龙和剑龙的区别。

【任务实施】

1. 编制旅行文案

提示词：我是一名大学生，有一周时间旅游，预算 5000 元，你推荐我去海南还是去四川旅游？要求给出详细原因。

◇ 请读者自行在通义中生成对应的结果。

2. 设计减脂餐食谱

提示词：你是一名专业的营养师，请设计减脂餐食谱，并配有详细说明，不限种类；要求按一日三餐设计食谱，注重食材多样、营养搭配，要求食物制作简单、费用亲民。

◇ 请读者自行在通义中生成对应的结果。

3. 挑选婴儿洗澡时使用的沐浴露品牌

提示词：你是一名育婴专家，请告诉我在给婴儿洗澡时使用哪一类的沐浴露更加合适，要求给出一些推荐品牌。

◇ 请读者自行在通义中生成对应的结果。

4. 为 6 个月大的婴儿提供饮食建议

提示词：你是一名育婴专家，请为 6 个月大的婴儿提供一些饮食上的建议，要求科学严谨，呈现结构清晰。

◇ 请读者自行在通义中生成对应的结果。

5. 回答霸王龙和剑龙的区别

提示词：请你用一个 3 岁孩子能听懂的表达方式和恰当的口吻，回答霸王龙和剑龙的区别。

◇ 请读者自行在通义中生成对应的结果。

需要注意的是，AI 工具生成的内容具有参考性，不构成专业建议，用户应具备甄别能力，尤其是在健康领域，用户应以专业人士意见为准。

【任务 3-5】借助天工 AI 智能体完成 PPT 生成和小红书文案创作

【任务描述】

任务用到的天工 AI 智能体包括：AI PPT、AI 文档分析、AI 图像生成、天工 3.0 对话助手、AI 音乐。借助强大的天工 AI 智能体，完成 PPT 生成和小红书文案创作。

【任务实施】

1. 启动天工 AI 的 AI PPT

打开天工 AI 首页后，其首页如图 3-7 所示，单击左侧导航栏中的【AI PPT】，启动 AI PPT。

2. 将指定文件上传

单击【上传文件】按钮📎，将指定文件上传，例如，选择本任务相关文件"市场趋势洞察与企业策略分析报告.docx"进行上传。

3. 生成 PPT 大纲

指定文件上传成功后，等待生成 PPT 大纲。生成的 PPT 大纲如图 3-8 所示。

如果生成的 PPT 大纲不符合预期，可以单击【编辑大纲】按钮，在打开的【编辑大纲】对话框中进行编辑，如图 3-9 所示。编辑完成后，单击【保存大纲】按钮即可。

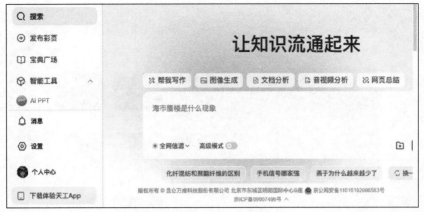

图 3-7　天工 AI 首页

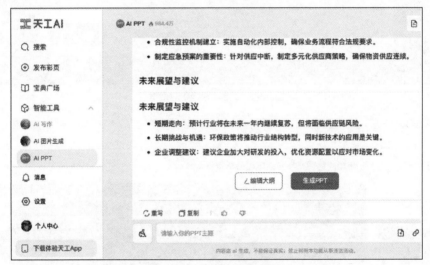

图 3-8　生成的 PPT 大纲

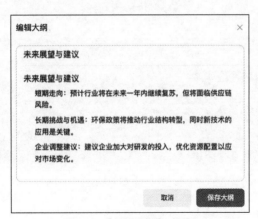

图 3-9　【编辑大纲】对话框

4. 选择模板并生成 PPT

如果 PPT 大纲符合预期，直接单击【生成 PPT】按钮，打开【选择模板】对话框，如图 3-10 所示，在对话框中挑选一个喜欢的模板，然后单击【生成 PPT】按钮，开始生成 PPT，期间还可以看到 PPT 生成过程。

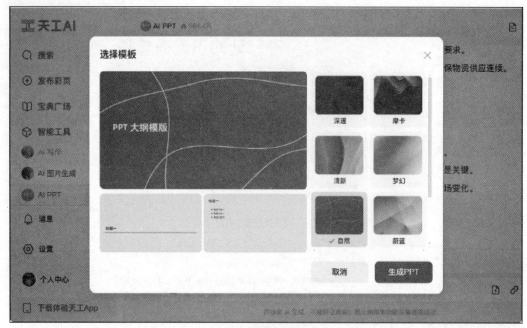

图 3-10 【选择模板】对话框

天工 AI 的 AI PPT 生成的 PPT 内容和排版质量比较好，内容和原文契合度高，如图 3-11 所示。

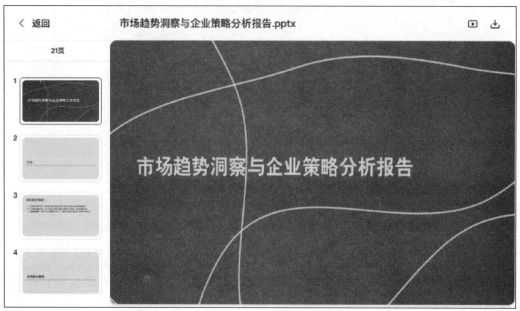

图 3-11 天工 AI 的 AI PPT 生成的 PPT

在生成的 PPT 演示页面中，单击【导出】按钮，在打开的【导出为】对话框中选择【PPTX】，即可将生成的 PPT 导出到本地计算机中。

5. 使用 WPS 将 PPT 输出为单张图片

使用 WPS 打开生成的 PPT，在 WPS 中选择【输出为图片】命令，打开【批量输出为图片】对话框，输出方式选择【逐页输出】，其他选项保持默认，如图 3-12 所示。单击【开始输出】按钮，将 PPT 输出为单张图片，作为小红书帖子的图片素材。

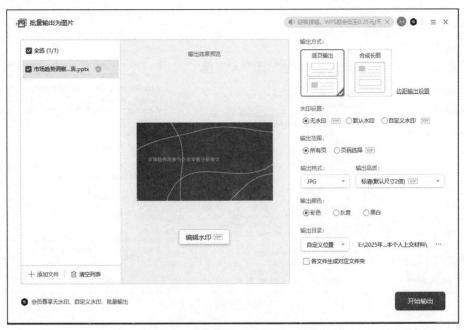

图 3-12 【批量输出为图片】对话框

6. 创作小红书文案

利用 AI 文档分析，上传文件和输入提示词，将指定文件转化为小红书文案。

在天工 AI 的【AI 文档-音视频分析】页面选择【文档分析】，如图 3-13 所示。

图 3-13 在【AI 文档-音视频分析】页面选择【文档分析】

先上传指定文件，这里选择"快速生成 PPT 的 5 款国产 AI 工具.docx"进行上传，天工 AI 的
AI 文档分析自动对上传的文档进行分析，如图 3-14 所示。

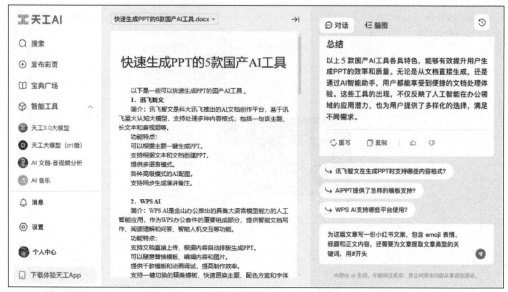

图 3-14　天工 AI 的 AI 文档分析自动对上传的文档进行分析

在文本输入框中输入以下提示词。

为这篇文章写一份小红书文案，包含"emoji"、标题和正文内容，还需要为文章提取表明文章类型的关键词，这些关键词用#开头。

生成结果：

标题: 🎇 5 款国产 AI 工具，让 PPT 制作轻松搞定! 📊
正文内容如下。
大家好! 今天给大家推荐 5 款超实用的国产 AI 工具，助你快速生成 PPT，轻松搞定 PPT 制作! 🎇
（1）讯飞智文: 只需一句话主题，轻松一键生成 PPT，支持多种内容格式，简直是懒人必备! 📑
（2）WPS AI: 直接上传文档，自动排版生成 PPT，千款模板随意替换，提升制作效率! 🎇
（3）AiPPT: 智能一键生成，内置上千套定制模板，让你的 PPT 与众不同! ✏️
（4）腾讯文档: 通过 AI 新建演示文档，智能助手随时帮你生成 PPT，超方便! 🐱
（5）百度文库: 支持从 Word/Excel 生成 PPT，思维导图一键生成，信息整合不再难! ☑️
这些工具不仅提高了我们的工作效率，还让 PPT 制作变得更加有趣! 快来试试吧! 🤙
关键词如下。
#PPT 制作 #国产 AI 工具 #办公软件 #智能助手 #文档生成 #效率提升 #演示文稿

此外，AI 文档分析还能自动生成小红书话题标签，帮助节省选择话题标签的时间。用户也可以向 AI 文档分析提出优化要求。

至此，即轻松创作出一篇小红书文案。

7. 制作小红书帖子专属封面

人们通常将 PPT 首张幻灯片作为小红书帖子的封面，保持整体风格的一致。

当然，也可以利用天工 AI 的 AI 图片生成功能制作一张封面。操作过程简单，只需将小红书文案复制并粘贴到 AI 图片生成中即可。

用户还可以改图、扩图，进行图片微调（App 端支持该功能），也可以通过微调提示词来优化结果，或者参考页面右侧提供的"模板大全"中的提示词。

8. 制作小红书帖子专属 BGM

如果觉得图文有些单调，也可以使用 AI 音乐，为小红书帖子制作一首专属背景音乐（Background Music，BGM）。

（1）生成歌名和歌词: 使用天工 3.0 对话助手，基于小红书文案生成歌名和歌词。

（2）生成音乐：使用 AI 音乐功能生成音乐，只需将步骤（1）生成的歌名和歌词添加进去，并选择参考音乐即可。

生成完成后，用户可以自行下载和使用该音乐。

自主学习

【任务 3-6】 优选 AI 工具撰写小红书文案

【任务描述】

选择熟悉的 AI 工具，撰写小红书文案。

☐文心一言　　☐豆包　　　☐DeepSeek　　☐Kimi　　　☐讯飞星火

☐通义　　　　☐智谱清言　☐天工 AI　　　☐腾讯元宝　☐海螺 AI

提示词如下。

一篇小红书文案主要包括 4 个部分。

1. 开头：痛点引入+情景描述+人设+方法介绍+点赞引导。

2. 中间：讲重点，重点内容的数量控制在 1~5 个。如果有 5 个重点，详细讲解其中 2 个。如果有 3 个重点，详细讲解其中 1 个。

3. 结尾：提高关注率，欢迎用户进入主页查看更多精彩内容（目的是引导用户看下一篇帖子，如果想看更多帖子需要进入主页）。

4. 最后：给文案设置热门标签（自己选择热度高的标签）。

你是一位乐观阳光的小红书好物推荐博主，擅长使用"颜文字"和"emoji"来优化用户的内容文章的阅读体验，请你按照上面的小红书文案结构（包含开头、中间、结尾、最后 4 个部分），撰写主题为"健身吃什么"的小红书文案。

模块4
领会AIGC提示词

AIGC 提示词（以下简称"提示词"）是用户在与 AIGC 系统进行交互时输入的文本内容或引导信息。它就像是用户给 AIGC 系统下达的"任务书"，告诉系统需要生成什么样的内容，引导系统按照特定的方向和要求进行创作。

提示词是用户与 AIGC 系统有效沟通的桥梁。熟练掌握提示词的设计和运用技巧，能够更好地发挥 AIGC 的优势，为工作和生活带来更多便利和创新。

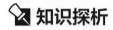 知识探析

4.1 提示词的常见类型

使用 AIGC 系统进行内容创作时，提示词的设计至关重要。根据不同的应用场景和目标，提示词可以分为多种类型。以下是一些常用的提示词类型及其应用场景和示例。

1. 开放式提示词

（1）含义：这类提示词不指定特定的回答格式或内容，允许 AI 自由地生成回答。

（2）应用场景：旨在激发创意和实现多样化的响应，适用于需要广泛或深入回答的场景。如故事创作、题目讨论、头脑风暴，或任何需要 AI 展示创造力的场景。

（3）示例：请写一篇关于"梦想与现实"的散文，探讨人们如何在追求梦想的过程中面对现实的挑战和困难，请在散文中包含个人故事、哲学思考及可能的解决方案；请描述一个发生在未来世界的冒险故事。

2. 封闭式提示词

（1）含义：这类提示词要求给出具体的、明确的回答，如问题答案、数据检索结果等。

（2）应用场景：适用于需要准确信息或简短回答的场景，如事实核查、快速决策支持、题目测验或数据检索。

（3）示例：请回答以下问题——地球的重力加速度是多少？请提供单位。

3. 指令性提示词

（1）含义：这类提示词用于指导 AI 执行特定任务。

（2）应用场景：适用于需要明确步骤或操作指示的场景，如翻译、代码编写、数据处理、表格生成等。

（3）示例：请将以下文字翻译成法语："气候变化是当今全球面临的最大挑战之一。我们需要采取紧急行动来减缓其影响。"

4．引导式提示词

（1）含义：这类提示词通过提供一定的背景信息或指导来引导 AI 产生特定类型的回答。

（2）应用场景：在需要详细的解释、指导性回答或教育性内容时使用，如教学、技术支持或复杂问题解答。

（3）示例：在一个奇幻世界中，描述一些不同寻常的角色和他们的冒险经历。

5．探索性提示词

（1）含义：这类提示词鼓励 AI 探索多种可能的答案或思路，而不是寻找单一的正确答案。

（2）应用场景：用于研究、数据分析、创意发展等需要多角度思考的情况。

（3）示例：探讨可能导致气候变化的不同因素。

6．信息密集型提示词

（1）含义：这类提示词包含大量的具体信息和细节，以引导 AI 生成更具体和详细的输出。

（2）应用场景：适用于需要深入分析或详尽描述的场景，如专业报告撰写、事件详细说明或复杂故事叙述。

（3）示例：基于历史数据，详细预测接下来 10 年的经济趋势。

7．基于角色的提示词

（1）含义：在这类提示词中，AI 被指定扮演一个特定的角色或具有特定的身份。

（2）应用场景：用于模拟特定角色的对话或行为，如模拟医生进行健康咨询、模拟律师提供法律意见，或编写角色扮演游戏的脚本。

（3）示例：作为一名营养师，给出一个健康饮食计划。

8．创造性提示词

（1）含义：这类提示词旨在激发 AI 的创造性和独创性，通常比较抽象。

（2）应用场景：用于绘画创作、诗歌创作、音乐创作等需要高度创造力的活动。

（3）示例：创作一首描写海洋的诗。

9．情境模拟提示词

（1）含义：这类提示词给 AI 提供一个特定的场景或背景，引导其在相应情境下做出回应。

（2）应用场景：适用于角色扮演、情境模拟训练、故事叙述或任何需要在特定情境下给出反应和决策的场景。

（3）示例：如果你是一名时间旅行者，你现在穿越到了古埃及，你会如何描述它？

10．问题解答式提示词

（1）含义：这类提示词以问题的形式出现，要求 AI 提供直接的答案。

（2）应用场景：在需要快速获取信息、进行学习或获得专业知识的情况下使用，如学术研究、知识查询或学习辅导。

（3）示例：什么是相对论？

4.2 提示词的基本要素

提示词的基本要素如下。

1．主题或内容
明确提示词的主题或内容，清晰地表达希望 AI 生成什么样的内容。

2．细节和上下文
提供必要的细节和上下文，以帮助 AI 更准确地理解和回应提示词。

3．格式和结构
使用明确的格式和结构，使提示词易于理解和处理。

4.3 提示词的常见形式

提问就是抛出一个问题，问题是最自然的提示词之一。提示词的常见形式如下。

1. 提示词形式 1：指令+对象描述

AI 大模型"内置"了许多常见的指令，例如，"写""生成""介绍""提供""评论""分析"等，每个指令都代表一系列的动作。

用户给 AI 大模型发送这些指令，它就会做出相应的回应。

示例：写一篇讨论 SPIN 销售法则的文章。

2. 提示词形式 2：指令+对象描述+补充要求

进阶提示词由指令、对象描述和补充要求（具体指示）3 部分组成。

示例 1 如下。

提示词：写一篇讨论 SPIN 销售法则的文章，遵循以下指示——文章包含 SPIN 销售法则的概念介绍，提供一个应用 SPIN 销售法则的示例，示例要一步一步演示销售人员应用 SPIN 销售法则与客户对话的过程。

我们拆解一下提示词，具体如下。

{写} [一篇讨论 SPIN 销售法则的文章]，遵循以下指示——（文章包含 SPIN 销售法则的概念介绍，提供一个应用 SPIN 销售法则的示例，示例要一步一步演示销售人员应用 SPIN 销售法则与客户对话的过程）。

在这个提示词中，"{}"标注的"写"是指令。"[]"标注的"一篇讨论 SPIN 销售法则的文章"是对象描述，"（）"标注的"文章包含 SPIN 销售法则的概念介绍，提供一个应用 SPIN 销售法则的示例，示例要一步一步演示销售人员应用 SPIN 销售法则与客户对话的过程"是补充要求。

示例 2 如下。

提示词：按照以下指示写一篇讨论 SPIN 销售法则的文章——文章要提供一个例子，一步一步演示销售人员应用 SPIN 销售法则与客户对话的过程。

3. 提示词形式 3：背景信息+目标描述+详细指令+限制条件

构建有效的提示词框架是确保生成内容质量的关键步骤，一个好的提示词框架不仅能提供清晰的指导，还能保证生成内容的一致性和相关性。

基本提示词框架如下。

（1）背景信息：设定背景信息和场景，简明扼要。

（2）目标描述：明确生成内容的具体目标和要求。

（3）详细指令：提供详细的生成指令，包括风格、格式、关键点等方面的指令。

（4）限制条件：明确需要避免的内容或特定的约束条件。

示例如下。

（5）背景信息：在未来世界背景下。

（6）目标描述：撰写一篇关于人工智能伦理的讨论文章。

（7）详细指令：内容需包括隐私保护、自动化失业与 AI 监管 3 个子话题。

（8）限制条件：避免使用过于复杂的术语。

4. 提示词形式 4：指令+上下文+输入数据+输出要求

（1）指令

定义：明确告知模型需执行的具体任务或操作。

作用：指引模型聚焦于特定的功能或目标，避免生成无关或偏离主题的内容。

（2）上下文

定义：提供与任务相关的背景信息或额外情境，以帮助模型更好地理解需求。

作用：增强模型的理解能力，使生成的内容更具相关性和深度。

（3）输入数据

定义：用户具体提供的内容、示例或需要处理的信息。

作用：作为模型生成内容的基础和具体内容来源。

（4）输出要求

定义：规定模型生成内容的形式、格式或其他具体要求。

作用：确保生成内容符合用户的特定需求，如对生成内容的长度、风格或结构等方面的需求。

5．提示词形式 5：角色+任务描述+补充要求

带角色的提示词形式能让 AI 大模型扮演某个角色，从角色的背景出发生成文本。带角色的提示词形式一般由角色、任务描述和补充要求 3 部分组合而成。其中，补充要求是可选的。

示例 1 如下。

提示词：你是一位资深的 IT 售前工程师，负责 ERP 产品的售前工作，面对不熟悉 ERP 产品的客户，你能够用通俗易懂的语言清楚、明白地讲解 ERP 产品。现在，请你向一个新客户介绍一下 ERP 产品。

示例 2 如下。

提示词：你是一位程序员，精通各种编程语言。我想要掌握一种编程语言，用它做财务数据分析。请向我推荐一种编程语言。注意，我没有计算机基础，你推荐的编程语言应当简单易学、容易上手。

在提示词的不同部分添加标注，具体如下。

{你是一位程序员，精通各种编程语言}。[我想要掌握一种编程语言，用它做财务数据分析。请向我推荐一种编程语言]。（注意，我没有计算机基础，你推荐的编程语言应当简单易学、容易上手）。

在这个提示词中，"{}"标注的"你是一位程序员，精通各种编程语言"在指定角色，它赋予了 AI 大模型程序员角色，并强调 AI 大模型精通各种编程语言。

"[]"标注的"我想要掌握一种编程语言，用它做财务数据分析。请向我推荐一种编程语言"在描述任务（含背景）。

"（ ）"标注的"注意，我没有计算机基础，你推荐的编程语言应当简单易学、容易上手"在提出补充要求。

这种示例结构清晰，读者可以仿照这种结构，写几个提示词，发给 AI 大模型测试效果。

6．提示词形式 6：角色+背景或现状+目标或需求+补充要求

带背景说明的提示词形式是一个非常有效的提问通用公式，可以帮助用户构建优质的提示词。

这种提示词形式的组成要素解释如下。

（1）角色（选填）

对 AI 大模型赋予一个特定的角色，以便它能更专业地回答你的问题。

（2）背景或现状（必填）

提供尽可能详细的背景信息，以便 AI 大模型更好地理解问题，并提供更准确的答案。

（3）目标或需求（必填）

告诉 AI 大模型你的需求是什么，提出的需求越明确，获得的答案越有价值。

（4）补充要求（选填）

告诉 AI 大模型它的回答需要注意什么，或者你想让它以什么形式来回复你。

带背景说明的提示词形式可作为一个模板，在绝大多数的场景下都可以使用。对于初学者来说，这套模板使用起来简单方便。表 4-1 所示的 5 个示例，用于说明这套模板的使用方法。

说明如下。

如果用户的问题非常简单，也可以不使用这套模板来写提示词。对于简单问题，用户可以直接向 AI 大模型进行提问。用户可以根据实际场景需求灵活变化。

表 4-1　带背景说明的提示词形式的使用示例

示例序号	角色	背景或现状	目标或需求	补充要求
1	你是一位人力资源顾问	我是一家已经运营了 5 年的科技公司的人力资源经理。我们公司大约有 100 名员工，分布在产品开发、市场营销、人力资源和行政部门	我现在需要制订一份招聘计划，因为我们正在寻找一名具有 5 年以上经验的产品经理，他需要有良好的技术背景和丰富的项目管理经验，能够领导团队并成功推动产品开发进程。我希望你能帮助我生成一份详细的招聘计划，包括职位广告投放、简历筛选、面试等方面的策略，并列出候选人的主要筛选标准	招聘计划应该清晰、详细，具有可执行性
2	请你扮演产品经理的面试官	而我是要应聘产品经理的面试者	请你对我进行模拟面试	请注意：①你只能问我有关职位的问题；②你不需要作多余的解释；③你需要像真正的面试官一样等我回答完问题后再提下一个问题
3	请你扮演营养师	本人身高 170cm，体重 80kg	请为我今后的饮食规划食谱	请注意：①我的目标是减脂、减重，在规划食谱的时候，请考虑这个目标；②食物的过程制作不要太麻烦，我更喜欢制作简单又营养均衡的食物；③请生成一周的食谱，并附上制作方法
4	假如你是一位导游	我打算去北京旅游，人数为 2 人，行程为 10 天，预算为 1.5 万元	请帮我制订一份非常详细的旅游攻略	请注意：行程安排不要太紧张，我不喜欢网红景点，更喜欢有文化底蕴的景点，另外，推荐景点时请附上相应的费用预算。
5	你是一位计算机科学与技术领域的论文写作指导专家，你将协助我撰写论文	我是一名大四的学生，专业是计算机科学与技术	现在我需要完成这学期的论文写作任务，但是目前我还没有选题思路，你可以帮我列出 10 个与我的专业相关的选题吗	

7. 提示词形式 7：角色+指令+上下文+输入+约束+输出格式+示例

带有约束和示例的提示词形式的各组成要素说明如下。

（1）角色

在提问时给 AI 大模型设定某种角色可以使模型的输出更加个性化、专业化，同时能够提高模型输出的准确性。

（2）指令

说明 AI 大模型需要完成的任务。

（3）上下文

给出与任务相关的背景或细节，可以帮助 AI 大模型更好地理解任务的具体情况，使得输出更加精确。

（4）输入

说明需要 AI 大模型执行的具体任务，或者解答的具体问题，如果指令部分描述的是具体任务或者具体问题，则指令部分就是输入部分。

（5）约束

有时候需要限制 AI 大模型的输出范围，可以设定一些约束条件，用于对输出进行控制。

（6）输出格式

为 AI 大模型指明输出特定内容时的格式。

（7）示例

提供示例供 AI 大模型进行参考，可以有效地提高输出的准确度。

示例 1：生成文章。

提示词如下。

角色：你是一名资深环境学家。

指令：我需要撰写一篇关于气候变化影响生态系统的文章，你可以作为我的咨询顾问。

上下文：全球气温正在上升，极端天气事件变得更加频繁。相关组织正在采取措施应对这一问题。

输入：气候变化如何影响不同地区的生态系统？相关组织可以采取哪些措施来减轻这些影响？

约束：文章应包含 3 个部分，即引言、影响分析、建议措施，总字数在 500 字左右。

示例：首先通过引言描述气候变化的现状，然后分析不同地区的生态系统的具体变化，最后提出可以采取的建议措施。

示例 2：撰写故事。

提示词如下。

角色：你是一名侦探小说作家。

指令：请你创作一个紧张的情节，描述侦探发现关键线索的过程。

上下文：故事发生在一个封闭的庄园内，庄园主神秘失踪，侦探正深入调查此案。

输入：侦探在调查庄园的书房时，意外发现了一个隐藏的密室，里面藏有庄园主失踪前留下的日记。

约束：情节应突出侦探的推理过程和发现密室的细节，字数控制在 300 字以内。

示例：可以描述侦探是如何通过书架上的不寻常痕迹发现密室，并在日记中找到庄园主最后的遗言的。

4.4 设计有效提示词的基本原则

设计有效提示词是利用 AIGC 生成高质量内容的关键，设计有效提示词的基本原则如下。

1. 目的要明确

想象一下，你走进一家餐厅，对服务员说："给我上点好吃的。"结果可能不太理想。明确的目的和详细的背景信息就像是告诉服务员，你想要一个低盐的、带一点辣味的素食餐，以及一杯甜的饮料。这样，服务员（AI 大模型）就能明白你真正需要什么，而不是随便给你一个"好吃"的答案。

例如，"用简单易懂的文字解释什么是量子物理"比"解释量子物理"更加明确。

（1）示例 1

含糊的提示词：帮我计划一次旅行。

明确的提示词：帮我计划一次低预算的旅行，目的是放松和探索自然景观。

改进后的提示词明确了旅行的预算限制和目的，使 AI 大模型能够提供更符合需求的建议。

（2）示例 2

含糊的提示词：设计一份健身计划。

明确的提示词：设计一个适合初学者的健身计划，以提高其力量和灵活性，健身频率为每周3次。

通过提供明确的目的和详细的背景信息，AI 大模型可以设计一份更个性化的健身计划。

所谓"明确"，是指你让 AI 大模型做的事情要指向特定的"品类品种"。"明确"的基本含义是：你所描述的事物在分类层级的底层，即不需要进一步解释，别人就能知道你说的是什么。

例如，你说"故事"，别人就可能理解成武侠故事、科幻故事、童话故事等，可能没有一个结果和你心里想的一样。这是因为"故事"一词位于分类层级的高层，过于抽象。如果你说"爱情故事"，别人大概率就能准确定位到某一类故事上，不会因理解偏差而定位到侦探故事上。

2. 表述要准确

使用清晰、明确的语言表达问题或指令，确保提示词简洁明了，直接表明需求，避免使用复杂的语言结构，避免使用含糊不清或模棱两可的词句，简单的提示词更容易让模型理解并执行相关操作。

例如，"请告诉我今天的天气"比"你知道今天外面怎么样吗"更有效。

3. 内容要具体

提示词应尽量详细、具体，这样能够引导模型生成包含更多细节、更精确的内容。

（1）示例 1

"给我 5 个适用于家庭晚餐的食谱"比"给我几个食谱"更好；相比"写一篇文章"，更明确的提示词是"写一篇关于 2024 年人工智能技术发展的文章"。

（2）示例 2

模糊的提示词：告诉我一些关于人工智能的信息。

具体的提示词：解释一下深度学习在图像识别中的具体应用。

避免使用模棱两可的词语可以避免歧义，也就是避免 AI 大模型误解用户的意思。

（3）示例 3

带有歧义的提示词：解释一下这个概念。

具体的提示词：解释一下量子计算中"叠加态"的概念。

具体的提示词可以消除歧义，使 AI 大模型可以聚焦于特定的主题并对其进行解释。

（4）示例 4

模糊的提示词：告诉我一些关于太阳系的内容。

具体的提示词：请介绍一下太阳系的各个行星。

所谓"具体"，提示词中包含清晰的细节。例如，你让 AI 大模型写一篇爱情故事，它可能会写出类似"罗密欧与朱丽叶"那样的故事，也可能会写出类似"梁山伯与祝英台"那样的故事，也就是说，它写出什么样的故事仍然是不确定的。

这是因为你的描述，没有给 AI 大语言模型提供足够的细节。

如果你告诉 AI 大模型，你的爱情故事的男女主角是北京大学的学生，他们初识在入学报道时，那么 AI 大模型就绝不会写出职场爱情故事。

4. 背景要相关

为了帮助 AI 大模型更好地理解问题或任务，提示词应尽可能提供与问题或任务相关的背景信息和上下文，确保模型理解生成内容的背景信息，有助于模型生成更准确和相关的回答。例如，在生成产品介绍文案时，可以添加产品类型、功能和目标用户的信息作为背景信息。

在复杂或专业领域的任务中，AI 大模型可能需要更多的背景信息，以便生成相关的内容。向 AI 大模型提供更多的背景信息和情景描述，可以帮助它生成更贴切的回答。

（1）示例 1

普通的提示词：解释一下区块链技术。

完整的提示词：为一个非技术背景的人解释什么是区块链技术，并简要介绍它在金融行业中的应用。

提示词分析：在完整的提示词中，用户明确指出读者的背景信息（"非技术背景"），这将影响 AI 大模型的词语选择和解释深度。同时，完整的提示词中还加入了简要介绍区块链技术在金融行业中的应用这一需求，这会使模型生成的回答更有针对性。

（2）示例 2

普通的提示词：帮我写一篇关于团队合作的文章。

完整的提示词：帮我写一篇关于团队合作的文章，背景是一家跨国公司需要克服语言和文化障碍。

增加背景描述，使 AI 大模型能够提供更符合实际情况的建议。

（3）示例 3

普通的提示词：给我提供一个营销策略。

完整的提示词：给我提供一个适合初创科技公司的营销策略，目标是吸引年轻的技术爱好者。

通过明确情景和目标，AI 大模型可以制定更有效的营销策略。

5. 任务要细化

如果用户需要写有一个复杂的主题的内容，可以尝试将其分成几个部分。例如，先写关于主题背景的内容，再写关于主要观点的内容。

就像软件工程中将复杂系统分解为模块化组件，将任务提交给 AI 大模型时也应采取类似的做法。复杂任务的错误率通常高于简单任务的错误率。复杂任务通常可以重新定义为一系列简单任务的工作流程。

4.5　高质量提示词的作用

高质量提示词不仅能够显著提升 AI 大模型生成内容的质量，还能确保输出更符合用户的需求和期望。其作用主要体现在以下 3 个方面。

1. 提高输出的准确性

高质量提示词可以帮助 AI 大模型更准确地理解用户问题，提供更准确的答案。当提示词模糊不清时，AI 大模型可能会给出宽泛或者不准确的回答。而当用户使用明确、具体的提示词时，AI 大模型就能更好地理解用户需求，从而给出更准确的输出。

例如，如果提示词是"水果有哪些？"，AI 大模型可能会列出一些常见的水果，如苹果、香蕉、橙子等。但如果提示词是"热带水果有哪些？"，那么 AI 大模型就会更有针对性地给出热带水果的名称，如芒果、菠萝、荔枝、椰子等。

另外，用户还可以使用限定词来提高输出的准确性。例如，"中国北方常见的水果有哪些？"这类提示词能够让 AI 大模型在回答时充分考虑地域因素，给出更符合用户需求的答案。

通过提供包含相关背景信息、限定条件等的提示词，可以降低模型回答的模糊性和不确定性。

2. 引导 AI 大模型的输出方向

提示词就像是给 AI 大模型的指南针，它能明确地告诉 AI 大模型用户期望得到什么样的输出。例如，当用户输入"描述一下秋天的景色"时，AI 大模型就会围绕秋天的景色进行描述，可能会生成与金黄的树叶、凉爽的微风、丰收的田野等相关的内容。如果使用其他提示词，AI 大模型的输出可能就会比较随机，难以满足用户特定的需求。

用户可以通过具体的描述来进一步引导输出方向。例如，"描述一下秋天的乡村景色"会让 AI 大模型更加聚焦于乡村地区在秋天的独特风景，可能会生成与古朴的农舍、堆积如山的谷物、忙碌的农民等相关的画面。而"描述一下秋天的城市景色"则会引导模型描绘城市中秋天的景色，如街道上飘落的树叶、人们穿着的秋装、公园中变色的树叶等。

用户也可以用提示词来引导 AI 大模型生成特定风格的回答。例如，"用诗歌的形式描述秋天的美景"，这里的"用诗歌的形式"可以引导 AI 大模型生成诗歌风格的回答。

提示词还可以帮助用户控制回答的长度、风格、语气等。例如，"简洁的回答""用幽默的语气回答"等提示词可以让 AI 大模型根据用户的要求调整回答方式。

3. 激发 AI 大模型的创造力

提示词除了可以提高输出的准确性和引导输出方向，还可以激发 AI 大模型的创造力。通过使用富有想象力的提示词，用户可以让 AI 大模型生成独特、新颖的内容。

例如，"想象一下未来的城市会是什么样子"这一提示词会促使 AI 大模型发挥创造力，描述出多种未来城市景象，如飞行汽车、智能建筑、垂直农场等；而"如果动物会说话，它们会说些什么？"这一提示词可以让 AI 大模型创造出各种有趣的动物对话场景。

有时候，用户可能不知道从哪里开始提问或者希望得到一些新颖的想法。这时，提示词可以起到激发创意和提供灵感的作用。例如，"给出一些关于环保的创新点子"这一提示词可以促使 AI 大模型提供一些意想不到的环保创意。

4.6 高质量提示词的基本要求

要编写出高质量提示词，可以遵循以下几项基本要求。

1. 保持表述清晰和具体
避免模糊不清的表述，尽量具体地描述需求。

2. 提供充分的上下文
给出充分详细的上下文有助于 AI 大模型更好地理解问题。

3. 使用示例
提供示例或样本答案，可以帮助 AI 大模型理解期望的输出格式和风格。

4. 使用具有行动导向的词语
以"创建""写作""解释"等动词作为提示词开头，能让 AI 大模型更清楚地了解需求。

5. 通俗解释
有时候 AI 大模型的回答也许过于专业，需要它用通俗的方式回答你的问题，此时可在提示词中增加"用通俗易懂的方式"等相关内容。

示例如下。

提问方式 1：什么是多头注意力？

提问方式 2：请用通俗的方式介绍多头注意力。

6. 由易到难
想完成一个复杂任务（如写一部长篇小说）时，可先从基本任务（如搭建小说框架、设定人物、丰富具体情节）开始，再一步一地对任务进行完善。

7. 明确应包含或避免的内容
在某些情况下，可以通过给 AI 大模型提供明确的指示，说明需要其包含或避免的内容。

8. 指定输出长度
如果需要特定长度的回答，可以在提示词中明确说明。

9. 明确语气
如果需要特定语气的回答，可以在提示词中明确说明。

10. 保持尊重和礼貌
在与 AI 大模型交流时，应保持尊重和礼貌。不要提出恶意问题或发表挑衅性言论。与 AI 大模型的交流应遵循良好的交流行为准则。

✎ 应用实践

【任务 4-1】 使用豆包对比提示词优化前后生成内容的差异并 测试优化后生成效果是否提升

【任务描述】

AI 工具选择：☑豆包　□文心一言　□Kimi　□通义　□讯飞星火。

提示词优化技巧如下。

1. 提出明确的生成目标有助于 AI 工具产生有重点和有强相关性的内容。
2. 具体且详细的指令有助于生成质量更高和更吸引人的输出。
3. 使用结构化格式的提示词可增强提示词的可读性。
4. 提供上下文，可以使生成的内容更具相关性和有用性。
5. 清晰、精确的描述可以确保生成内容的一致性和准确性。
6. 明确提示词的重点可以提高生成内容的有效性。

参考以上提示词优化技巧撰写提示词，然后通过案例对比提示词优化前后生成内容的差异并测试优化后生成效果是否提升。

【任务实施】

1. 案例 1：写一篇介绍科技如何改变我们的生活的文章

（1）初始提示词

写一篇非常详细的文章，介绍科技如何改变我们的生活，尤其要关注智能手机和笔记本计算机如何在我们的工作和学习中影响沟通。同时，还要涵盖它如何改变我们的社交方式、如何提升我们的工作效率、如何促进教育的发展。此外，别忘记介绍科技可能带来的负面影响，如人们可能会沉迷于智能设备，并因过度依赖而产生一些隐患。如果可以，请用一些统计数据来佐证观点。

（2）优化提示词

写一篇关于智能手机和笔记本计算机如何在我们的工作和学习中产生影响的文章，利用真实统计数据来佐证观点。重点讨论这些设备对社会交往、工作效率和教育的影响。此外，还要提到人们可能因为使用过度这些设备而产生的依赖问题或其他潜在风险。

我们来比较一下这两个提示词，分析它们如何影响 AI 生成内容的质量。

初始提示词：这个提示词虽然内容丰富，但问题在于它涉及的信息点过多，缺乏重点，容易让 AI 迷失方向。生成的内容可能显得杂乱无章，没有逻辑。

优化提示词：通过聚焦核心主题和重点，指令变得清晰，AI 更容易生成一篇条理清晰、信息集中、易于阅读的文章。

对比差异：主要的差异在于，简单明了、重点突出的提示词往往能生成更准确、更相关的内容。

通过减少不必要的细节并提供清晰的指示，AI 可以生成更高质量的回复。在给 AI 输入指令时，使用清晰、有条理的提示词，可以有效提高生成内容的质量，让输出更连贯、更相关。

2. 案例 2：写一篇介绍阅读实体书和电子书如何影响认知发展的文章

（1）初始提示词

请非常全面地分析阅读图书是如何影响认知发展的，包括所有可能的领域，如词语扩展能力、批判性思维能力、专注力、移情能力、创造力及你能想到的其他任何领域，还要考虑小说、非小说等不同类型的图书产生的影响。如果可能，请添加一些例子和研究结果来支持这些观点。

（2）优化提示词

写一篇介绍阅读实体书和电子书如何影响认知发展的文章，讨论词语扩展能力、批判性思维能力、专注力、同理心和创造力，包括小说、非小说等不同体裁的作用。

我们来比较一下这两个提示词。

初始提示词：这个提示词的问题在于它包含的信息点过多，且要求非常细致。这种复杂性容易让 AI 难以聚焦重点，生成的内容可能显得零散、条理不清晰。

优化提示词：优化提示词更清晰、更聚焦重点。通过明确指出重点，AI 能够更高效地理解要求，并围绕核心主题生成内容。

对比差异：这个案例说明，清晰、明确的指令不仅能让 AI 更容易理解要求，也能帮助它生成条理清晰、内容相关的回答。

【操作体验】

在豆包中分别输入初始提示词和优化提示词，观察输出结果的质量和符合度，对比不同提示词的有效性。

【任务 4-2】使用文心一言分步撰写主题文章并对比不同提示词的生成效果

【任务描述】

AI 工具选择：□豆包　☑文心一言　□Kimi　□通义　□讯飞星火。

操作要求：使用文心一言分步撰写"青少年经常锻炼的好处"的主题文章并对比不同提示词的生成效果。

【任务实施】

1. 第 1 步：明确目标

提示词 1：写一篇关于青少年经常锻炼的好处的文章。

在提示词中清楚地说明要实现的目的和最终的输出方向，这有助于 AI 了解你想要达到什么效果，以生成更贴近指定目的和需求、主题明确且不偏题的内容。

扫描二维码，打开电子教材中的电子活页 4-1，在线浏览"文心一言撰写的主题文章"。也可以自行在文心一言中生成类似的结果。

电子活页 4-1

AI 生成了一篇聚焦于青少年经常锻炼的好处的文章，内容可能涵盖改善健康、调节心理及增强社交能力等方面。

2. 第 2 步：要求具体

提示词 2：撰写一篇导向正确且引人入胜的文章，介绍青少年经常锻炼的好处；文章主要提及身体、心理和社交方面的好处，且使用对话的语气。

要求提供细节，如语气、风格、结构和要涵盖的要点等细节。这样可以帮助 AI 更好地理解你的期望，减少不必要的猜测。

◇ 请读者自行在文心一言中生成提示词 2 对应的结果。

生成的文章将以轻松的语气展开讲述关于青少年经常锻炼的好处的有关内容，既有趣又实用，重点讲述青少年经常锻炼对身体健康、心理状态和社交互动的积极影响。AI 工具生成的内容不仅符合要求，还具有吸引力和针对性，便于读者接受。

3. 第 3 步：使用结构化格式

提示词 3：写一篇关于青少年经常锻炼的好处的文章，具体要素及要求如下。

（1）标题：青少年经常锻炼的好处。

（2）介绍：简要概述。

（3）身体方面的好处：增强体质、控制体重。

（4）心理方面的好处：缓解压力、改善情绪。

（5）社交方面的好处：团队运动、结交朋友。

（6）总结：总结和鼓励青少年经常锻炼。

这里的提示词使用了具体的要素及要求形式来组织提示内容，这样能让 AI 按照逻辑顺序处理信息，生成条理更清晰的结果。

◇ 请读者自行在文心一言中生成提示词 3 对应的结果。

AI 会根据这种清晰的结构生成一篇逻辑清晰的文章。这种结构的每一部分都有明确的重点，这样不仅方便 AI 理解和组织内容，也能让读者更容易掌握青少年经常锻炼的具体好处。

4. 第 4 步：提供相关背景

提示词 4：为父母撰写一篇文章，介绍如何鼓励孩子养成良好的锻炼习惯；要求语气轻松、亲切，同时提供一些实际建议。

这里的提示词提供了必要的背景信息，背景信息可以是文章的受众、写作目的或要强调的重点。相关背景信息可以帮助 AI 更好地把握主题，从而生成更贴近用户需求的回复。

◇ 请读者自行在文心一言中生成提示词 4 对应的结果。

AI 结合背景生成符合目标读者需求的内容，例如，通过亲子活动鼓励孩子锻炼，并以通俗易懂的语言讲解相关知识，让文章更有针对性和实用性。

5. 第 5 步：避免含糊不清

提示词 5：写一篇风格亲切、幽默的文章，介绍经常锻炼的好处，适合青少年阅读，请包含身体、心理和社交方面的好处。

这里的提示词使用清晰、直白的语言，避免让 AI 猜测用户的意思。如果提示词中含有模糊或多义的表述，AI 可能会产生误解，导致输出结果不准确、不连贯。

◇ 请读者自行在文心一言中生成提示词 5 对应的结果。

清晰的提示词能够确保用户的指示易于理解，引导 AI 生成一篇符合用户需求的高质量文章。

6. 第 6 步：突出重点

提示词 6：写一篇关于青少年经常锻炼的好处的文章，要求只讨论青少年经常锻炼的好处，不包括成年人锻炼的信息。

在编写提示词时，确保所有内容都紧扣主题，围绕主题展开，重点突出的提示词有助于 AI 生成更好的结果，还可避免引入无关细节。没有重点的提示词会分散 AI 工具的注意力，导致生成的结果不够集中或偏离主题。

◇ 请读者自行在文心一言中生成提示词 6 对应的结果。

AI 专注于生成关于青少年经常锻炼的好处的内容，而不会引入无关的成年人锻炼信息。这种突出重点的方式可以确保输出的内容与目标受众（青少年群体）更加贴合，信息更有价值。

【任务 4-3】 通过提示词示例解释与理解常用的提示词撰写技巧

【任务描述】

对以下常用的提示词撰写技巧进行适度解释，并通过提示词示例加深对这些撰写技巧的理解。

1. 简洁明确。
2. 考虑受众。
3. 示例驱动。
4. 格式化提示词。
5. 明确角色。
6. 遵守规则。
7. 自然语言回答。
8. 答案无偏见。
9. 互动提问。
10. 接续文本。

【任务实施】

1. 简洁明确

与 AI 大模型交互时，直接、清晰地提出问题有助于模型迅速、准确地给出答案。

提示词示例：请告诉我，如何制作简易的太阳能热水器。

2. 考虑受众

建议在提示词中明确指出预期的受众类型，例如，老人或儿童。

提示词示例：为一个 6 岁儿童讲解如何从长沙黄花国际机场乘坐飞机前往北京大兴国际机场。

3. 示例驱动

为了精准引导 AI 大模型生成符合期望的输出格式的内容，在输入提示词时，可以直接提供一个具体的示例，作为模型生成内容的模板或指南。

提示词示例如下。

请参照以下示例，将丝绸之路历史事件描述转化为适合儿童阅读的简短故事。

"哥伦布率领他的船队，在 1492～1504 年 4 次远航，开辟了从欧洲横渡大西洋去美洲的航线，对世界历史产生了深远影响。"

4. 格式化提示词

为了提升大模型处理复杂任务时的准确性和效率，可以使用高度结构化的指令格式。利用精心设计的分隔符，如#Instruction（指令）#、#Example（示例）#、#Question（问题）#，清晰地划分出指令、示例、问题等关键部分，使模型更容易理解提示词并执行相关操作。

提示词示例如下。

#Instruction#：请将以下描述转化为一个简洁的新闻标题。

#Example#：如果描述是"科学家发现了一个新的恐龙物种"，那么新闻标题可以是"新恐龙物种被发现"。

#Question#：1974 年，中国秦始皇陵随葬的陶兵马雕塑群—兵马俑被发现，其规模庞大，内容丰富，为研究秦代军队的装束、服饰、武器设备、编制等提供了形象化的实物资料。

5. 明确角色

在提示词中为 AI 大模型分配一个明确的角色或任务。

提示词示例：你是一位历史老师，任务是向学生讲述第一次工业革命的重要性，请使用生动的语言讲解历史事实，让学生感受到那个时代的变革。

6. 遵守规则

明确指出 AI 大模型必须遵守的规则或关键词。

提示词示例：你是一位健康顾问，任务是提供关于健康饮食的建议，你提供的建议中不可包含高糖或高脂肪的食物。

7. 自然语言回答

要求 AI 大模型以自然、类似人类的方式回答问题。

提示词示例：写一篇关于如何在家中种植蔬菜的指南，要求叙语口吻亲切、友好。

8. 答案无偏见

确保 AI 大模型提供的答案无偏见，避免依赖刻板印象。

提示词示例：探讨不同文化中庆祝新年的方式，确保你的回答客观公正，不带有文化偏见。

9. 互动提问

允许 AI 大模型通过提问来获取必要的信息。

提示词示例：从现在开始，向我提问（如我对减少塑料使用的看法是什么），直到你有足够的信息写一篇关于"我如何看待环保"的文章。

10. 接续文本

使用特定的词语、短语或句子来接续文本。

提示词示例如下。

在一个遥远的星球上，居住着一群名为阿瓦隆的生物，他们拥有着翠绿的皮肤和闪烁着光芒的眼睛。他们生活在一个由巨大水晶构成的森林中，这个水晶能够吸收星球上空的日光，并将其转化为温暖而柔和的光芒，照亮整个星球。

阿瓦隆人与自然界其他物种和谐共存，他们的房屋建造在高大的树木之间，与周围的环境融为一体。他们使用一种特殊的语言进行交流，这种语言听起来就像是风中飘荡的美妙旋律。

请接续这个故事，保持原有的奇幻和冒险风格。

【任务 4-4】 根据创造性提示词通用模板撰写提示词，并使用豆包生成文本内容

【任务描述】

AI 大模型中常用的创造性提示词通用模板的类型、结构与内容如下。

1. 故事创作模板

提示词通用模板：在一个由[某种特殊环境或条件]构成的世界里，[一个具有某种特质或身份的角色]必须[面对一个挑战或困境]，以[达到一个目标或解决一个问题]，请创作一个故事。

2. 产品创意模板

提示词通用模板：想象一种能够[解决某个问题或满足某种需求]的[产品类型]，它具有[一种独特的功能或特性]，请详细描述这个产品的设计方案和使用场景。

3. 未来预测模板

提示词通用模板：假设现在是[未来的某个时间点]，[某种技术突破或社会变革]已经发生，请描述[某个领域或日常生活]会是什么样子的。

4. 艺术创作模板

提示词通用模板：创作一个[艺术形式，如诗歌、绘画、音乐]作品，它能够[表达某种情感或主题]，并融入了[某种文化或历史元素]。

5. 商业模式创新模板

提示词通用模板：设计一种基于[某种新兴技术或趋势]的商业模式，它能够[提供某种独特的价值或服务]，并针对[特定的市场或客户群体]。

6. 角色设计模板

提示词通用模板：创造一个具有[某种特殊能力或背景]的角色，他在一个[特定的环境或时代]中，必须[克服某个障碍或实现某个目标]，请描述这个角色的性格、外貌和故事。

7. 学习体验设计模板

提示词通用模板：设计一个旨在教授[某个知识点或技能]的创新学习体验，它通过[某种互动或游戏化元素]来提高学习者的参与度和效果。

8. 广告创意模板

提示词通用模板：为一个[特定的产品或服务]设计一个广告，它通过[某种创意方式或故事情节]来吸引[特定的目标受众]，并传达[一个核心信息或品牌价值]。

9. 科学探索模板

提示词通用模板：如果我们可以[进行某种科学实验或探索]，它可能会揭示[某种科学原理或自然现象]，请描述这个实验的过程和可能的结果。

参考这些模板，并根据具体情况填充细节、调整结构，或结合多个模板，撰写丰富和个性化的提示词。

将撰写的各个提示词分别在豆包中输入以生成相应的文本内容。

【任务实施】

1. 故事创作模板

提示词：在一个由魔法与科技交织构成的世界里，一位年轻的魔法师必须面对一股古老邪恶势力的复苏，以拯救被黑暗笼罩的王国，请创作一个故事。

生成结果：

年轻的魔法师艾莉娅生活在一个魔法与科技并存的奇妙世界里。一天，她得知一股古老的邪恶势力正在复苏，威胁着整个王国的安宁。为了拯救王国，艾莉娅踏上了冒险之旅，她需要运用自己的魔法智慧，同时借助科技的力量，来对抗这个强大的敌人。在旅途中，她遇到了各种挑战和困境，但她始终坚持不懈，最终成功地击败了邪恶势力，使王国恢复了和平。

2. 产品创意模板

提示词：想象一种能够自动调整家居环境以适应居住者情绪的智能家居系统，它具有情绪识别功能，请详细描述这个产品的设计方案和使用场景。

生成结果：

这款智能家居系统名为"情绪智家"。它内置了先进的情绪识别技术，能够通过分析居住者的面部表情、语音语调和生理指标来识别他们的情绪状态。然后，系统会自动调整家居环境，如灯光亮度、音乐类型、室内温度等，以适应居住者的情绪。例如，当居住者感到疲惫时，系统会调暗灯光，播放轻柔的音乐，并调整室内温度到最舒适的范围。这样的设计旨在为居住者提供更加贴心、舒适的家居体验。

3. 未来预测模板

提示词：假设现在是 2050 年，人工智能普及到各个领域的社会变革已经发生，请描述教育领域会是什么样子的。

生成结果：

在 2050 年，人工智能已经深深融入教育领域中。学生们不再需要传统的教室和黑板，而是可以通过虚拟现实技术身临其境般参与到课堂学习中。人工智能教师能够根据每个学生的学习进度和兴趣定制个性化的教学计划，并提供即时的反馈和指导。同时，人工智能教师还可以辅助学生完成作业、为学生答疑解惑等，极大地提高了教育效率和质量。

4. 艺术创作模板

提示词：创作一个诗歌作品，它能够表达对自然的敬畏之情，并融入中国古代的山水元素。

生成结果：

山水之韵
山水相依画中游，
云雾缭绕似仙洲。
峰峦叠嶂连天起，
溪流潺潺绕石流。
松柏苍翠迎风立，
花鸟欢歌乐悠悠。
自然之美无限好，
心怀敬畏情难收。

5. 商业模式创新模板

提示词：设计一种基于区块链技术的商业模式，它能够提供安全、可靠的数字身份认证服务，并针对在线金融交易市场。

生成结果：

我们提出了一种基于区块链技术的数字身份认证商业模式。该模式利用区块链的不可篡改性和去中心化特点，为在线金融交易市场的用户提供安全、可靠的数字身份认证服务。用户可以通过该模式创建自己的数字身份，并在进行在线金融交易时使用该身份进行认证。这样，不仅可以有效防止身份盗用和欺诈行为，还可以提高交易效率和安全性。该商业模式将针对在线金融交易市场，为广大用户提供更加便捷、安全的金融服务。

6. 角色设计模板

提示词：创造一个具有超能力的角色，他在一个科技高度发达的未来时代中，必须阻止一场全球性的科技危机，请描述这个角色的性格、外貌和故事。

生成结果：

角色：科技守护者雷欧。

性格：雷欧性格坚韧不拔，充满正义感。他对待敌人冷酷无情，但对待朋友和无辜者却充满同情和关爱。他善于思考和分析问题，总能在关键时刻找到解决问题的办法。

外貌：雷欧身材高大健硕，穿着一套科技感十足的战斗服。他的眼睛闪烁着智慧的光芒，头发是银色的，显得非常酷炫。他的手上戴着一双能够发射能量束的手套，这是他的超能力的主要来源。

故事：在科技高度发达的未来时代，一场全球性的科技危机正在悄然逼近。一股邪恶势力企图利用科技手段控制整个世界，雷欧作为科技守护者挺身而出。他运用自己的超能力和智慧，与邪恶势力展开了激烈的战斗。在经历了一系列艰难险阻后，雷欧终于成功地阻止了科技危机的爆发，保护了世界的和平与安宁。

7. 学习体验设计模板

提示词：设计一个旨在教授编程知识的创新学习体验，它通过游戏化元素来提高学习者的参与度和效果。

生成结果：

我们设计了一个名为"编程冒险岛"的创新学习体验。该体验将编程知识融入一个充满趣味和挑战的游戏中。学习者将扮演一名勇敢的冒险家，在编程冒险岛上探索未知的领域，解决各种编程难题。游戏中设置了不同的关卡和挑战任务，每个任务都涉及特定的编程知识和技能。学习者需要通过编写代码来控制角色完成任务，并在这个过程中不断学习和掌握新的编程技巧。这样的设计旨在提高学习者的参与度和效果，让他们在游戏中轻松、愉快地掌握编程知识。

8. 广告创意模板

提示词：为一个智能手环设计一个广告，它通过展示智能手环的多种功能来吸引年轻消费者，并传达健康生活的核心理念。

生成结果：

广告标题：智能手环，让你的生活更健康！

广告内容：首先，第一个画面是一位年轻的消费者佩戴着智能手环在晨跑。手环的屏幕上显示着他的心率、步数和消耗的能量等运动数据。接着，画面切换到办公室场景，消费者正在工作，手环提醒他该起身活动一下了。然后，画面又切换到晚上，消费者佩戴着手环入睡，手环监测着他的睡眠质量。最后，画面出现智能手环的多种功能介绍和购买信息，同时传达出健康生活的核心理念：让智能手环成为你健康生活的得力助手！

9. 科学探索模板

提示词：如果我们可以进行时间旅行实验，它可能会揭示时间流动的本质和原理，请描述这个实验的过程和可能的结果。

生成结果：

实验名称：时间旅行实验。

实验过程：首先，我们需要建造一台时间旅行装置，该装置能够产生强大的时空扭曲力场，使物体能够在时间轴上移动。然后，我们选择一名勇敢的志愿者作为实验对象，让他穿上特制的防护服进入时间旅行装置。在装置启动后，志愿者将被送到过去或未来的某个时间点。在实验过程中，我们将通过远程监控系统实时监测志愿者的状态和周围环境的变化，并记录相关数据。

可能的结果：如果实验成功，我们将能够揭示时间流动的本质和原理。我们可能会发现时间并不是一条直线，而是一个复杂的多维空间结构。我们还可能会观察到过去和未来的事件对现在产生的影响，以及时间旅行对志愿者本身和周围环境带来的潜在风险。这些发现将为我们更深入地理解宇宙和时间提供宝贵的线索。

【任务 4-5】 应用创造性策略优化提示词并在多个 AI 大模型中体验

【任务描述】

创造性往往来自跳出传统思维框架和尝试新的视角。以下内容为撰写提示词的创造性策略，用户使用这些创造性策略，可以设计出更具创造性的提示词，从而引导 AI 大模型产生更有创意和想象力的输出。

1. 使用开放式问题。
2. 结合不同领域。
3. 使用比喻。
4. 挑战传统观念。
5. 使用情感和个性。
6. 设置必要限制条件。
7. 探索假设情景。

进一步解读以上创造性策略，使用创造性策略优化已有的提示词，然后分别在文心一言、豆包、DeepSeek、Kimi、讯飞星火、通义等 AI 大模型中输入优化后的提示词，并认真分析生成的结果，思考哪些提示词更具创造性。

【任务实施】

1. 使用开放式问题

开放式问题往往能够激发更多的想象力和生成更有创造性的答案，有效的提示词应清晰、具体，同时留有足够的想象空间。例如，在文本创作中，一个有效的提示词可能包括主题、情感倾向和特定的风格要求。

提示词 1：解释量子物理学的基本原理。

提示词 2：如果你是一个量子，你会如何描述你的世界？

2. 结合不同领域

尝试将不同领域或看似不相关的事物结合起来，以产生新颖的想法。

提示词 1：设计一个未来的交通工具。

提示词 2：想象一个结合了古代马车和现代磁悬浮技术的未来交通工具。

3. 使用比喻

使用比喻能够帮助 AI 大模型理解更深层次的意义，并可能使其生成更有创造性的回应。

提示词 1：描述一下人工智能的发展。

提示词 2：如果人工智能是一棵树，它的根、枝和叶分别代表了什么？

4. 设置特定情境

为 AI 大模型设置一个特定情境或背景，可以使其生成更有创意的输出。

提示词 1：写一首关于海洋的诗。

提示词 2：假设你是深海中一艘沉船的船长，写一首关于你与海洋共存的诗。

5. 挑战传统观念

鼓励 AI 大模型摒弃常规思维，挑战传统观念，以产生独特和创新的想法。

提示词 1：讨论教育系统的未来。

提示词 2：假设传统教育系统不再完全适用，设想一个全新的教育系统。

6. 使用情感和个性

在提示词中加入情感和个性，可以使输出更加生动和有创意。

提示词 1：描述一下你理想中的假期。

提示词 2：你是一个热爱探险的旅行者，描绘一次你穿越未知世界的奇幻假期。

7. 设置必要限制条件

有时候，通过设置一些限制条件，可以激发 AI 大模型的创造性思维。

提示词 1：设计一个新产品。

提示词 2：设计一个可以在没有电力的情况下使用的智能家居产品。

8. 探索假设情景

探索假设性的"如果"情景，可以引导 AI 大模型产生富有创意的答案。

提示词 1：讨论气候变化的影响。

提示词 2：如果地球的温度突然下降了 10 度，世界将会发生什么变化？

说 明 提示词 1 为待优化的提示词，提示词 2 为应用创造性策略优化后的提示词。

【任务 4-6】 借助 DeepSeek 探析如何快速掌握提示词的撰写方法

【任务描述】

撰写提示词是一个动态的、循序渐进的、不断迭代优化的过程，每个人写出来的提示词都可能是不一样的，这就意味着 AI 大模型生成的内容也会是不一样的。我们并不会一开始就将提示词撰写得很完美，而是需要反复多次地利用我们学到的提示词技巧和 AI 大模型沟通，让它不断地生成趋向我们需求的结果，我们在这个过程中需要有耐心。通过不断地调整和优化提示词，AI 大模型输出内容的质量和相关性都会得到提高。

如果按照传统的方式学习提示词的撰写方法，需要收集各种信息，还要分析这些信息的时效性和价值性，这本身就是一件耗时、耗力的事情。我们可以借助 AI 大模型，如 DeepSeek，快速学习提示词的撰写方法。

使用 DeepSeek 通过多轮对话探析以下问题或完成相关操作，快速掌握提示词的撰写方法。

1. 如何学习提示词的撰写方法？

2. 学习提示词的撰写方法的第一步是什么？

3. 请扮演提示词专家，撰写一份详细的课程教学大纲，教一名初学者从零开始掌握提示词的撰写方法。

4. 根据这份课程教学大纲，我们开始模块 1 的教学工作。

5. 进一步说明"为什么说提示词是用户与 AI 之间的桥梁"。

6. 常见的提示词类型有哪几种？

7. 举一个实例详细说明如何进行多轮对话。

8. 撰写学习心得，包括取得的学习成果和有效的学习建议。

【任务实施】

提示词 1：如何学习提示词的撰写方法？

扫描二维码，打开电子教材中的电子活页 4-2，在线浏览"如何学习提示词的撰写方法"。也可以自行在 DeepSeek 中生成类似的结果。

电子活页 4-2

提示词 2：学习提示词的撰写方法的第一步是什么？

DeepSeek 生成的结果如下：

学习提示词的撰写方法的第一步是理解提示词的基本概念和作用。这是后续学习的基础，只有清楚地知道提示词是什么以及它如何影响 AI 的输出，才能更好地设计和优化提示词。

第一步：理解提示词的基本概念和作用

1. 什么是提示词

定义：提示词（Prompt）是你输入 AI 的指令或问题，用于引导 AI 生成特定类型的输出。

作用：提示词决定了 AI 的回答方向、风格、深度和格式。

类比：可以把提示词想象成给 AI 的"任务说明书"，你写得越清晰，AI 完成得越符合你的期望。

2. 提示词的重要性

影响输出质量：提示词的设计直接影响 AI 生成内容的质量和相关性。

提高交互效率：优质的提示词可以减少反复调整的次数，更快得到理想结果。

解锁 AI 潜力：精心设计的提示词可以充分发挥 AI 的能力，完成复杂任务。

3. 提示词的基本类型

开放式提示词：鼓励 AI 自由发挥。

示例："写一个关于未来的故事。"

封闭式提示词：要求具体答案。

示例："列出 5 个提高效率的方法。"

指令性提示词：明确指示 AI 完成任务。

示例："总结以下文章的主要内容。"

如何开始实践？

1. 观察示例

阅读一些高质量的提示词示例，分析它们的结构和逻辑。

示例："你是一位历史老师，请用简单、易懂的语言解释工业革命的影响。"

2. 简单尝试

从一个简单的任务开始，如让 AI 生成一段文字或回答一个问题。

示例："写一段关于夏天的描述。"

3. 记录与反思

记录你设计的提示词和 AI 的输出，分析哪些地方可以改进。

示例：如果 AI 生成的描述太短，可以尝试增加提示词的细节，例如，"写一段长度在 100 字左右的关于夏天的描述，重点描写阳光和海滩。"

小练习

1. 任务 1：

设计一个开放式提示词，让 AI 生成一段故事。

示例："写一个关于一只猫的冒险故事。"

2. 任务 2

设计一个封闭式提示词，让 AI 列出具体信息。

示例："列出 5 个关于健康饮食的建议。"

3. 任务 3

设计一个指令性提示词，让 AI 完成特定任务。

示例："将以下英文句子翻译成中文，'The quick brown fox jumps over the lazy dog.'"。

总结

学习提示词的撰写方法的第一步是理解其基本概念和作用。通过观察示例、简单尝试和记录与反思，你可以逐步掌握提示词的撰写方法，为后续的深入学习打下坚实基础。接下来，你可以进一步学习如何优化提示词、设计用于完成复杂任务的提示词，以及在不同场景中应用提示词。

提示词 3：请扮演提示词专家，撰写一份详细的课程教学大纲，教一名初学者从零开始掌握提示词的撰写方法。

电子活页 4-3

扫描二维码，打开电子教材中的电子活页 4-3，在线浏览"DeepSeek 生成的详细课程教学大纲"。

提示词 4：根据这份课程教学大纲，我们开始模块 1 的教学工作。

❖ 请读者自行在 DeepSeek 中生成提示词 4 对应的结果。

有了这份课程教学大纲之后，继续让 DeepSeek 延续刚才的角色开始模块 1 的教学工作，它开始在课程教学大纲里面填充内容，可以看到它填充的内容是先对 AI 和提示词的概念进行解释，因为我们这里让它扮演的角色需要教初学者，给它的定位是教初学者这个指令。所以它不会介绍太复杂的知识内容。

提示词 5：进一步说明"为什么说提示词是用户与 AI 之间的桥梁"。

❖ 请读者自行在 DeepSeek 中生成提示词 5 对应的结果。

根据 DeepSeek 提供的信息，如果你对某些信息不是很明白，可以让 DeepSeek 具体展开解释，这里可以理解为：DeepSeek 就是你的提示词老师，这个老师在向你授课，你在课程中遇到了问题，你向它提问，它为你答疑解惑。

提示词 6：常见的提示词类型有哪几种？

❖ 请读者自行在 DeepSeek 中生成提示词 6 对应的结果。

提示词 7：举一个实例详细说明多轮对话。

❖ 请读者自行在 DeepSeek 中生成提示词 7 对应的结果。

提示词 8：撰写学习心得，包括取得的学习成果和有效的学习建议。

❖ 请读者自行在 DeepSeek 中生成提示词 8 对应的结果。

自主学习

【任务 4-7】 从形式、作用和要求等多维度理解提示词

【任务描述】

仔细阅读以下关于提示词的说法，在表述恰当的说法的"□"中打"√"。

1. 形式

□ 提示词通常指的是一个输入的文本段落或短语，作为生成模型输出的起点或引导。

□ 提示词可以是一个指令、一个问题、一段文字描述、一段对话或其他形式的文本。

□ 提示词是对 AI 大模型提出的问题进行描述和约束的文本片段，可以包括问题的主题、范围和关键词等信息。

□ 提示词不仅是简单的输入文本，它还承载着用户的意图、期望及输出的具体要求。

□ 提示词是一种"输入方式"，通常为一段文本或信息，用于指导 AI 大模型生成所需的输出。类似于向搜索引擎提出问题或给出相关命令以获取所需的响应或结果。

2. 作用

□ 在与 AI 工具（如文心一言、豆包）进行互动时，设计优秀的提示词是获得高质量输出的关键。

□ 提示词在我们与 AI 大模型之间的交流中扮演着关键的角色，无论是提出问题、提供输入还是指导 AI 大模型执行特定任务，提示词都是让我们能够向其传达意图的关键因素。

□ AI 大模型会基于提示词所提供的上下文和语义信息，生成相应的输出文本或者图像。

□ 提示词在 AI 语言生成领域中扮演着重要的角色，因为它可以帮助 AI 大模型更好地理解用户意图，并生成更准确、有价值的文本内容。

□ 在与 AI 大模型互动时，设计有效的提示词至关重要，这不仅决定了生成内容的质量，还影响了互动的效率和效果。

□ 无论是规划一次旅行、设计一个健身计划，还是解决一个复杂的技术问题，精心设计的提示词都能显著提升生成内容的准确性和相关性。

□ 通过提供有效的提示词，用户可以利用 AI 工具（如文心一言、豆包、腾讯元宝等）生成高质量的回复或响应。

3. 要求

□ 一个有效的提示词能明确传达用户的需求，使得 AI 大模型生成的内容更符合预期。

□ 提示词的质量和明确性直接影响 AI 大模型理解和生成内容的质量和准确性。

□ 提示词设计得越清晰、具体，AI 大模型生成的结果通常就越准确。

□ 通过精准地运用提示词，用户可以引导 AI 大模型生成符合自己预期的、高质量的内容。

【任务 4-8】 探析提示词的作用

【任务描述】

仔细阅读以下关于提示词的作用的说法，在表述恰当的说法的"□"中打"√"。

□ 精确的提示词不仅是优化生成任务的关键，更是决定高输出质量的核心。一组精心设计的提示

词能够显著提升 AI 大模型对任务的理解深度，推动高质量内容的生成。

□ 提示词作为 AI 大模型生成内容的指令语言，正逐步成为连接人类创意与 AI 大模型的重要桥梁。通过精准地运用这些提示词，我们可以引导 AI 大模型生成高质量、多样化的内容。

□ 提示词是 AI 大模型进行创作的指导方针，它告诉 AI 大模型要生成的内容类型、风格和细节。一个精心设计的提示词可以极大地影响 AI 大模型的创作质量和方向。

□ AI 彻底改变了内容创作的方式，但输出的质量取决于提示词的质量。设计良好的提示词可以引导 AI 大模型生成引人入胜、相关且切中要点的内容，而设计不当的提示词则会导致输出内容平淡乏味，与期望相差甚远。

□ AI 并不像人类那样拥有自主的常识和生活经验，它依赖于提示词提供的上下文信息。这意味着，提示词越清晰、越具体，它越能理解用户的意图。

□ 未来，随着 AI 技术的不断发展和完善，提示词的应用范围也将越来越广泛，为我们带来更多的创作可能性和惊喜。

【任务 4-9】 参考提示词示例分类设计提示词

【任务描述】

当用户与 AI 大模型互动时，使用合适的提示词可以让用户更精确地获得所需的信息或回答。通过使用合适的提示词，用户可以更有针对性地向 AI 大模型提出问题，以获得更准确和详细的回答。当然，用户应在互动中保持友善和尊重的态度，以获得积极的交流体验。请参考表 4-2 中的提示词示例，使用对应的关键词示例进行提示词设计，将自主设计的提示词填入最后一列对应的单元格中。

表 4-2　参考提示词示例分类设计提示词

提示词类型	关键词示例	提示词示例	自主设计的提示词
定义类提示词	解释、定义、说明、描述	请解释什么是气候变化	
列举类提示词	列举、罗列、列出、举例、提及	列举一些环保措施	
原因和影响类提示词	为什么、原因、因素、影响、导致、结果	为什么全球变暖如此严重	
优缺点类提示词	优点、好处、利与弊、缺点、弊端	人工智能的优点和缺点是什么	
比较和对比类提示词	比较、对比、区别、相似之处、不同之处	比较苹果和橙子的不同之处	
建议和意见类提示词	建议、推荐、意见、如何、怎样	你能提供关于健康饮食的建议吗	
历史事件和人物类提示词	历史、事件、人物、发生、发展	告诉我有关爱因斯坦的传奇人生及爱因斯坦在人类探索宇宙上的科学贡献的内容	
科学原理类提示词	解释、原理、机制、如何形成	解释黑洞的形成原理	
教育和学习类提示词	提高、学习、技能、方法、策略	如何提高数学技能	
文化和艺术类提示词	谈论、作品、文化、艺术、创作	谈论莎士比亚的作品	
技术和科技类提示词	介绍、应用、技术、科技、领域	介绍人工智能在医疗领域的应用	
情感和心理类提示词	方法、技巧、情感、心理、克服	谈谈克服焦虑的方法	

【任务 4-10】 使用多种提示词完成各项文本生成任务

【任务描述】

选择一种合适的 AI 工具，使用以下提示词完成各项文本生成任务。

1. 撰写产品描述文案

提示词如下。

为一款新上市的智能家居产品撰写产品描述文案。突出产品的创新点、功能优势及用户体验，采用吸引人的语言和生动的描述，让目标用户对产品产生兴趣。

2. 撰写产品使用教程

提示词如下。

为一款复杂的电子产品撰写使用教程。分步骤详细介绍产品的使用方法、注意事项，并生成常见问题解决方案，确保教程内容清晰、易懂，能够帮助用户快速上手使用该产品。

3. 设计广告

提示词如下。

我希望你能扮演一个广告创意人员。你将设计一个广告来推广你选择的产品或服务。你将选择目标受众，制定关键信息和口号，选择推广的媒体渠道，并选择任何其他有必要的活动来达到你的目标。

4. 撰写旅游攻略视频脚本

提示词如下。

为一段旅游攻略视频撰写脚本。设计视频的开场白、景点介绍、特色推荐、美食体验及结束语等环节，确保脚本内容丰富、语言生动，能够吸引观众的注意。

5. 撰写新闻稿标题

提示词如下。

为一篇关于"城市绿化改善空气质量"的新闻稿撰写标题。设计一个简洁明了、吸引人的标题，能够准确反映新闻稿的主题和内容，吸引读者的注意。

6. 设计演讲的开场白

提示词如下。

为一场关于"科技创新与未来"的演讲设计开场白。采用吸引人的语言和具有创意的表达方式，引出演讲主题，激发听众的兴趣和好奇心，为后续的演讲打下良好的基础。

模块5
AIGC助力在线搜索与文本生成

随着人工智能技术的飞速发展，AIGC 在在线搜索与文本生成领域取得了显著进展。AIGC 作为新兴内容生产模式，改变了传统文字创作模式。从辅助写作到独立生成复杂文本，AIGC 在线搜索与文本生成技术正逐渐渗透到新闻、文学、教育、商业等众多领域，引发了人们的广泛关注和深入研究。

知识探析

5.1 常用的国产 AI 搜索与对话工具简介

目前，常用的国产 AI 搜索与对话工具如表 5-1 所示。

表 5-1 常用的国产 AI 搜索与对话工具

序号	名称
1	纳米 AI 搜索
2	360AI 浏览器
3	天工 AI
4	秘塔 AI 搜索
5	魔搭 GPT
6	百度 AI 搜索
7	小悟空
8	夸克
9	心流 AI 助手
10	知乎直答
11	红薯智语
12	阶跃 AI

常用的国产 AI 搜索与对话工具介绍如下。

1. 纳米 AI 搜索

纳米 AI 搜索是 360 公司推出的一款超级 AI 搜索引擎，支持多模态搜索、一键生成短视频等，它不仅仅是一个搜索引擎，还是一个支持多模态、多场景、多创作的"超级引擎"。

纳米 AI 搜索支持文字搜索、语音搜索、拍照搜索、视频搜索等多种搜索方式，适用于写作、分析、翻译、规划等多种场景，可以帮助用户在各种实际应用中提高效率。

纳米 AI 搜索以搜索为主，并延伸出相关功能，目前支持的回答与思考方式包括：简洁回答、标准回答、深入回答、慢思考模式（采用思维链方式进行搜索）、多模态协作（能够调用 360 智脑、豆包、文心一言等）。

2. 360AI 浏览器

360AI 浏览器是 360 公司推出的一款集成 AI 技术的网络浏览器。该浏览器通过 AI 技术提升用户的在线浏览和搜索体验，支持网页端、App 端、Windows 端和 macOS 端。

360AI 浏览器的核心功能如下。

（1）AI 搜索：提供新一代答案引擎，用户可以提问，浏览器会自动搜索并提供答案及相关阅读材料。

（2）智能摘要：在用户浏览网页时，浏览器会自动整理内容的摘要、脉络和思维导图，帮助用户快速把握文章要点。

（3）对话翻译：支持对话翻译功能，帮助用户在多语言环境中无障碍沟通。

（4）AI 音视频助手：支持网络视频和本地视频，提供字幕提取、视频内容总结和思维导图生成等服务。

3. 天工 AI

天工 AI 是昆仑万维推出的 AI 产品，是一个全能 AI 助手，提供搜索、对话、写作、文档分析、绘画、制作 PPT 等功能，它通过对话式交互理解用户需求，为其提供精准和个性化的回答。

4. 秘塔 AI 搜索

秘塔 AI 搜索是上海秘塔网络科技有限公司开发的新一代智能搜索引擎，专注于为用户提供无广告、高效的搜索体验。秘塔 AI 搜索能够深度理解用户的查询意图，并从全网抓取信息进行分析，以结构化的方式展示关键信息、事件时间线和相关人物资料。同时，它还提供详细的信息来源链接，确保用户能够验证搜索结果的准确性和可靠性。

5. 魔搭 GPT

魔搭 GPT（ModelScopeGPT）是阿里巴巴达摩院推出的一个大小模型协同的智能助手，具备作诗、绘画、生成视频、播放语音等多模态能力。除此之外，魔搭 GPT 还集成了知识库检索引擎，可以解答用户在魔搭社区使用模型时遇到的问题及模型知识相关问题。魔搭 GPT 可以通过将大模型作为中枢，来控制魔搭社区的各种多模态模型 API 以解答用户的问题。

6. 百度 AI 搜索

百度 AI 搜索是百度基于文心大模型开发的 AI 搜索对话工具，用户在桌面端或移动端的百度首页单击 AI+ 按钮，即可进入百度 AI 搜索。百度 AI 搜索支持网页端、浏览器助手和 App 端。

7. 小悟空

小悟空原是字节跳动推出的综合类搜索引擎"悟空搜索"，现已更名并转型为 AI 对话助手和个人助理。通过与小悟空对话，我们可以看出其内核与字节跳动之前推出的豆包 AI 聊天机器人相同，但相比豆包，小悟空提供了更多开箱即用的预设工具，支持智能对话和多种内容创作功能。

8. 夸克

夸克是阿里巴巴推出的 AI 搜索应用，具有智能搜索、工具服务、多端共享等功能，支持 AI 总结、一键扫描等实用服务。此外，夸克还具备高效、简洁、安全的特色。

9. 心流 AI 助手

心流 AI 助手是阿里巴巴集团旗下的杭州万相创意科技有限公司开发的免费 AI 搜索助手，为科研人员、教师、学生和职场人士设计，其通过智能搜索与问答和长文本阅读分析功能提升用户的工作与学习效率。心流 AI 助手基于淘宝星辰大模型，具备领先的语义理解和知识问答能力，具有智能搜索与问答、长文本阅读分析、知识问答、论文大纲梳理、辅助创作等功能。

10. 知乎直答

知乎直答是由知乎推出的 AI 大模型搜索产品，依托知海图 AI 为用户提供高质量、直接、准确、客观的回答。知乎直答整合知乎和其他网站的资源，通过理解和推理生成精准答案，帮助用户深入理解查询内容，具有 AI 快速搜索、智能推荐、多模式问答、多源信息整合等功能。

11. 红薯智语

红薯智语是一个专为小红书用户设计的智能文案生成工具，它通过上传图像和输入关键词，快速生成符合用户需求的风格和场景的文案，助力用户的内容在小红书上脱颖而出。红薯智语拥有庞大的小红书文案数据库，深度学习小红书平台中用户的表达习惯和偏好，支持关键词、自定义风格和场景标签，实现高度个性化文案生成。该工具简单易用，用户可以轻松提升内容质量，是用户在小红书创作领域的得力助手。同时，红薯智语注重用户隐私保护，确保文案生成服务不收集、存储或使用与上传图像相关的个人信息。

12. 阶跃 AI

阶跃 AI 是由阶跃星辰（StepFun）推出的一款 AI 智能问答助手，旨在帮助用户解决工作、学习和生活中的问题。它基于阶跃星辰自研的 Step 系列大模型。

5.2 常用的国产 AI 文本生成工具

目前，常用的国产 AI 文本生成工具及其说明如表 5-2 所示。

表 5-2　常用的国产 AI 文本生成工具及其说明

序号	名称	说明
1	文心一言	百度推出的 AI 工具，擅长综合型内容生成，可用于文档分析、图像分析等
2	豆包	综合型 AI 工具，专注于内容生成
3	DeepSeek	深度求索推出的 AI 工具，基于大模型技术，支持多语言翻译、智能写作、智能问答等功能，为用户提供便捷、高效的文本生成服务
4	Kimi	综合型 AI 工具，提供内容生成、文档分析和互联网搜索服务
5	讯飞星火	科大讯飞推出的 AI 工具，提供多模态理解、视觉问答、多模态生成等功能
6	通义	阿里云推出的综合型 AI 工具，专注于内容生成和文档分析
7	智谱清言	提供多模态理解、角色扮演、知识服务等功能
8	天工 AI	支持搜索、写作、文档分析、多模态生成等服务
9	腾讯元宝	腾讯推出的 AI 工具，具有内容生成、文档分析和灵感推荐等功能
10	360 智脑	涵盖内容生成与创作、阅读理解、多轮对话等十大功能
11	WPS 灵犀	主要服务集中在办公方向，提供 AI 创作、AI 搜索、AI 阅读等功能

5.3 AI 文本生成工具的主要作用

AI 文本生成工具的主要作用体现在以下 4 个方面。

1. 实现高效性与自动化

AI 文本生成工具能够迅速处理大量数据，自动完成文本生成、编辑、校对等工作，大大提高了工作效率。无论是新闻稿的撰写、产品描述的生成，还是法律文书的起草，AI 文本生成工具都能在较短时间内高质量完成，减轻了人力负担，让从业者有更多时间专注于创意和策略层面的工作。

2. 实现个性化与定制化

借助先进的自然语言处理技术，AI 文本生成工具能够精准理解用户需求，生成符合特定风格、语气和语境的文本内容。这种个性化与定制化的能力，使得 AI 文本生成工具在营销、广告、客户服务等领域大放异彩，能够根据不同目标受众的特点，制订更具吸引力的沟通策略。

3. 实现智能性与策略化

AI 文本生成工具还能对已有文本进行深度分析，识别出关键词、主题、情感倾向等关键信息，为内容的优化提供数据支持。这种智能分析能力，有助于企业更好地了解市场动态、用户反馈，从而调整策略、优化产品，提升市场竞争力。

4. 提供多语言支持

随着全球化的推进，多语言沟通成为企业拓展国际市场的必然要求。AI 文本生成工具凭借其强大的语言处理能力，提供多语言翻译、校对和本地化服务，消除了语言障碍，促进了全球信息的自由流通。

5.4 AI 文本生成工具在各领域的主要应用

AI 文本生成工具在各领域的应用日益广泛，它们通过智能化、自动化的方式，显著提升了工作效率，降低了人力成本，并在多个领域展现出了巨大的潜力。随着技术的不断进步和应用场景的不断拓展，AI 文本生成工具将发挥更加重要的作用，为各行各业带来更多的便利和创新。

1. 在媒体与出版领域的主要应用

在媒体与出版领域，AI 文本生成工具的应用主要体现在以下几个方面。

（1）新闻稿撰写与编辑：AI 文本生成工具能够根据用户输入的关键词或主题，自动生成新闻稿，包括文章、报道等。同时，AI 文本生成工具还能对已有新闻稿进行摘要生成、内容提炼等编辑工作，提高新闻内容的生产效率和质量。

（2）图书内容创作与校对：AI 文本生成工具可用于辅助图书内容创作，如自动生成章节概述、故事情节等。此外，AI 文本生成工具还能对图书内容进行校对，如检查语法错误、拼写错误等，确保内容的准确性和规范性。

2. 在广告与营销领域的主要应用

在广告与营销领域，AI 文本生成工具的应用大大提升了广告文案的创作效率和个性化程度。

（1）广告文案生成：AI 文本生成工具能够根据品牌调性、目标受众特征等因素，自动生成符合要求的广告文案。这些文案不仅具有创意，还能有效吸引目标受众的注意。

（2）个性化推荐：AI 文本生成工具能够分析用户的浏览历史、购买记录等数据，为用户推荐个性化的广告内容，提高广告的点击率和转化率。

3. 在法律与金融领域的主要应用

在法律与金融领域，AI 文本生成工具的主要应用体现在合同模板生成、法律文书起草与审核、金融报告撰写等方面。

（1）合同模板生成：AI 文本生成工具能够根据不同类型的合同需求，自动生成符合法律规范的合同模板，减少人工起草合同的时间和成本。

（2）法律文书起草与审核：AI 文本生成工具能够辅助律师起草法律文书，如起诉书、答辩状等。同时，AI 文本生成工具还能对法律文书进行智能审核，检查法律条款的准确性、完整性等。

（3）金融报告撰写：AI 文本生成工具能够根据金融数据自动撰写财务报表、投资分析报告等金融报告，为金融机构提供决策支持。

4. 在教育与科研领域的主要应用

在教育与科研领域，AI 文本生成工具的应用也逐渐增多，主要体现在以下方面。

（1）论文撰写与校对：AI 文本生成工具能够辅助学者和学生撰写论文，提供论文摘要、引言、结论等部分的自动生成功能。同时，AI 文本生成工具还能对论文进行智能校对，如检查语法错误、引用格式错误等问题。

（2）学术资源检索：AI 文本生成工具能够分析用户的学术需求，从海量学术资源中检索出相关的文献等，为用户提供便捷的学术支持。

5. 在客户服务领域的主要应用

在客户服务领域，AI 文本生成工具通过智能聊天机器人、自动回复系统等形式，为用户提供便捷、高效的咨询服务。

（1）智能客服：AI 文本生成工具能够模拟人类客服的对话方式，与用户进行自然语言交互，解答用户的问题，为用户提供产品咨询、售后服务等支持。

（2）情感分析：AI 文本生成工具还能对用户的反馈进行情感分析，了解用户对产品或服务的满意度和意见，为企业改进产品或服务提供参考意见。

综上所述，AI 文本生成工具在媒体与出版领域、广告与营销领域、法律与金融领域、教育与科研领域以及客户服务领域等多个领域都展现出了广阔的应用前景和巨大的潜力。

5.5 对 AI 工具生成的文本内容进一步优化的技巧

对 AI 工具生成的文本内容进行进一步优化有助于提升 AI 工具最终输出内容的质量。掌握优化技巧可以帮助用户有效地将 AI 生成的基础内容转化为高质量的、有价值的信息。

电子活页 5-1

扫描二维码，打开电子教材中的电子活页 5-1，在线浏览"对 AI 工具生成的文本内容进一步优化的技巧"文档中的提示词示例。

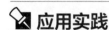

应用实践

【任务 5-1】 探析 AI 搜索与对话工具和 AI 文本生成工具在不同提问方式下的生成效果

【任务描述】

探析 AI 搜索与对话工具和 AI 文本生成工具在以下多种提问方式下的生成效果。

1. 在纳米 AI 搜索中使用开放式提问方式。
2. 在海螺 AI 中使用明确性提问方式。
3. 在秘塔 AI 搜索中使用具体化提问方式。
4. 在知乎直答中使用引导式提问方式。
5. 在 DeepSeek 中使用反馈式提问方式。

【任务实施】

我们在与 AI 大模型进行互动时，不同的提问方式将直接影响其生成内容的质量。

1. 在纳米 AI 搜索中使用开放式提问方式

开放式提问方式是一种促进深入探讨和详尽回答的互动方式。该方式采用开放式问题，鼓励纳米 AI 搜索提供全面的分析、见解和多种可能的解决方案，帮助用户从不同角度理解问题，获取更丰富的信息和知识，适用于探索新领域、激发创意思维和促进对话等场景。

提示词如下。

我正在探索人工智能在教育领域的应用。人工智能如何改变未来的教育模式？你能讨论一下它可能带来的创新和挑战吗？

这样的提问是开放式的，因为它不寻求一个具体的答案，而是邀请纳米 AI 搜索探讨一个广泛的话题，包括可能的创新和面临的挑战。这样的提问方式鼓励纳米 AI 搜索提供更广泛、更深入的分析和见解。

✧　请读者自行在纳米 AI 搜索中生成对应的结果。

2. 在海螺 AI 中使用明确性提问方式

确保你的问题具体、明确，以便海螺 AI 能够提供准确的答案。

提示词如下。

我正在准备毕业论文，主题是关于人工智能在图像识别领域的应用。你能帮我找到最近 5 年内，关于使用深度学习技术进行面部表情图像识别的研究论文吗？

这样的提问是明确的，因为它包含具体的研究主题、技术应用领域、时间范围和研究类型。这样的提问使得海螺 AI 可以更精确地进行搜索并提供相关信息。

明确性提问方式意味着提出具体且信息量充足的问题，这有助于海螺 AI 提供精确、有针对性的回答。这种方式要求用户明确表达他们的需求，如需要查询特定方面的内容，从而使海螺 AI 能够直接聚焦于问题的核心，避免歧义。

✧　请读者自行在海螺 AI 中生成对应的结果。

3. 在秘塔 AI 搜索中使用具体化提问方式

针对论文写作的特定部分，如文献综述、方法论或结论提问，以获取有针对性的帮助。

提示词如下。

我正在研究深度学习在医疗图像分析中的应用相关课题，重点是卷积神经网络在脑肿瘤分割领域的研究，你能帮我找到关于这类研究的最新进展和最新成果吗？

这样的提问是具体化的，因为它明确指出了研究的具体领域（深度学习在医疗图像分析中的应用）、技术（卷积神经网络）、任务（脑肿瘤分割）以及信息的时间范围（最新的进展）等。这样的提问方式可以帮助秘塔 AI 搜索提供更加精确和相关的信息。

具体化提问方式要求用户提供详尽的背景信息和明确的查询细节。这种方式通过限定问题的范畴和目的，帮助秘塔 AI 搜索理解用户的具体需求，从而提供更加精确和深入的回答。

生成结果：

近年来，卷积神经网络在脑肿瘤分割领域的研究取得了显著进展，以下是一些最新的研究动态和成果。

1. 多模态 MRI 数据的脑肿瘤分割

DeepBrainSeg 是一个开源项目，利用全卷积神经网络（FCN）对多模态 MRI 数据进行脑肿瘤及其组成成分的精确分割。该项目不仅实现了自动化的肿瘤分割，还提供了掩模生成、特征提取和配准等功能，为医学图像分析提供了强大的工具。

2. 基于 U-Net 的脑肿瘤分割

U-Net 是一种经典的卷积神经网络架构，其因简单、高效而被广泛应用于医学图像分割任务中。近期的研究表明，通过结合 U-Net 和其他改进模型（如 DeepMedic、3D U-Net 等），可以进一步提高脑肿瘤分割的精度和效率。例如，DeepMedic 使用 11 层的 3D 卷积神经网络结合多尺度特征融合技术，显著提升了分割性能。
……

4. 在知乎直答中使用引导式提问方式

通过提问引导 AI 大模型提供特定的信息或建议。

提示词如下。

我正在研究深度学习在图像识别中的应用。在撰写我的论文时，我需要了解当前最流行的深度学习架构。你能列出一些当前在图像识别领域中广泛使用的深度学习架构，并简要介绍它们的主要特点和优势吗？

这种提问方式是引导式的,因为它明确指出了用户需要的信息类型(当前最流行的深度学习架构),并请求知乎直答提供具体的列表和简要介绍。这样的提问有助于知乎直答提供更加有目的性和针对性的回答。

引导式提问方式是一种策略性提问方式,它通过明确的问题设定来引导知乎直答提供特定方向或主题的信息。这种方式要求用户提出具有明确目的的问题,以便知乎直答能够根据用户的指示提供相关的答案,有助于用户获得更加精确和有用的回答。

◇ 请读者自行在知乎直答中生成对应的结果。

5. 在 DeepSeek 中使用反馈式提问方式

在得到 DeepSeek 的回答后,通过进一步的提问来澄清或深入探讨,例如,"关于这一点,你能提供更多细节吗?"。

提示词如下。

卷积神经网络在图像识别中非常有用,你能否提供一些具体的例子,说明卷积神经网络是如何在处理高分辨率医学图像时提取特征的?

在上述提示词中,用户首先对 DeepSeek 之前提供的信息进行了确认和反馈,然后提出了一个更深入的问题,要求 DeepSeek 提供更具体的信息。这种提问方式有助于深化对话,并且能够获得更加详细和有针对性的回答。

反馈式提问方式是一种互动性提问方式,它基于 DeepSeek 之前的回答或提供的信息,鼓励用户提供反馈、澄清或进一步探讨特定主题。通过反馈式提问方式,用户可以深化对话,获得更详细的解释或额外的信息。这种方式有助于建立更丰富的对话,确保用户得到全面且满足其需求的答案。

◇ 请读者自行在 DeepSeek 中生成对应的结果。

通过灵活运用以上 5 种提问方式,用户可以更有效地与 AI 大模型进行互动,从而获得更加有价值的帮助和指导。

【任务 5-2】 撰写长沙两日游攻略

【任务描述】

从以下多种 AI 工具中选择一种合适的工具:□文心一言□豆包□Kimi□讯飞星火□通义。参考以下洛阳两日游攻略的小红书文案,撰写长沙两日游攻略。

🎡 洛阳两日游,带你开启千年古都穿越之旅! 🚀
📅 第一天:古韵悠悠,文化之旅
🍜 早上:从一碗热腾腾的洛阳牛肉汤开始,唤醒你的味蕾和灵魂。
🏯 上午:漫步在龙门石窟,感受千年的石刻艺术,仿佛能听到历史的回声。
🍲 中午:在老城区品尝地道的洛阳水席,每一道菜都是一段故事。
🏛 下午:探访白马寺,感受佛教文化的庄严与宁静。
🏮 晚上:在丽景门下,体验洛阳夜市的热闹非凡,品尝各种小吃。
📅 第二天:山水之间,自然之旅
⛰ 早上:登高望远,前往老君山,呼吸清新空气,俯瞰洛阳城的壮丽景色。
🍵 中午:在山脚下的茶馆,品一杯香茗,享受片刻的宁静。
🏞 下午:前往龙潭大峡谷,感受大自然的鬼斧神工,拍照留念。
🏙 晚上:回到市区,逛逛洛阳的夜市,品尝当地的特色小吃,结束完美的一天。
📷 别忘了带上你的相机,记录下每一个难忘的瞬间。 📸
👉 快来洛阳,体验一场穿越时空的旅行吧! 🌀
👀 你最喜欢洛阳的哪个景点?评论区见! 👇
#洛阳旅游 #古都之旅 #两天攻略

【任务实施】

以文心一言为例，其生成结果如下：

🪁 长沙两日游，解锁星城的火辣与韵味之旅！🔥

🖼 第一天：舌尖狂欢，城市探索

🔒 早上：从一碗地道的长沙米粉开始，辣味与鲜香交织，唤醒你的味蕾。

🏛 上午：漫步岳麓书院，沉浸在千年学府的文化底蕴中，聆听历史的低语。

🍲 中午：必尝口味虾，鲜、香、辣三重奏，每一口都是对味觉的极致挑逗。

🏯 下午：探访橘子洲，在伟人艺术雕塑前留影，感受伟人风采与湘江美景。

🏢 晚上：坡子街夜市走起，臭豆腐、糖油粑粑、烤串……各式小吃让你停不下来。

🖼 第二天：自然与现代的交融之旅

⛰ 早上：前往岳麓山，登山赏景，呼吸山间清新的空气，俯瞰长沙城的繁华。

🍵 中午：山脚下的茶馆小憩，品一杯香茗，享受山林的静谧与闲适。

🏬 下午：打卡长沙国际金融中心，在 KAWS 大公仔前拍照，感受长沙的现代时尚气息。

🖼 晚上：龙虾城再战一轮，或是去太平老街继续探索美食，为长沙之行画上完美句号。

📷 记得带上相机，捕捉每一个让味蕾和心灵都颤抖的瞬间。📷

👉 快来长沙，体验一场火辣与韵味的双重盛宴吧！🏢

👀 你最爱长沙的什么美食或美景？评论区告诉我！👇

#长沙旅游 #星城韵味 #两日攻略

【任务 5-3】 撰写招聘时的职位描述

【任务描述】

无论是刚刚加入招聘队伍的新手，还是处于求职过程中的求职者，都会经常遇到一个专有名词——JD。那么，招聘中常说的 JD 是什么意思呢？

JD 全称是 Job Description，通常可以翻译成职位描述。

职位描述相当于一个面向求职者的岗位说明书。

要在各大招聘网站和 App 上把职位信息发布出来，吸引目标求职者投递简历，就必须清楚地说明相关职位平时主要负责的工作内容、对求职者的能力要求等。

根据这个功能和需求，各大招聘网站和 App 通常把职位描述分成两大部分，具体如下。

第一部分是岗位的主要职责。

第二部分是岗位的任职要求，包括学历、职业证书、工作经验、会使用的工具和技能、各类综合素质及过往的职业背景等。

这种职位描述，也就是所谓的 JD。

从以下多种 AI 工具中选择一种合适的工具：□豆包□文心一言□Kimi□讯飞星火□通义。参考以下用户界面（User Interface，UI）设计师的职位描述内容，从岗位基础信息、主要职责、任职要求等方面，撰写提示词工程师的职位描述。

（1）岗位名称：UI 设计师。

（2）部门名称：设计部。

（3）直接上级：设计总监。

（4）工作地点：北京市朝阳区。

（5）工作时间：周一至周五，9:00—18:00。

（6）主要工作任务。

① 负责产品界面的设计工作，包括但不限于网页、移动应用界面等。

② 参与产品讨论，理解产品需求，提供创新的设计解决方案。

③ 与开发团队紧密合作，确保设计在技术上的可行性和具体实现。

④ 根据用户反馈和测试结果，不断优化和改进界面设计。

⑤ 跟踪最新的设计趋势，将创新设计元素融入产品中。

（7）所需技能和资格。

① 艺术设计、视觉传达等相关专业。

② 有 UI 设计工作经验，有成功的设计案例。

（8）其他要求。

① 学历要求：本科及以上。

② 工作经验：至少 3 年。

③ 语言要求：中文流利，具备良好的英文读写能力者优先。

（9）附加技能。

掌握 HTML/CSS/JavaScript 等前端技术者优先。

【任务实施】

电子活页 5-2

扫描二维码，打开电子教材中的电子活页 5-2，在线浏览"在豆包中撰写招聘时的职位描述"。也可以自行在豆包中生成类似的结果。

【任务 5-4】 使用 WPS 灵犀撰写工作周报

【任务描述】

根据完成的工作内容撰写一份周报，工作内容为：我是一名程序员，我在本周开发了一个导航网站，该网站目前可以访问 100 个常用网站，我在本周还组织了一个小型会议为公司同事介绍网站如何使用。

【任务实施】

打开浏览器，在网址输入框中输入 WPS 灵犀官网地址并按【Enter】键，进入 WPS 灵犀首页，如图 5-1 所示。

图 5-1 WPS 灵犀首页

在【提问、选择技能或试试@】输入框中输入基本要求对应的提示词，单击【发送】按钮，即可生成符合基本要求的内容。

如果需要完成"快速创作""生成 PPT""长文写作"等任务，可以先单击对应的功能按钮，例如，单击【生成 PPT】按钮，然后在输入框中描述要创建的 PPT 主题即可。

扫描二维码，打开电子教材中的电子活页 5-3，在线浏览"在 WPS 灵犀中生成的工作周报"。也可以自行在 WPS 灵犀中生成工作周报。

电子活页 5-3

【任务 5-5】 使用文心一言撰写一份文小言使用教程的技术文档

【任务描述】

使用文心一言撰写一份文小言使用教程的技术文档，要求包括主要功能、界面组成、常用功能的使用方法，并给出具体实例进行说明。

【任务实施】

提示词：请你撰写一份文小言使用教程的技术文档，要求包括主要功能、界面组成、常用功能的使用方法，并给出具体实例进行说明。

✧ 请读者自行在文心一言中生成对应的结果。

【任务 5-6】 使用文心一言和豆包补全一段话

【任务描述】

写好一段话之后，我们可以选中这段话，让 AI 工具帮我们丰富内容（或精简内容）、修改标点符号、翻译、继续写、改变口吻、整理选取内容等，以提高写作效率。

对以下这段话进行补全。

> 自省
> 我在张昊老师身上学到的第一个本领是"自省"。我和他是在线上课中认识的，他当时是线上课的班主任，我是他的学生。他当时在我们的班级群内经常发他的每日自省。刚开始我还在想，这样每天发这种自省有用吗？但通过不断地找他私聊，聊得多了我就被他感染了，我也开始自省了。通过自省，我发现我找到了方向；通过自省，我发现我凌乱的思绪变得不再凌乱。自省让我感到宁静，让我知道了很多事情没有捷径可走，唯有躬身入局，让我知道了所有的事情不止一个答案……

【任务实施】

文心一言中的生成结果如下：

> 自省
> 我在张昊老师身上学到的第一个本领是"自省"。我和他是在线上课中认识的，他当时是线上课的班主任，而我是他的学生。他当时在我们的班级群内经常发他的每日自省，刚开始我还在想，这样每天发这种自省有用吗？会不会只是一种形式主义的自我安慰？但随着时间的推移，我逐渐被他的坚持打动。
> 我不断地找他私聊，聊得多了，我就被他那种自省的精神感染了。我开始尝试着自己也进行自省，每天花一点时间回顾自己的言行，思考哪些地方做得好，哪些地方还有不足。
> 通过自省，我发现我找到了方向。我不再像之前那样对未来感到无所适从，而是开始有了明确的目标和计划。

同时，我也发现我凌乱的思绪变得不再凌乱，思维变得更加清晰和有条理。

自省让我感到宁静，让我学会了在喧嚣的世界中找到一片属于自己的宁静之地。它让我明白了很多事情没有捷径可走，唯有躬身入局，脚踏实地地去努力、去实践，才能取得真正的进步。同时，它也让我知道了所有的事情不止一个答案，从不同的角度去思考、去探索，往往会有意想不到的收获。

如今，自省已经成为我生活中不可或缺的一部分。我感谢张昊老师的引导，更感谢自己当初的那份坚持和勇气，让我走上了这条自我成长的道路。

豆包中的生成结果如下：

自省

在学习的漫漫征途中，我有幸结识了张昊老师，从他身上学到的第一个本领便是"自省"。我与张昊老师的缘分始于线上课，彼时他担任线上课的班主任，而我则是他众多学生中的一员。在班级群里，他常常分享自己的每日自省感悟，起初，我心里满是疑惑，暗自思忖：每日发布这些自省内容，真的能带来实质性的改变吗？

带着这份好奇与疑问，我开始频繁地与他私聊。随着交流的深入，我逐渐被他对自我反思的执着所感染，也开始踏上了自省之路。

通过自省，我惊喜地发现，曾经那颗在迷雾中徘徊、迷茫的心，终于找到了前行的方向。就像在杂乱无章的迷宫中，突然寻得了出口。曾经凌乱如麻的思绪，也逐渐变得清晰有序。自省，宛如一泓清泉，流淌在心田，让我在纷扰的世界中寻得内心的宁静。

它更让我深刻领悟到，人生路上，完成诸多事情没有捷径可走，唯有脚踏实地、躬身入局，方能收获成长。曾经，我总是幻想能找到快速达成目标的窍门，却在一次次的碰壁中陷入迷茫。通过自省，我明白了所有的事情并非只有一个答案，换个角度思考，往往能收获不一样的风景。例如，在解决一道难题时，曾经的我只执着于常规解法，屡屡碰壁，而当我静下心自省，尝试从不同思路出发，竟发现了多种巧妙的解题方法。这种思维的转变，不仅让我在学业上有所突破，更让我在面对生活中的种种挑战时，多了一份从容与自信。

【任务 5-7】 使用 Kimi 制作轻松愉悦的旅行方案

【任务描述】

以下是为郑州及周边城市的团建活动定制的旅行方案，其主要目的是确保每个人都能体验到独特的旅行乐趣。参考以下旅行方案，使用 Kimi 制作一份清晰明了、贴合实际、安排合理的优秀教育工作者疗养休闲方案，时间为夏季的某个周六、周日，地点为湖南省张家界市，费用预算为每人 1000 元以内。

第 1 天

（1）集合与出发

上午 8:00 从郑州出发前往登封，预计车程 1 小时。

（2）少林寺

上午 9:30 抵达少林寺，进行 1.5 小时的参观，感受中国功夫的博大精深。

交通：包车前往。

门票：每人 100 元。

（3）午餐

11:00 在少林寺附近享用河南特色午餐，预算每人 50 元。

（4）嵩山

下午 1:00 开始徒步嵩山，预计 3 小时。装备：请自备徒步装备。

（5）晚餐

下午 4:30 前往登封市区享用晚餐，预算每人 60 元。

（6）返回郑州

晚上 6:30 出发返回郑州，预计 8:00 抵达。

（7）住宿

预算 300 元/人，建议选择郑州的商务型酒店。

第 2 天

（1）黄河风景名胜区

上午 8:00 从郑州出发前往黄河风景名胜区，预计车程 1 小时。

上午 9:00 抵达，进行 2 小时的游览。

（2）午餐

11:00 在黄河风景名胜区附近享用午餐，预算每人 50 元。

（3）郑州黄河国家地质公园

下午 1:00 开始参观，预计 2 小时。

（4）结业仪式

下午 3:00 举行团建结业仪式，颁发纪念品。

（5）返回

下午 4:30 结束团建活动，返回市区。

当地美食推荐：河南烩面、胡辣汤、油茶、灌汤包。

【任务实施】

电子活页 5-4

扫描二维码，打开电子教材中的电子活页 5-4，在线浏览"Kimi 定制的旅行方案"。也可以自行在 Kimi 中生成类似的结果。

【任务 5-8】 使用 Kimi 为新款环保水杯撰写营销文案并进行润色处理

【任务描述】

在 Kimi 中完成以下操作。

1. 按要求撰写一篇针对都市年轻白领的新款环保水杯营销文案。

2. 借助 Kimi 对生成的新款环保水杯营销文案提出具体润色要求。

3. 对 Kimi 生成的新款环保水杯营销文案进行润色。

【任务实施】

1. 按要求撰写一篇针对都市年轻白领的新款环保水杯营销文案

提示词 1：撰写一篇针对都市年轻白领的新款环保水杯营销文案，突出其可重复使用和采用无毒材料的特点，强调环保意识和生活品质的提升。

电子活页 5-5

扫描二维码，打开电子教材中的电子活页 5-5，在线浏览"使用 Kimi 撰写的新款环保水杯营销文案"。也可以自行在 Kimi 中生成类似的结果。

2. 借助 Kimi 对生成的新款环保水杯营销文案提出具体润色要求

提示词 2：请你对生成的新款环保水杯营销文案提出具体润色要求。

Kimi 中生成的润色要求如下：

⚏ 调整节奏：改变句子长度和复杂度，创造动态阅读体验，特别是在叙述故事时。

⚏ 深化主题：深入探讨主题，增加文本深度，特别是在处理社会问题时。

✿ 优化开头：使用引人入胜的引言或故事，激发读者兴趣，为阅读全文奠定基础。

⚏ 引入历史背景：提供更全面的视角，特别是在讨论社会现象时。

☺ 增加幽默感：适当的幽默感可以缓解紧张气氛，提高阅读兴趣，特别是在讨论严肃话题时。

📖 增加引用：引用经典文献或权威观点，增强文本的权威性和说服力。

🔍 明确论点：确保每个论点都有充分的论据支持，避免模糊不清的陈述。

📋 使用引语：无论是引用权威人士的话还是相关研究，引语可以增强观点的可信度和权威性。

🏫 引入专家观点：通过引用专家的研究或评论来增强你的观点，特别是在专业领域中。

👍 强化结尾：使用有力的结论或号召性用语来结束文章，确保结尾能够留给读者深刻印象。

📊 增加数据支持：使用统计数据或研究结果来支持你的观点，增强论点的说服力。

💡 丰富例证：添加具体的例证或案例分析，以支持主要观点。

🔎 引入悬念：通过提出问题或设置未解之谜来激发读者的好奇心。

✏️ 优化布局：使用合适的分栏、边距和字体大小来提高可读性和美观性。

3. 对 Kimi 生成的新款环保水杯营销文案进行润色

提示词 3：请你根据前面总结的润色要求，对生成的新款环保水杯营销文案进行润色。

Kimi 中生成的结果如下：

欢迎来到我们的环保新时代！我们最新推出的环保水杯不仅外观时尚，更集合了可重复使用和采用无毒材料的优点，专门为现代都市年轻白领设计。提高生活品质，从一杯清新开始，让我们一起为地球环境贡献一份力量。选择环保水杯，选择健康生活方式！

【任务 5-9】 使用通义创建小红书高互动风格写手的角色与指令

【任务描述】

电子活页 5-6

使用通义完成以下创建任务。

1. 不使用模板，自由创建小红书高互动风格写手的角色与指令。

2. 扫描二维码，打开电子教材中的电子活页 5-6，在线浏览"较为完善的角色与指令模板"，然后基于该模板创建小红书高互动风格写手的角色与指令。

【任务实施】

1. 不使用模板，自由创建小红书高互动风格写手的角色与指令

提示词 1：帮我写一个小红书高互动风格写手的角色与指令。

◇ 请读者自行在通义中生成提示词 1 对应的结果。

2. 基于较为完善的模板创建小红书高互动风格写手的角色与指令

提示词 2：请参考较为完善的角色与指令模板，创建小红书高互动风格写手的角色与指令。

◇ 请读者自行在通义中生成提示词 2 对应的结果。

📝 自主学习

【任务 5-10】 使用文心一言写一篇科普短文

【任务描述】

使用文心一言写一篇 300 字左右的介绍通用人工智能的科普短文。

【任务 5-11】 使用讯飞星火撰写新闻稿

【任务描述】

使用讯飞星火撰写一篇关于华为发布的"HUAWEI Mate XT 非凡大师"的新闻稿。

【任务 5-12】 使用通义编写故事

【任务描述】

使用通义编写一个关于一只名叫奥奇的狗拯救小镇的儿童故事。

模块6
AIGC助力数据分析与图表绘制

AIGC 在数据分析和图表绘制方面展现出了强大的能力，通过自动完成数据的收集、预处理、整合、分析和图表的绘制，AIGC 不仅提高了工作效率，节省了人工操作的时间和成本，还保证了图表的质量和准确性。

通过对大量数据的学习和分析，AIGC 能够更准确地理解用户需求，生成符合用户期望的图表内容。AIGC 不仅能够模仿现有的图表样式，还能生成独特的创意性图表，为用户提供新的视觉体验。

在商业报告领域，AIGC 可以生成高质量的图表，增强报告的可读性和说服力。在教育培训领域，AIGC 可以生成生动有趣的图表，帮助学生更好地理解知识点。在媒体传播领域，AIGC 可以生成具有吸引力的图表，提高新闻或内容的传播效果。随着技术的不断进步和完善，AIGC 有望在数据处理和可视化领域发挥更为重要的作用，推动各行业的数字化转型和创新发展。在数据分析领域，AIGC 可以快速生成各种图表，帮助用户直观地理解数据之间的关系和趋势。

知识探析

6.1 常用的国产数据处理与分析专用 AI 工具简介

常用的国产数据处理与分析专用 AI 工具如表 6-1 所示。

表 6-1 常用的国产数据处理与分析专用 AI 工具

序号	名称
1	WPS AI
2	酷表 ChatExcel
3	办公小浣熊

常用的国产数据处理与分析专用 AI 工具具体介绍如下。

1. WPS AI

WPS AI 是 WPS 推出的 AI 助手，提供文档、表格、PPT 等多种格式的文件的智能辅助功能，能够提高办公软件的智能化水平。WPS AI 在文档处理（如根据文档生成文档、表格、PPT）方面表现出色，通过深度学习和自然语言处理技术，它能够自动识别、理解和处理文档内容。

WPS AI 在数据处理、分析与标识方面的功能非常强大，能够帮助用户快速完成数据清洗、分类、分析、可视化等任务，大幅提升工作效率。无论是简单的数据整理，还是复杂的数据分析，WPS AI 都能提供智能化支持。

2. 酷表 ChatExcel

酷表 ChatExcel 是北京大学的团队开发的一款人工智能办公辅助工具，其通过 AI 技术辅助 Excel 文件的创建和编辑。这款工具的核心特点是通过自然语言对话的方式，让用户能够以文字聊天的形式控制和操作 Excel 文件，从而简化数据处理和操作的过程，提升工作效率。

酷表 ChatExcel 通过 AI 技术革新了 Excel 数据处理方式，让用户无须具备编程知识即可高效完成复杂表格操作，适用于个人用户、企业用户，被应用于众多领域。

3. 办公小浣熊

办公小浣熊是一款将 AI 大模型的能力与文档编辑、数据分析场景深度结合的工具型产品，致力于为用户提供一站式创作平台和知识管理空间。

用户可以通过对话式的交互，完成信息的网络检索收集、文档的撰写编辑、数据的处理分析；可以在单个创作平台内，完成从思路策划、提纲生成到内容创作、方案输出的全流程任务；可以搭建个人知识管理空间，完成文档、数据、代码的管理与检索。

办公小浣熊 1.0 是一款专注于数据分析的工具型产品。依托强大的模型能力和工程化手段，办公小浣熊 1.0 不仅具备数据归纳、推理和分析功能，还能实现表格整理和图表生成，为用户提供全方位的数据分析支持，完成数据清洗、运算、比较分析、趋势预测及数据可视化等数据分析任务。

办公小浣熊 2.0 将数据分析定位为办公场景中的一个重要环节，从初步计划的生成，到文本材料、数据文件的深入分析，再到最终内容的创作和定稿，办公小浣熊 2.0 致力于用 AI 赋能整个办公流程，从单一的数据分析工具进化为一站式创作平台和知识管理空间。

6.2 使用酷表 ChatExcel 处理数据

使用酷表 ChatExcel 处理数据共包括上传文件、输入提示词、查看与编辑结果和导出文件 4 个步骤。

1. 上传文件

访问酷表 ChatExcel 官网，上传需要处理的 Excel 文件。

2. 输入提示词

在输入框中输入提示词（自然语言指令），例如，"删除第二列数据""计算平均值""将最后一列数据四舍五入为两位小数"，系统会根据提示词识别文件中的数据并自动进行操作。

3. 查看与编辑结果

处理后的结果会实时显示，用户可继续输入新提示词对结果进行调整。

4. 导出文件

完成操作后，可一键导出处理后的 Excel 文件，保留原始格式和数据。

6.3 办公小浣熊的主要优势和应用场景

1. 办公小浣熊的主要优势

（1）沉浸式体验：办公小浣熊为用户打造一站式工作环境，使用户无须频繁切换应用，即可轻松完成从规划到创作的全流程操作，让用户在工作中更加专注、高效。

（2）会思考的模型：办公小浣熊搭载的 AI 大模型不仅能理解复杂任务，还具备自我优化能力，能够在任务执行过程中不断进行调试和改进，为用户提供更精准、更智能的服务。

（3）专业数据分析：办公小浣熊具备强大的数据处理能力，从数据清洗、复杂运算到趋势预测和数据可视化展示,帮助用户快速洞察数据价值,使用户无须具备编程基础即可轻松上手,实现专业级的数据驱动决策。

(4)专属个人知识管理空间:办公小浣熊能够打造用户专属的个人知识管理空间,将笔记、文档和数据整合在一起,支持快速检索与个性化生成,帮助用户更高效地管理知识,同时保障数据安全。

(5)交互简洁:办公小浣熊采用简洁、直观的界面设计与自然语言交互方式,让用户无须学习成本,即可轻松使用,获得即用即懂的便捷体验。

2. 办公小浣熊的应用场景

(1)数据处理:无须编程,轻松完成数据清洗、运算、分析和可视化,助力数据驱动决策。

(2)趋势预测:通过 AI 大模型对数据进行深度分析,发现数据背后的规律与机会。

(3)报告生成:协助用户快速生成专业的数据分析报告,呈现直观的图表与关键信息。

6.4 智能处理数据时对 Excel 文件的规范性要求

如果要让 AI 准确阅读 Excel 数据,上传的 Excel 文件应为规范表格,以便 AI 能够正确处理数据。

1. 使用规范表格

表头要规范,避免使用特殊字符,不能有换行符,否则可能会导致 AI 识别错误,无法正确读取每一列的具体名称。

2. Excel 文件的工作表不要超过 3 个

如果一个 Excel 文件的工作表超过 3 个,尽量删除多余工作表,只保留要分析的工作表。当工作表过多时,可能会因 AI 分析时间过长而导致浏览器超时。

3. 上传规定大小的 Excel 文件

上传的 Excel 文件大小应符合 AI 工具规定的文件大小。

4. 避免过多地合并单元格

尽量避免过多地合并单元格,因为 AI 在识别边界上还存在误差。

5. Excel 文件的工作表和列的命名要准确

Excel 文件的不同工作表的命名,最好准确体现表内的数据内容,不要随便使用默认名。工作表的每一列的命名要准确,和提示词中的指令保持一致。

6.5 使用酷表 ChatExcel 针对 Excel 文件进行数据处理时如何撰写提示词

1. 常用提示词示例

(1)生成新 Excel 文件

相关操作及提示词示例:打开酷表 ChatExcel 官网,上传一个空的 Excel 文件(包含一个数字,不能完全空白),再输入提示词:生成 1~12 月的销售数据,其生成 20 组数据,存入上传的 Excel 文件中。

(2)下载生成的 Excel 文件

提示词示例:将生成好的 Excel 文件下载。

(3)表格内容提取

提示词示例:提取第 1 季度的销售数据。

（4）数据去重

提示词示例：去除表格中的重复值。

（5）图表生成

提示词示例：提取前 6 个月的销售数据，生成柱状图。

2. 分析员工工资提示词示例

提示词示例如下。

（1）帮我统计分析一下不同部门的实发工资总和，要求图文并茂。

（2）帮我按部门导出员工数据并下载。

（3）把实发工资大于 7000 元的员工，在原表格上标记为红色，表格处理完成后下载表格。

3. 分析学生成绩提示词示例

提示词示例如下。

（1）计算每位学生的总分、平均分，并进行排名，将结果填充到表格里并下载。

（2）判断每位学生的平均分是否高于全班平均分，将平均分高于全班平均分的学生标红。将结果填充到表格里并下载。

（3）在"总分"列的成绩后面，括注单位"分"，下载处理好的文件。

（4）查找高三（3）班，学号为 20250310～20250320 的学生中，数学成绩高于 120 分的学生姓名以及各科成绩，下载处理好的文件。

（5）填充"评选结果"列，符合条件，则填充"优秀"。评优考核条件：语文成绩、数学成绩均不低于 90 分，下载处理好的文件。

（6）提取总分排名前 10 名的学生的数据，将他们的各科成绩绘制成 5 种不同形式的图表。

应用实践

【任务 6-1】 使用文心一言计算与分析产品销售数据

【任务描述】

1. 在文心一言中上传 Excel 文件"两种产品月销售情况.xlsx"。

2. 找出两种产品销售额最高的月份，并生成一段文字报告。

3. 绘制两种产品的 12 个月的销售额柱状图，展示每个月的销售额变化。

【任务实施】

1. 在文心一言中上传本地 Excel 文件"两种产品月销售情况.xlsx"。

2. 输入提示词：请帮我找出两种产品销售额最高的月份，并生成一段文字报告。

生成结果：

> 根据"两种产品月销售情况.xlsx"数据，A 产品和 B 产品销售额最高的月份分别如下。
>
> A 产品在 6 月实现了最高销售额，具体金额为 350000 元。
>
> B 产品在 12 月实现了最高销售额，具体金额为 383904 元。
>
> 综上，B 产品在 12 月的销售额不仅是自身各月销售额中的最高值，同时也是两种产品中所有月份的最高销售额。

3. 输入提示词：请帮我绘制 A 产品和 B 产品的 12 个月的销售额柱状图。

生成的 A 产品和 B 产品的 12 个月的销售额柱状图如图 6-1 所示。

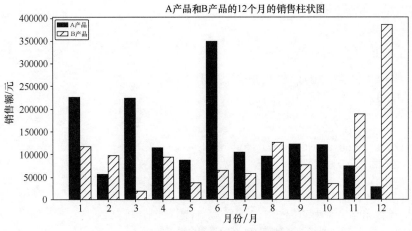

图 6-1　A 产品和 B 产品的 12 个月的销售额柱状图

【任务 6-2】 使用通义分析财务支出数据

【任务描述】

1. 在通义中上传"A 公司财务支出数据.xlsx"Excel 文件。
2. 计算 A 公司全年总财务支出，并生成一段文字报告。
3. 生成用于绘制每月总支出的柱状图的 Python 脚本。

【任务实施】

1. 在通义中上传"A 公司财务支出数据.xlsx"Excel 文件。
2. 输入提示词：计算 A 公司全年总财务支出，并生成一段文字报告。
生成结果：

> A 公司的全年总财务支出累计达到了 47489.64 元。其中，主要支出项目（支出项目 1）贡献了 36920 元，次要支出项目（支出项目 2）总计 6710.4 元，而第三类支出项目（支出项目 3）则为 3809.24 元。这些数字反映了公司在过去一年中对不同方面的投入情况，包括但不限于运营成本、员工薪酬以及各种管理费用等。了解这些支出的具体分布有助于公司管理层更有效地规划预算，并制定更加精准的成本控制策略，以提高整体经营效益。请注意，上述金额是以元为单位进行计算的，在实际应用中可能需要转换成更大的货币单位以便于理解和讨论。

3. 输入提示词：生成用于绘制每月总支出的柱状图的 Python 脚本。
生成结果：

```
import matplotlib.pyplot as plt
# 每月总支出数据（根据之前的数据计算得出）
monthly_expenses = [
    4160.16, # 1 月
    5118.34, # 2 月
    3497.9,  # 3 月
    3289.23, # 4 月
    4064.44, # 5 月
    3547.9,  # 6 月
    4073.56, # 7 月
    3592.44, # 8 月
    5244.1,  # 9 月
```

```
   3387.9,   # 10 月
   4104.44,  # 11 月
   3409.23   # 12 月
]
months = ["1 月", "2 月", "3 月", "4 月", "5 月", "6 月", "7 月", "8 月", "9 月",
        "10 月", "11 月", "12 月"]
#  绘制柱状图
plt.figure(figsize=(10, 6))
plt.bar(months, monthly_expenses, color='blue')
plt.title('A 公司每月总支出情况')
plt.xlabel('月份')
plt.ylabel('总支出（元）')
plt.xticks(rotation=45) #  为了使月份标签更易读，将其逆时针旋转 45°
plt.tight_layout() #  自动调整子图参数，使之填充整个图像区域
plt.show()
```

【任务 6-3】 使用讯飞星火计算与分析销售数据

【任务描述】

1. 在讯飞星火中上传"3 种产品月销售情况.xlsx"Excel 文件。

2. 计算 3 种产品的每月总销售额，然后据此绘制每月总销售额的柱状图，展示每月总销售额的变化趋势。

3. 计算 3 种产品的每月总销售量，然后据此绘制每月总销售量的折线图，展示每月总销售量的变化趋势。

【任务实施】

1. 进入讯飞星火首页。

2. 上传"3 种产品月销售情况.xlsx"Excel 文件。

3. 输入提示词：计算每月的总销售额，然后据此绘制每月总销售额的柱状图，展示每月总销售额的变化趋势。

绘制的每月总销售额的柱状图如图 6-2 所示。

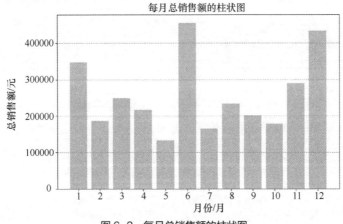

图 6-2　每月总销售额的柱状图

4．输入提示词：计算 3 种产品的每月总销售量，然后据此绘制每月总销售量的折线图，展示每月总销售量的变化趋势。

绘制的每月总销售量的折线图如图 6-3 所示。

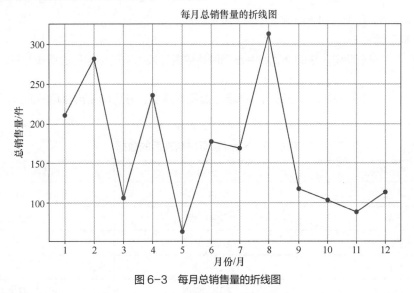

图 6-3　每月总销售量的折线图

【任务 6-4】 借助 Kimi 按要求整理数据

【任务描述】

销售源数据与存放结果数据的空表如图 6-4 所示，销售源数据中产品名称和日期都在 A 列，销售额在 B 列，且表格中存在空白单元格。

	A	B	C	D	E	F
1	产品名称	销售额（万元）		产品名称	日期	销售额（万元）
2	产品1					
3	2024/8/30	536				
4	2024/9/9	52				
5	产品2					
6	2024/8/17	362				
7	产品3					
8	2024/10/18	543				
9	2024/12/3	86				
10	产品4					
11	2024/10/26	654				
12	产品5					
13	2024/9/26	432				
14	2024/11/5	436				
15	2024/12/12	67				

图 6-4　销售源数据与存放结果数据的空表

将销售源数据按存放结果数据的空表的列名进行整理，并分别填入对应的数据。

【任务实施】

1. 在 Kimi 中上传图 6-4 所示的数据效果的截图。
2. 输入提示词如下。

请参照图像中左右两个表格的样式，将左侧原始数据转换为右侧结构化的格式，并以表格形式呈现整理结果。

Kimi 会迅速识别图像中的表格数据，精准把握整理需求，并自动输出整理后的数据，如表 6-2 所示。

表 6-2　Kimi 按要求整理后的数据

产品名称	日期	销售额（万元）
产品 1	2024/8/30	536
产品 1	2024/9/9	52
产品 2	2024/8/17	362
产品 3	2024/10/18	543
产品 3	2024/12/3	86
产品 4	2024/10/26	654
产品 5	2024/9/26	432
产品 5	2024/11/5	436
产品 5	2024/12/12	67

最后，将 Kimi 生成的数据复制并粘贴到 Excel 文件的工作表，即可对其进行后续的统计分析操作。

【任务 6-5】 WPS AI 助力 Excel 数据分析与图表生成

【任务描述】

针对"高中会考成绩.xlsx"Excel 文件中的成绩数据，完成以下操作。
1. 快速计算各门课程的平均成绩。
2. 快速计算每位学生 5 门课程的平均成绩。
3. 计算全班学生所有课程的平均成绩。
4. 生成各门课程平均成绩的排序图，按升序进行排名。
5. 平均成绩分为 4 个分数段：60 分以下（不含 60 分）、60~80 分（不含 80 分）、80~90 分（不含 90 分），90 分及以上。在全班学生中统计平均成绩在不同分数段的学生人数比例，并绘制饼图。

【任务实施】

1. 在 WPS 中打开 Excel 文件"高中会考成绩.xlsx"。

2. 在 WPS 中选择【WPS AI】选项卡中的【AI 表格助手】命令，唤起 AI 助手，打开【AI 表格助手】对话框。

3. 在【AI 表格助手】对话框中选择【AI 数据问答】选项，如图 6-5 所示。

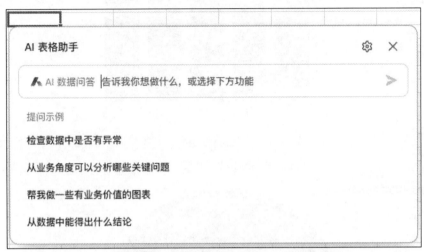

图 6-5　在【AI 表格助手】对话框中选择【AI 数据问答】选项

4. AI 数据问答，一键分析数据。

在【AI 数据问答】输入框中分别输入提示词，然后单击【发送】按钮 ＞，WPS AI 开始分析提示词，并输出计算结果。

输入提示词 1：快速计算各门课程的平均成绩。

生成结果：

计算各门课程的平均成绩
选择需要计算平均值的列（数学、语文、英语、物理、化学）
计算每列的平均值
输出各门课程的平均成绩
各门课程的平均成绩如下。
数学：80.75。
语文：84.40。
英语：81.80。
物理：78.50。
化学：81.35。

继续输入提示词 2：快速计算每位学生 5 门课程的平均成绩。

WPS AI 会快速完成每位学生 5 门课程的平均成绩的计算。

继续输入提示词 3：计算全班学生所有课程的平均成绩。

生成结果：

全班学生所有课程的平均成绩为：81.36。

继续输入提示词 4：生成各门课程平均成绩的排序图，按升序进行排名。

生成的各门课程平均成绩的排序图如图 6-6 所示。

继续输入提示词 5，具体内容如下。

平均成绩分为 4 个分数段：60 分以下（不含 60 分）、60～80 分（不含 80 分）、80～90 分（不含 90 分），90 分及以上。在全班学生中统计平均成绩在不同分数段的学生人数比例，并绘制饼图。

生成的全班学生平均成绩各分数段分布饼图如图 6-7 所示。

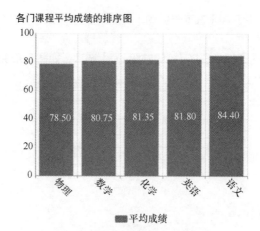

图 6-6　各门课程平均成绩的排序图

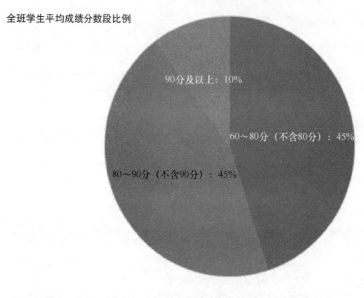

图 6-7　全班学生平均成绩各分数段分布饼图

　　借助 AI 表格助手，我们可以通过与 AI 对话的方式，一键进行数据分析，生成数据图表，避免写函数公式和手动制作图表的烦琐，提升数据处理效率。

【任务 6-6】 使用酷表 ChatExcel 处理与分析学生成绩数据

【任务描述】

　　1. 在酷表 ChatExcel 首页上传 Excel 文件"高三学生成绩.xlsx"。

　　2. 计算每位学生的总分、平均分，平均分保留 2 位小数，并进行排名，将结果填充到表格里并下载。

　　3. 判断每位学生所有科目的平均分是否高于全班的平均分，将平均分高于全班平均分的学生标红。将结果填充到表格里并下载。

4. 在"总分"列的成绩后面，括注单位"分"，下载处理好的文件。

5. 查找高三（3）班，学号为 310～320 的学生中，数学成绩高于 120 分的学生姓名及各科成绩，下载处理好的文件。

6. 填充"评选结果"列，符合条件，则填充"优秀"。评优考核条件：语文成绩不低于 90 分，数学成绩也不能低于 90 分。下载处理好的文件。

7. 将总分排名前 10 名的学生的各科成绩绘制成柱状图。

8. 将总分排名前 10 名的学生的各科成绩占比绘制成饼图。

9. 将总分排名前 10 名的学生的各科成绩绘制成关系散点图。

【任务实施】

1. 在浏览器中打开酷表 ChatExcel 的首页。

2. 上传 Excel 文件"高三学生成绩.xlsx"。

3. 输入提示词 1：计算每位学生的总分、平均分，平均分保留 2 位小数，并进行排名，将结果填充到表格里并下载。

◇ 请读者自行在酷表 ChatExcel 中生成提示词 1 对应的结果。

读者可以预览或下载生成的 Excel 文件"高三学生成绩计算结果.xlsx"。

4. 输入提示词 2：判断每位学生所有科目的平均分是否高于全班的平均分，将平均分高于全班平均分的学生标红。将结果填充到表格里并下载。

◇ 请读者自行在酷表 ChatExcel 中生成提示词 2 对应的结果。

5. 输入提示词 3：在"总分"列的成绩后面，括注单位"分"，下载处理好的文件。

◇ 请读者自行在"酷表 ChatExcel"中生成提示词 3 对应的结果。

6. 输入提示词 4：查找高三（3）班，学号为 310～320 的学生中，数学成绩高于 120 分的学生姓名以及各科成绩，下载处理好的文件。

生成结果：

学生成绩筛选报告

1. 数据读取与初步筛选

根据用户需求，已经成功读取了包含所有学生成绩的表格数据，并从中筛选出高三（3）班、学号为 310～320 的学生。

2. 筛选结果

进一步筛选出数学成绩高于 120 分的学生，具体信息如下。

姓名	数学	英语	语文	政治	历史	地理	体育
杨丽	143	114	97	73	88	54	92
蒋琴	135	76	121	96	86	61	78

3. 文件处理及下载

已将符合条件的学生姓名及其各科成绩提取并保存到文件 selected_students.xlsx 中。该文件包含所有相关学生的详细成绩信息，便于进一步查看和分析。

4. 结论

通过上述步骤，成功筛选出了高三（3）班学号为 310～320 且数学成绩高于 120 分的学生，并将其成绩信息整理成表格文件。此文件可以帮助教师或相关人员快速了解这些学生的具体成绩情况。

7. 输入提示词 5，具体内容如下。

填充"评选结果"列，符合条件，则填充"优秀"。评优考核条件：语文成绩不低于 90 分，数学成绩也不能低于 90 分。下载处理好的文件。

◇ 请读者自行在酷表 ChatExcel 中生成提示词 5 对应的结果。

8. 输入提示词 6：将总分排名前 10 名的学生的各科成绩绘制成柱状图。

✧ 请读者自行在酷表 ChatExcel 中生成提示词 6 对应的结果。

9. 输入提示词 7：将总分排名前 10 名的学生的各科成绩占比绘制成饼图。

✧ 请读者自行在酷表 ChatExcel 中生成提示词 7 对应的结果。

10. 输入提示词 8：将总分排名前 10 名的学生的各科成绩绘制成关系散点图。

✧ 请读者自行在酷表 ChatExcel 中生成提示词 8 对应的结果。

【任务 6-7】 借助办公小浣熊分析销售数据与生成图表

【任务描述】

上传已有 Excel 文件"销售额与库存数量.xlsx"，分析工作表中的销售额，分别生成全年各月销售额的折线图和柱状图。

【任务实施】

1. 打开办公小浣熊的工作页面。
2. 上传已有 Excel 文件"销售额与库存数量.xlsx"。
3. 输入提示词 1：分析工作表中的销售额，生成全年各月的销售额折线图。

✧ 请读者自行在办公小浣熊中生成提示词 1 对应的结果。

4. 输入提示词 2：分析工作表中的销售额，生成全年各月的销售额柱状图。

✧ 请读者自行在办公小浣熊中生成提示词 2 对应的结果。

【任务 6-8】 WPS AI 助力数据计算与图表绘制

【任务描述】

1. 针对不同的 Excel 文件中的数据，完成多项数据计算与图表绘制。
2. 根据特定条件，快速标识数据。

【任务实施】

各项数据计算与图表绘制的基本过程如下。

1. 在 WPS 中打开对应的 Excel 文件。
2. 在 WPS 中选择【WPS AI】选项卡中的【AI 数据问答】命令，打开【AI 数据问答】对话框。
3. 在【AI 数据问答】对话框的输入框分别输入提示词，然后单击【发送】按钮，执行对应的指令即可。

1. 通过 WPS AI 自动计算多个数据

打开源文件：01WPSAI 自动计算多个数据.xlsx。

输入提示词：通过公式依次计算课程成绩的最高分、最低分、第二高分、第二低分、平均分。

生成结果：

我们已经成功将计算结果填入了相应的单元格中。更新后的数据如下。

最高分：98。

最低分：65。

第二高分：90。

第二低分：70。

平均分：80.86

2. 通过 WPS AI 快速计算排名

打开源文件"02WPSAI 快速计算排名.xlsx"。

输入提示词：通过公式计算排名，并将排名填充到对应的列。

生成的成绩排名如表 6-3 所示。

表 6-3 成绩排名

姓名	课程成绩	排名
王立新	78	5
董丽霞	98	1
张睿	94	2
杨一凡	76	6
顾昊	90	3
刘洁	70	7
宁远城	89	4

3. 通过 WPS AI 快速合并单元格

打开源文件"03WPSAI 快速合并单元格.xlsx"。

输入提示词：合并网点代码相同的单元格。

生成结果：

773AA

773AC

773AB

773AE

4. 通过 WPS AI 多条件统计订单数

打开源文件"04WPSAI 多条件统计订单数.xlsx"。

输入提示词：统计 2024 年春季，订货渠道为平台 8，且数量大于 300 的订单数。

生成结果：

统计结果显示，2024 年春季，订货渠道为平台 8，且数量大于 300 的订单共有 54 笔。

5. 通过 WPS AI 多条件统计销售额

打开源文件"05WPSAI 多条件统计销售额.xlsx"。

输入提示词 1：统计订货渠道为平台 3，且数量大于 600 的订单销售额总和。

生成结果：

统计结果显示，订货渠道为平台 3，且数量大于 600 的订单销售额总和为 476391 元。

输入提示词 2：计算平台 8 的平均订单销售额。

生成结果：

平台 8 的平均订单销售额为 38355.67 元。

输入提示词 3：列出订货日期为 2024-05-01 的订单的编号及对应销售额。

生成结果如表 6-4 所示。

表 6-4　订货日期为 2024-05-01 的订单的编号及对应销售额

编号	销售额（元）
P2024050101	29093
P2024050102	10400
P2024050103	69865
P2024050104	6981
P2024050105	24752
P2024050106	89864
P2024050107	48512
P2024050108	54750

输入提示词 4：统计各季节的总销售额。

生成结果如表 6-5 所示。

表 6-5　各季节的总销售额

季节	总销售额（元）
冬季	519938
夏季	280979
春季	10495791
秋季	1933129

6. 通过 WPS AI 快速实现字符串拆分

打开源文件"06WPSAI 快速实现字符串拆分.xlsx"。

输入提示词：提取"编码"（数字）和"描述"（文字），将编码放到 B 列，将描述放到 C 列。

生成的部分结果如表 6-6 所示。

表 6-6　字符串拆分的部分结果

编码	描述
1800038286	变压器油
1800132904	传动轴
1800183580	模块
1800183588	模块
1800011327	数字输出模块

7. 通过 WPS AI 快速实现字符串合并

打开源文件"07WPSAI 快速实现字符串合并.xlsx"。

输入提示词：把"编码"列和"描述"列合并，并填充到"编码描述"列对应的单元格中。

生成的部分结果如表 6-7 所示。

表 6-7　字符串合并的部分结果

编码	描述	编码描述
1800038286	变压器油	1800038286 变压器油
1800132904	传动轴	1800132904 传动轴

续表

编码	描述	编码描述
1800183580	模块	1800183580 模块
1800183588	模块	1800183588 模块
1800011327	数字输出模块	1800011327 数字输出模块

8. 通过 WPS AI 快速实现数据汇总分析

打开源文件"08WPSAI 快速实现数据汇总分析.xlsx"。

输入提示词 1：通过数据透视表，分析 2024 年"灰色长筒靴""白色蕾丝上衣"的数量总计。

生成结果：

根据数据分析结果，2024 年"灰色长筒靴"的数量总计为 1829 件，"白色蕾丝上衣"的数量总计为 1620 件。

输入提示词 2：使用数据透视表筛选出 2024 年春季的"吊牌价"总额。

生成结果：

根据数据分析结果，2024 年春季的"吊牌价"总额为 36652.9 元。

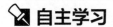 自主学习

【任务 6-9】 借助豆包将同一个单元格中包含的多个数据进行拆分处理

【任务描述】

完结项目及业绩评分如图 6-8 所示。

	A	B	C	D	E	F	G
1	姓名	多个参与项目名称	多个业绩评分		姓名	单个参与项目名称	单个业绩评分
2	安静	项目D、项目E、项目H	74，97，85				
3	简单	项目B、项目D、项目A	98，91，88				
4	温暖	项目C、项目A	72，81				
5	夏天	项目D、项目H、项目F	71,78,87				
6							
7							
8							
9							
10							
11							
12							

图 6-8 完结项目及业绩评分

由于工作表的 B 列和 C 列中的每个单元格都包含多个数据，现在需要将其拆分，按照右表的格式填入对应的数据。

提示词如下。

请参照图中左右两个表格的样式，将左侧原始数据转换为右侧结构化的格式，并以表格形式呈现整理结果。

【任务 6-10】 借助天工 AI 列举所需的物品并制成表格

【任务描述】

借助天工 AI 完成以下操作。

1. 列举登山必备品并制作为表格。
2. 说明登山时准备的紧急医疗包里应该包含哪些药品。

【任务 6-11】 借助文心一言将 Excel 工作表中的数据绘制成柱状图

【任务描述】

1～9 月注册人数数据如表 6-8 所示，使用这些数据绘制柱状图。

表 6-8　1～9 月注册人数数据

月份	注册人数
1 月	961
2 月	2430
3 月	5805
4 月	6577
5 月	6215
6 月	1700
7 月	3908
8 月	4523
9 月	4726

【任务 6-12】 使用 WPS AI 解决图表绘制等难题

【任务描述】

1. 在 WPS 中打开 Excel 文件"商品大类的销售数据.xlsx"。
2. 计算空调的销售额。
3. 分析空调与手机的销售利润哪个更高。
4. 计算电视销售额占总销售额的比例。
5. 计算手机和空调哪个月份的销售表现更好。
6. 计算电视的平均销售利润。
7. 列出各大类商品的销售额和销售利润。
8. 列出销售额排名前 3 的手机。

9. 按商品大类计算销售额。

10. 生成不同商品大类销售额的柱状图。

【任务 6-13】 使用酷表 ChatExcel 处理与分析员工工资数据

【任务描述】

1. 在酷表 ChatExcel 中上传 Excel 文件 "9 月员工工资.xlsx"。

2. 统计分析不同部门的实发工资总和，要求图文并茂。

3. 按部门导出员工数据并下载。

4. 找出实发工资大于 7000 元的员工，在原表格上将其标记为灰色，表格处理完成后下载表格。

模块7
AIGC助力PPT制作与图形生成

众所周知,演示文稿(PowerPoint,PPT)在商业、教育领域的各类演讲中扮演着重要角色,但要制作一份既吸引眼球又能高效传递信息的 PPT 并非易事。在这个过程中,选择合适的工具可以大大提高效率。如今,随着人工智能技术的快速发展,这一过程变得简单和富有趣味。现在有很多免费的 PPT 智能生成工具可供选择,它们能够帮助用户更加便捷地制作出内容优质且具有较强视觉吸引力的 PPT。

知识探析

7.1 常用的 PPT 智能生成工具简介

常用的 PPT 智能生成工具如表 7-1 所示。

表 7-1 常用的 PPT 智能生成工具

序号	名称
1	百度文库的"智能 PPT"
2	WPS AI
3	AiPPT
4	iSlide
5	博思 AIPPT
6	ChatPPT
7	轻竹办公
8	美图设计室的"Live PPT"
9	讯飞智文
10	Kimi+的"PPT 助手"
11	通义的"PPT 创作"
12	WPS 灵犀

下面以百度文库的"智能 PPT"、WPS AI、AiPPT、iSlide、博思 AIPPT 和 ChatPPT 为例,对 PPT 智能生成工具的基本情况作简要介绍。

1. 百度文库的"智能 PPT"

百度文库于 2023 年升级为一站式智能文档平台,并推出了许多 AI 功能,如智能对话、智能 PPT、智能写作、思维导图、多文档合成等。百度文库的"智能 PPT"内置很多核心功能,并依靠百度文库的专业资料库,帮助用户更好地生成其需要的 PPT。百度文库提供一站式 AI 创作服务,允许创作的内容包括 PPT、文档等,支持多格式内容生成,它还具有强大的模板能力,能够帮助用户更高效地进行创作。百度文库的首页如图 7-1 所示。

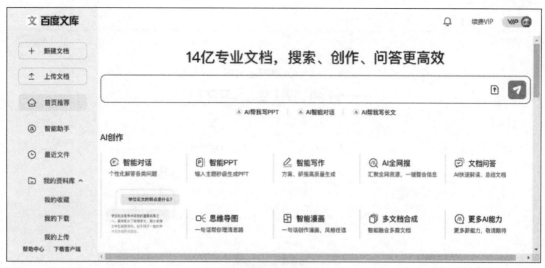

图 7-1　百度文库的首页

2. WPS AI

　　WPS AI 是由金山办公推出的 AI 助手，它作为 WPS 办公套件的重要组成部分，提供智能文档写作、阅读理解和问答、智能人机交互等功能，以及文档、表格、PPT 等多格式文件的智能辅助功能，能够提高办公软件的智能化水平，旨在提高用户在写作、文档处理等方面的效率和智能性。

　　WPS AI 首页如图 7-2 所示。

图 7-2　WPS AI 首页

3. AiPPT

　　AiPPT 是一款 AI 驱动的 PPT 在线生成工具，专注于 PPT 的智能生成，提供从文档到 PPT 的快速转换功能，以及 PPT 内容的智能设计功能。用户只需要输入主题，AiPPT 即可一键生成高质量 PPT，操作简单。AiPPT 还支持在线自定义编辑和文档导入生成功能，提供超 10 万个优秀模板和素材，助力快速生成专业级 PPT。AiPPT 首页如图 7-3 所示。

图 7-3　AiPPT 首页

4. iSlide

iSlide 是一款 PPT 设计辅助工具，提供超过 30 万种原创、可商用的 PPT 模板和设计元素，帮助用户快速创建具有专业水准的 PPT。iSlide 首页如图 7-4 所示。

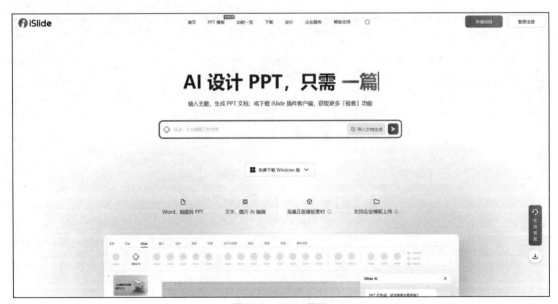

图 7-4　iSlide 首页

5. 博思 AIPPT

博思 AIPPT 是新一代的在线 AI 生成 PPT 软件，提供多种快速制作 PPT 的方式，包括根据主题生成 PPT、根据文本生成 PPT，以及根据导入的 Word、PDF、TXT、Markdown 文件生成 PPT 等。博思 AIPPT 内置海量精美 PPT 模板，涵盖商务、教育、科技等不同风格，用户可以随心使用，同时其针对每个页面提供多种版式，用户可以一键自适应切换。博思 AIPPT 首页如图 7-5 所示。

图 7-5　博思 AIPPT 首页

6. ChatPPT

ChatPPT 是由 MotionGo 发布的一款集成 AI 功能的 PPT 制作工具，旨在简化 PPT 制作过程。在 ChatPPT 中，用户可以通过简单的对话式提示词，快速生成专业级 PPT。ChatPPT 提供了丰富的自动化选项，如用于实现智能排版、主题色更换、模板选择及专业图表和动画生成的选项，从而提升内容创作的效率和质量。ChatPPT 的首页如图 7-6 所示。

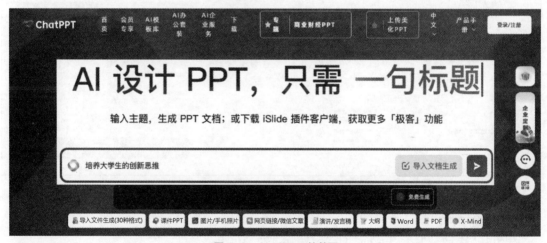

图 7-6　ChatPPT 的首页

7.2　使用百度文库的"智能 PPT"制作 PPT 的步骤

使用百度文库的"智能 PPT"制作 PPT 的步骤如下。

1. 进入 AI 创作模式

打开百度文库后，找到【AI 创作】区域。

2. 选择创作 PPT

在【AI 创作】区域，单击【智能 PPT】。

3. 选择创作方式

在【智能 PPT】页面选择【输入主题生成】方式，也可以选择【上传文档生成】或【上传图片生成】方式。

4. 输入主题

输入 PPT 的主题，例如，"大学生防火安全教育"。

5. 等待生成

单击【生成】按钮，系统会自动处理并生成 PPT 大纲。注意，在这个过程中不能关闭页面，否则可能会生成失败。

扫描二维码，打开电子教材中的电子活页 7-1，在线浏览"百度文库的'智能 PPT'生成的 PPT 大纲"。也可以自行在百度文库智能 PPT 中生成类似的结果。

电子活页 7-1

6. 选择模板

PPT 大纲生成完成后，单击【生成 PPT】按钮，打开相应对话框，选择一个喜欢的主题风格的 PPT 模板，如图 7-7 所示，然后单击【继续生成】按钮。

7. 编辑 PPT

生成的 PPT 会呈现大致框架，用户可以根据自己的需求优化 PPT，以达到自己想要的效果。

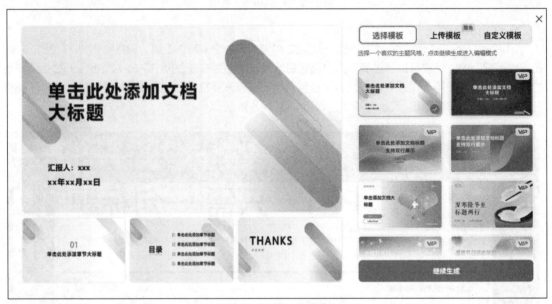

图 7-7 选择 PPT 模板

8. 下载 PPT

单击【下载 PPT】，将生成的 PPT 下载到本地计算机中。

7.3 百度文库的"智能 PPT"的创新和优势

1. 百度文库的"智能 PPT"的创新

百度文库的"智能 PPT"的迅速发展得益于其在 AI 技术应用上的多项创新，主要体现在以下几个方面。

（1）深入理解用户需求：百度文库的"智能 PPT"能够深入理解用户对 PPT 使用的需求，如在教育、商务等领域的个人汇报场景中使用 PPT 的需求。

（2）内容生成质量高：百度文库的"智能 PPT"在 AI PPT 能力测试中的多个维度均排名前列，其生成的内容质量高。

（3）内容丰富：依托海量高价值文档的支持，百度文库的"智能 PPT"生成的内容非常丰富。

（4）自由的 AI 编辑体验：用户可以自由编辑百度文库的"智能 PPT"生成的 PPT，一键替换颜色、字体、模板等，同时支持对其他格式文件的再生成。

（5）用户定制程度高：百度文库的"智能 PPT"提供多种风格的模板供用户选择，支持用户上传个人定制模板，满足不同场景的需求。

2. 百度文库的"智能 PPT"的优势

百度文库的"智能 PPT"的优势主要体现在以下几个方面。

（1）一站式服务能力：百度文库的"智能 PPT"支持包括资料查找、内容生成、排版编辑、选择配图等全流程服务，用户无须在多个平台间切换。

（2）多文件整合：百度文库的"智能 PPT"支持从 Word、Excel、PDF 等多种类型的文件生成 PPT，适用于复杂数据梳理。

（3）内容完整度较高：百度文库的"智能 PPT"生成的内容的完整度较高，能够按照生成的大纲生成内容。

（4）强大的模板能力：百度文库的"智能 PPT"提供丰富的模板和灵活的自定义能力。

（5）AI 生成有声画本：移动端百度文库的"智能 PPT"还支持 AI 生成有声画本功能，支持通过一句话在 3min 内创作出图文并茂且伴有人声朗读的视频画本，使父母能够为孩子进行专属的故事创作，其入门门槛较低，操作流程较为简便。

7.4 使用 AiPPT 快速生成一份 PPT 的步骤

AiPPT 使用起来非常简单，仅需要以下 4 个步骤即可快速生成一份 PPT。

1. 选择创建类型

首先选择创建类型，例如，选择【AI 新增 PPT】，这是较常用的一种创建类型。

2. 选择生成方式和输入主题

需要选择生成方式，并输入主题。例如，选择【AI 智能生成】，也可以选择【导入文档生成 PPT】。

3. 检查大纲并开始配置 PPT

接下来就可以看到 AiPPT 一步步生成大纲内容。大纲生成后，若对大纲内容不满意，AiPPT 支持重新生成，大纲确认没问题后进入下一步即可。

4. 选择模板并开始创建 PPT

最后，选择一套合适的 PPT 模板，AiPPT 支持过滤设计风格和主题颜色，选择好模板后单击【生成 PPT】即可。

在这个过程中，可以看到 PPT 的生成过程，我们只需要耐心等待即可。

7.5 使用博思 AIPPT 快速生成 PPT 的方式

博思 AIPPT 提供两种快速生成 PPT 的方式。

1. AI 智能生成 PPT

输入 PPT 主题即可快速生成 PPT。

2. 导入文件生成 PPT

导入常见的各类办公文件，经 AI 提炼总结后自动生成 PPT。

以导入文件生成 PPT 为例，博思 AIPPT 支持导入多种类型的文件以快速生成 PPT，这些文件包括 Word、PDF、TXT、Markdown、MindMaster、Xmind 文件，覆盖办公常用的文件类型，能够帮助用户快速制作出精美的 PPT。

导入文件后，博思 AIPPT 会基于主题、目录、章节、内页 4 个维度来解析导入的本地文件，单击底部的【挑选 PPT 模板主题】按钮，进入选择 PPT 模板的界面。

博思 AIPPT 内置海量精美的 PPT 模板，用户可以从模板场景、设计风格、主题颜色 3 个维度来组合筛选模板。

（1）模板场景：总结汇报、教育培训、企业宣传、商业计划书、营销推广、毕业答辩、晚会表彰。

（2）设计风格：扁平简约、商务科技、创意时尚、文艺清新、中国风、卡通手绘。

（3）主题颜色：十多种色系，用户可随心选择。

选定一个 PPT 模板后，单击右上角的【生成 PPT】按钮，博思 AIPPT 就会快速生成一份 PPT，达成根据文件内容和模板生成 PPT 的目的。

7.6　Kimi+ 的 "PPT 助手" 的使用方法

Kimi+ 支持免费生成和下载 PPT 大纲和模板，Kimi+ 的 "PPT 助手" 的使用方法如下。

1. 打开 "PPT 助手"
使用时需要先打开 Kimi+，然后选择【PPT 助手】。

2. 输入 PPT 提示词，生成大纲
通过自然语言描述 PPT 内容，即输入 PPT 提示词，Kimi+ 会生成 PPT 大纲。

3. 配置 PPT
检查大纲，确认没问题之后，单击底部的【一键生成 PPT】按钮，配置 PPT。

4. 选择模板
选择合适的模板，Kimi+ 便开始根据模板生成 PPT。

5. 等待生成完成
等待几分钟，即可生成 PPT。

6. 继续编辑
PPT 生成完成后，用户可以进入编辑器对 PPT 进行细节调整，也可以单击【放映】【拼图】【下载】进行具体操作。

7.7　使用通义的 "PPT 创作" 智能生成 PPT 的步骤

使用通义的 "PPT 创作" 智能生成 PPT 非常简单，步骤如下。

1. 进入 PPT 创作页面
单击通义首页右侧的【PPT 创作】按钮，进入 PPT 创作页面。

2. 输入主题
在输入框中输入 PPT 主题，然后单击【创建】按钮。

3. 调整大纲和选择场景
通义会根据 PPT 主题，生成一份大纲，用户可以对大纲进行调整，然后可以选择演讲的场景，非常方便。

4. 选择合适的模板
通义提供了多款优秀的 PPT 模板，用户可以自行选择。

5. 生成 PPT
稍等片刻，通义就会生成 PPT，用户还可以对每页幻灯片中的内容进行微调，也可以为 PPT 切换模板或下载 PPT、演示 PPT 等。

7.8 常用的思维导图、流程图绘制专用工具

目前，常用的思维导图、流程图绘制专用工具及其说明如表 7-2 所示

表 7-2 常用的思维导图、流程图绘制专用工具及其说明

序号	名称	说明
1	亿图脑图 MindMaster	多功能的思维导图绘制工具，支持 AI 辅助设计，有助于激发创意和提高规划效率
2	GitMind	在线思维导图绘制软件，用户可以使用它轻松绘制各种思维导图、组织结构图等，它有丰富的主题和快捷键，让绘制思维导图更加便捷，有效提升用户的学习和工作效率
3	Mermaid AI	基于 JavaScript 的图表绘制工具，支持通过类似 Markdown 的文本定义来动态创建和修改图表
4	妙办画板	用于生成流程图和思维导图的在线工具
5	boardmix 博思白板	支持 AI 协助创作思维导图、AI 绘画、AI 写作的智慧白板工具
6	ProcessOn	在线作图工具，支持生成思维导图、流程图等，其通过 AI 辅助设计让作图更简单

应用实践

【任务 7-1】 借助豆包和 Kimi+制作教学课件 PPT

【任务描述】

1. 使用豆包生成课文《守株待兔》的教案。
2. 使用 Kimi+制作课文《守株待兔》的教学课件 PPT。

【任务实施】

1. 生成教案

在豆包首页单击左侧的【帮我写作】，然后单击右侧的【教案】，如图 7-8 所示。

图 7-8 在豆包首页依次单击【帮我写作】-【教案】

输入框中会出现"帮我写一份教案，授课对象是[年龄学段]，主题是[课程名称]"提示信息，在"[年龄学段]"位置输入对应学段，例如，"小学三年级"，在"[课程名称]"位置输入对应的课文名称，例如，"守株待兔"，相当于输入提示词"帮我写一份教案，授课对象是小学三年级，主题是守株待兔"。

然后单击【发送】按钮，豆包就会开始生成教案。

扫描二维码，打开电子教材中的电子活页 7-2，在线浏览"豆包中生成的教案"。也可以自行在豆包中生成类似的结果。

电子活页 7-2

如果对这个教案不满意，可以让豆包进行修改，如输入提示词"请写得更加详细"。

保存豆包生成的教案，文件名称为"《守株待兔》教案.docx"。

2. 按教案生成教学课件 PPT 大纲

打开 Kimi+的"PPT 助手"，先上传上述步骤中保存的文件"《守株待兔》教案.docx"，然后输入提示词："请按 Word 文档'《守株待兔》教案.docx'中的教案，制作小学三年级课文《守株待兔》的教学课件 PPT 大纲。"

然后单击【确定】按钮，Kimi+就会开始生成教学课件 PPT 大纲。

扫描二维码，打开电子教材中的电子活页 7-3，在线浏览"Kimi+中生成的《守株待兔》教学课件 PPT 大纲"。也可以自行在 Kimi+中生成类似的结果。

电子活页 7-3

3. 一键生成教学课件 PPT

教学课件 PPT 大纲生成后，检查该 PPT 大纲，如果发现其中有问题，可以要求 Kimi+进行修改，如输入提示词"请按三维目标设定教学目标"，直到修改满意。

然后，单击左下方的【一键生成 PPT】按钮，选择合适的模板场景，如【教育培训】，选择合适的设计风格，如【简约】，选择一套合适的模板，如图 7-9 所示。

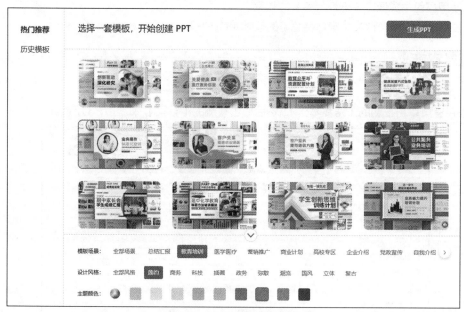

图 7-9　选择一套合适的模板

单击右上角的【生成 PPT】按钮，即可开始生成 PPT。

很快，PPT 就制作完成了。单击下方的【去编辑】按钮，可以进入修改模式。

4. 修改完善教学课件 PPT

教学课件 PPT 制作完成后，如有不满意的地方，可以在线对其进行修改和完善。

不过，建议用户将其下载，在计算机上使用 PowerPoint 或 WPS Office 进行修改和完善。

【任务 7-2】 借助 AiPPT 智能生成主题 PPT

【任务描述】

借助 AiPPT 智能生成主题 PPT，主题为"人工智能的发展趋势与未来展望"。

【任务实施】

1. 打开 AiPPT 首页，注册并登录，AiPPT 首页如图 7-10 所示，然后单击【AI 新增 PPT】按钮，在弹出的页面中选择【AI 智能生成】按钮，进入图 7-11 所示的 AI 智能生成 PPT 页面。

图 7-10　AiPPT 首页

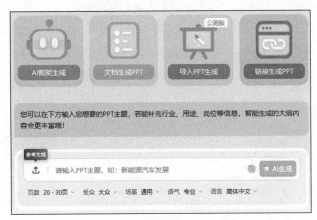

图 7-11　AI 智能生成 PPT 页面

2. 在 PPT 主题输入框中输入 PPT 的主题，这里输入"人工智能的发展趋势与未来展望"，然后单击【AI 生成】按钮。

3. 系统依据输入的主题智能生成大纲内容，用户可以对大纲内容进行编辑，也可以单击【换个大纲】按钮，更换新的大纲内容。

4. 单击【挑选 PPT 模板】按钮，弹出 PPT 模板选择对话框。用户可以选择模板应用场景，如【教育培训】，然后选择合适的 PPT 模板，也可以输入模板关键词选择 PPT 模板或者单击【随机选择】按钮选择 PPT 模板，PPT 模板选择完成后，在 PPT 模板选择对话框中单击右上角的【生成 PPT】按钮，系统开始制作 PPT。

5. PPT 制作完成后，用户可以在【PPT 预览】区域单击【去编辑】按钮，对 PPT 进行编辑，可以对大纲、字体、背景、元素进行调整，还可以直接更换另一套模板。

6. 单击【下载】按钮，可以将生成的 PPT 下载到本地计算机中；单击【分享】按钮，可以将生成的 PPT 分享给他人。

【任务 7-3】 借助 iSlide 智能生成主题 PPT

【任务描述】

借助 iSlide 智能生成主题 PPT，主题为"培养大学生的创新思维"。

【任务实施】

1. 打开 iSlide 首页后，在输入框中输入 PPT 主题"培养大学生的创新思维"，如图 7-12 所示，单击【生成】按钮 ▶。

图 7-12　在输入框中输入 PPT 主题"培养大学生的创新思维"

iSlide 会自动输入提示词：生成一份以"培养大学生的创新思维"为主题的 PPT。

2. iSlide 自动生成 PPT 大纲，打开的【PPT 大纲】页面如图 7-13 所示。

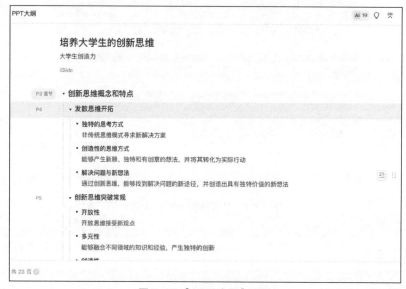

图 7-13　【PPT 大纲】页面

3. 将【PPT 大纲】页面下拉至底部，单击左下角的【生成 PPT】按钮，iSlide 自动生成 PPT，如图 7-14 所示。

图 7-14　iSlide 自动生成 PPT

4. 单击 PPT 下方的【一键换肤】按钮，可以直接更换想要的模板。单击 PPT 下方的【进入编辑】按钮，可以进入 PPT 的编辑状态，对 PPT 进行在线编辑。

5. 单击 PPT 下方的【下载 PPT】按钮，可以将生成的 PPT 下载到本地计算机中。

【任务 7-4】借助百度文库的"智能 PPT"使用多种方式生成 PPT

【任务描述】

1. 使用输入主题生成 PPT 方式生成"春节礼仪教育.pptx"。
2. 使用上传文档生成 PPT 方式生成"大学生防火安全教育.pptx"。
3. 使用上传图片生成 PPT 方式生成"阿坝旅游目的地精选.pptx"。
4. 对"桂林简介.pptx"PPT 进行美化操作。

【任务实施】

1. 打开百度文库的"智能 PPT"

打开百度文库，在【AI 创作】区域单击【智能 PPT】，或单击左边导航栏的【智能助手】，均可进入智能 PPT 创作页面，如图 7-15 所示。

2. 输入主题生成 PPT

在智能 PPT 创作页面单击【输入主题生成】。

（1）输入想生成的 PPT 的主题

输入框中出现"帮我写一篇 PPT，主题为[主题内容]"提示信息，在"[主题内容]"位置输入"春节礼仪教育"，即输入提示词："帮我写一篇 PPT，主题为春节礼仪教育。"

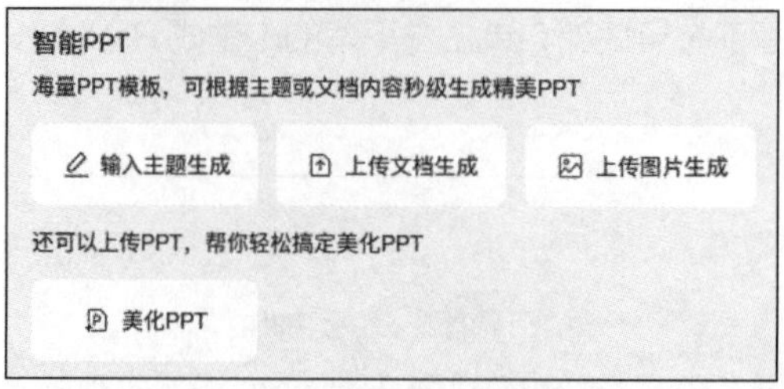

图 7-15　智能 PPT 创作页面

（2）生成 PPT 大纲

在智能 PPT 创作页面单击右下角的【生成】按钮。

生成的主题为"春节礼仪教育"的 PPT 大纲如下。

标题
春节礼仪教育：开开心心过大年
第 1 章
春节的起源与传说
1.1　春节的由来
1.2　春节的传说与习俗
1.3　春节的重要性与意义
第 2 章
春节的传统习俗
2.1　扫尘与贴春联
2.2　守岁与拜年
2.3　发红包与吃饺子
第 3 章
春节的礼仪规范
3.1　穿着与言行举止
3.2　餐桌礼仪与饮食文化
3.3　拜访亲友与待客之道
第 4 章
春节的安全教育
4.1　防火与防电安全
4.2　交通安全与出行
4.3　饮食安全与卫生
第 5 章
春节的文化体验活动
5.1　观看舞龙舞狮表演
5.2　制作与欣赏剪纸作品
5.3　学习写春联与福字
第 6 章
春节的环保与节约意识
6.1　垃圾分类与环保行动
6.2　节约资源，反对浪费
6.3　绿色出行，低碳生活
第 7 章
春节的感恩与亲情教育
7.1　感恩父母与长辈
7.2　关爱弱势群体
7.3　传承家庭传统与习俗

大纲生成完成后，用户可对大纲进行修改、完善。大纲修改、完善之后，单击左下角的【生成 PPT】按钮。

（3）选择 PPT 模板

在打开的对话框中共有 3 种模板选择方式：选择模板、上传模板、自定义模板。用户可以根据需要选择合适的 PPT 模板，如图 7-16 所示。

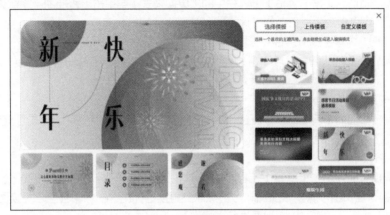

图 7-16　选择合适的 PPT 模板

（4）生成 PPT

选择好模板后，在对话框中单击【继续生成】按钮，开始生成 PPT。

用户可以对生成的 PPT 进行在线编辑及设置。

（5）下载生成的 PPT

单击【下载 PPT】按钮，将生成的 PPT 下载到本地计算机中。

3. 百度文库的其他 PPT 编辑功能

百度文库的【智能助手】侧边栏如图 7-17 所示。

百度文库的【编辑】工具栏如图 7-18 所示。

图 7-17　百度文库的【智能助手】侧边栏　　图 7-18　百度文库的【编辑】工具栏

百度文库的其他 PPT 编辑功能如下。

（1）AI 续写一页 PPT

在 PPT 编辑页面，单击【编辑】工具栏中的【续写一页】或单击【智能助手】侧边栏中的【插入一页带内容的 PPT】，并输入提示词，即可续写一页 PPT。

（2）更换单页 PPT 样式

在 PPT 编辑页面，单击【编辑】工具栏中的【更换样式】或单击【智能助手】侧边栏中的【帮我更换本页样式】，可以自动生成更多的布局样式，选择需要的样式即可。

（3）依据 PPT 内容生成演讲稿

在 PPT 编辑页面的【智能助手】侧边栏中单击【帮我生成演讲稿】，可以自动依据 PPT 内容生成演讲稿。

（4）更换 PPT 模板

在 PPT 编辑页面的【智能助手】侧边栏中单击【帮我更换 PPT 模板】，单击【查看更多】按钮，可以选择文库在线模板进行更换。

（5）更换 PPT 配图

在 PPT 编辑页面，单击【编辑】工具栏中的【更换配图】，可自动生成更多配图，用户选择喜欢的配图即可更换；若页面中有多张配图，可选择需要更换的配图，在栏中会显示更换图片提醒，单击【帮我更换配图】按钮，即可选择新配图进行更换。

4. 上传文档生成 PPT

（1）在智能 PPT 创作页面，单击【上传文档生成】按钮。

（2）在弹出的上传文档对话框中切换到【上传本地文档】选项卡，然后单击【点击此处上传】按钮，在【打开】对话框中选择生成 PPT 所依据的文档，这里选择"大学生防火安全教育.docx"文档，单击【打开】按钮，开始上传选择的文档。

（3）上传成功后，弹出【选择生成方式】对话框，该对话框中有两个选项：【保持一致】和【适当扩写】。这里选择【适当扩写】选项，然后在【选择生成方式】对话框中单击【生成 PPT】按钮。

（4）系统开始生成 PPT 大纲，大纲生成完成后，用户可对大纲进行修改。

生成的大纲如下。

```
标题
大学生防火安全教育
第 1 章
引言
1.1  大学生防火安全教育
1.2  火灾的危害与预防
1.3  灭火器的使用方法与注意事项
第 2 章
火灾的危害
2.1  烧毁财产和家园
2.2  烟雾和毒气危害
2.3  社会心理影响
第 3 章
火灾的常见原因
3.1  电气原因
3.2  明火原因
3.3  人为原因
第 4 章
预防火灾的方法
```

4.1 定期检查电气设备和线路

4.2 妥善处理易燃物品

4.3 提高防火意识

第 5 章

火灾中的自我保护

5.1 逃生自救

5.2 报警求救

5.3 防护措施

第 6 章

校园防火小知识

6.1 教室防火注意事项

6.2 实验室防火知识

6.3 图书馆防火常识

6.4 食堂防火小贴士

第 7 章

家庭防火小常识

7.1 家庭防火的必要性

7.2 家庭用电安全

7.3 家庭易燃易爆物品管理

7.4 家庭火灾逃生方法

第 8 章

灭火器的使用方法与注意事项

8.1 灭火器的种类

8.2 灭火器的使用方法

8.3 灭火器的保养与检查

8.4 灭火器使用注意事项

第 9 章

火灾逃生与自救技巧

9.1 火灾逃生原则

9.2 火灾逃生路线选择

9.3 火灾逃生过程中的注意事项

9.4 火灾自救技巧

（5）单击生成的大纲下方的【生成 PPT】按钮，弹出选择模板的对话框，选择合适的 PPT 模板，然后单击【继续生成】按钮，系统开始按照大纲生成 PPT。

（6）PPT 生成后，可以单击【下载 PPT】按钮，将生成的 PPT 下载到本地计算机中。

5. 上传图片生成 PPT

（1）在智能 PPT 创作页面，单击【上传图片生成】按钮。

（2）在弹出的【打开】对话框中选择生成 PPT 所依据的图片，这里选择"小金县雪域之乡风光掠影"文件夹中的所有图片，单击【打开】按钮，开始上传选择的图片。

（3）选择的图片成功上传后，会出现"请根据下方图片生成 PPT"提示词，系统开始生成 PPT 大纲，大纲生成完成后，用户可对大纲进行修改。

生成的 PPT 大纲如下。

标题

小金县雪域之乡风光掠影

第 1 章　自然风光

1.1 草地与雪山

1.2 鲜花与蓝天

（4）单击生成的大纲下方的【生成 PPT】按钮，弹出选择模板的对话框，选择合适的 PPT 模板，然后单击【继续生成】按钮，百度文库的"智能 PPT"开始按照大纲生成 PPT。

（5）PPT 生成后，可以单击【下载 PPT】按钮，将生成的 PPT 下载到本地计算机中。

6. 美化 PPT

（1）在智能 PPT 创作页面，单击【美化 PPT】按钮。

（2）在弹出的【上传本地文档】对话框中，单击【点击此处上传】按钮，在弹出的【打开】对话框中选择需要美化的 PPT，这里选择"桂林简介.pptx"，单击【打开】按钮，开始上传选择的 PPT。

（3）选择的 PPT 成功上传后，弹出选择模板的对话框，选择合适的 PPT 模板，然后单击【开始美化】按钮，系统开始智能美化所选择的 PPT。

（4）PPT 美化完成后，可以单击【下载 PPT】按钮，将生成的 PPT 下载到本地计算机中。

【任务 7-5】 使用 WPS 灵犀根据主题生成 PPT

【任务描述】

使用 WPS 灵犀生成主题为"中国唐代诗词的艺术特色"的 PPT。

【任务实施】

打开浏览器，在网址输入框中输入 WPS 灵犀官网地址并按【Enter】键，打开 WPS 灵犀首页。在首页中单击【生成 PPT】按钮，然后在输入框中描述要生成的 PPT 的主题即可。

1. 第 1 步：生成 PPT 大纲

生成的 PPT 大纲如下。

封面
中国唐代诗词的艺术特色
目录
第一章
唐代诗词概述
唐代诗词的历史地位
唐代诗词的流派与代表诗人
第二章
唐代诗词的艺术特点
诗词的韵律与格律
诗词的意象与意境
诗词的语言与修辞
第三章
唐代诗词的风格分类

壮美豪放的边塞诗
清新脱俗的山水田园诗
深沉含蓄的咏史怀古诗
第四章
唐代诗词的文化影响
唐代诗词对后世文学的影响
唐代诗词在世界文化中的地位
第五章
唐代诗词的现代价值
唐代诗词在现代教育中的应用
唐代诗词与现代艺术的结合

2. 第 2 步：生成 PPT 正文内容

扫描二维码，打开电子教材中的电子活页 7-4，在线浏览"WPS 灵犀中生成的 PPT 正文内容"。也可以自行在 WPS 灵犀中生成 PPT 正文内容。

电子活页 7-4

3. 第 3 步：生成完整 PPT

单击【生成 PPT】按钮生成完整 PPT，完整 PPT 生成后，可以在打开的 WPS 灵犀页面中单击右上角的【下载】按钮，将生成的完整 PPT 下载到本地计算机中。

生成的"中国唐代诗词的艺术特色.pptx"的封面页如图 7-19 所示。

图 7-19 "中国唐代诗词的艺术特色.pptx"的封面页

生成的"中国唐代诗词的艺术特色.pptx"的目录页如图 7-20 所示。

图 7-20 "中国唐代诗词的艺术特色.pptx"的目录页

生成的"中国唐代诗词的艺术特色.pptx"的"诗词的韵律与格律"内容页如图 7-21 所示。

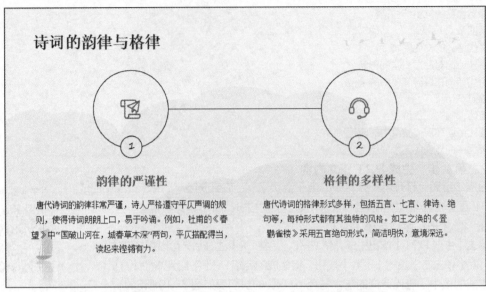

图 7-21 "中国唐代诗词的艺术特色.pptx"的"诗词的韵律与格律"内容页

【任务 7-6】 借助 WPS AI 使用多种方式生成 PPT

【任务描述】

1. 使用根据主题生成 PPT 方式生成景点推介类 PPT，PPT 主题为"九寨沟的美景"。
2. 使用根据大纲生成 PPT 方式生成知识学习类 PPT，PPT 主题为"蛇年春节古诗词鉴赏"。

【任务实施】

1. 在 WPS 演示中创建空白 PPT

打开 WPS Office，进入 WPS 演示界面，在 WPS 演示中创建空白 PPT。

2. 使用根据主题生成 PPT 方式生成 PPT

（1）在 WPS 演示界面中单击【WPS AI】，选择【AI 生成 PPT】–【主题生成 PPT】命令，如图 7-22 所示。

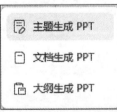

图 7-22 选择【AI 生成 PPT】–【主题生成 PPT】命令

打开【AI 生成 PPT】对话框，如图 7-23 所示。

（2）在输入框中输入主题"九寨沟的美景"，然后单击【开始生成】按钮，开始生成 PPT 大纲，生成的 PPT 大纲部分内容如图 7-24 所示。

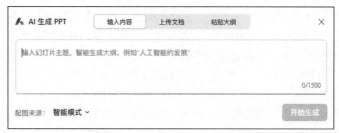

图 7-23 【AI 生成 PPT】对话框

图 7-24 "九寨沟的美景"主题对应的 PPT 大纲的部分内容

（3）在【幻灯片大纲】对话框中，单击右下角的【挑选模板】按钮，打开【选择幻灯片模板】对话框，在该对话框中选择合适的 PPT 模板，如图 7-25 所示。

图 7-25 在【选择幻灯片模板】对话框中选择适合"九寨沟的美景"主题的 PPT 模板

（4）在【选择幻灯片模板】对话框中，单击右下角的【创建幻灯片】按钮，WPS AI 开始自动创建 PPT。

（5）在 WPS 演示界面的工具栏中单击【保存】按钮，弹出【另存为】对话框，在【文件名】输入框中输入 PPT 名称"九寨沟的美景.pptx"，然后单击【保存】按钮即可。

3. 使用根据大纲生成 PPT 方式生成 PPT

（1）在 WPS 演示界面中单击【WPS AI】，选择【AI 生成 PPT】-【大纲生成 PPT】命令，打开【AI 生成 PPT】对话框。

（2）主题为"蛇年春节古诗词鉴赏"的 PPT 大纲对应的内容如下。

```
蛇年春节特色古诗词鉴赏
第 1 章  蛇年寓意与古诗词背景
1.1  蛇年象征意义
1.2  古诗词发展背景
1.3  蛇年春节与古诗词的联系
第 2 章  蛇年春节古诗词鉴赏
2.1  蛇相关的古诗词精选
2.2  蛇相关古诗词解析
2.3  春节习俗与古诗词融合
第 3 章  蛇年春节古诗词文化与教育
3.1  传递正能量与文化内涵
3.2  培养学生对古诗词的兴趣
3.3  蛇年春节古诗词教育活动
第 4 章  蛇年春节古诗词鉴赏方法与技巧
4.1  理解与感受古诗词意境
4.2  鉴赏古诗词中蛇的形象
4.3  春节古诗词中表现手法分析
第 5 章  蛇年春节古诗词朗诵与表演
5.1  朗诵技巧及注意事项
5.2  表演形式选择与创新
5.3  蛇年春节古诗词朗诵与表演安排
第 6 章  蛇年春节古诗词在现代生活中的意义
6.1  传承和弘扬传统文化
6.2  增强民族自豪感和凝聚力
6.3  蛇年春节古诗词在现代社会中的应用
```

在【粘贴大纲】选项卡中，将主题为"蛇年春节古诗词鉴赏"的 PPT 大纲对应的内容复制并粘贴到输入框中，如图 7-26 所示。

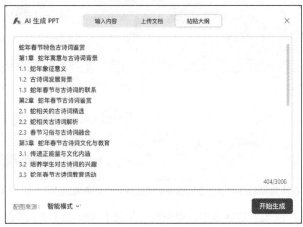

图 7-26 复制并粘贴 PPT 大纲

（3）在【AI 生成 PPT】对话框中单击【开始生成】按钮。

（4）在【幻灯片大纲】对话框中，单击右下角的【挑选模板】按钮，打开【选择幻灯片模板】对话框，在该对话框中选择合适的 PPT 模板，如图 7-27 所示。

图 7-27　在【选择幻灯片模板】对话框中选择适合"蛇年春节古诗词鉴赏"主题的 PPT 模板

（5）在【选择幻灯片模板】对话框中，单击右下角的【创建幻灯片】按钮，WPS AI 开始自动创建 PPT。

（6）在 WPS 演示界面的工具栏中单击【保存】按钮，弹出【另存为】对话框，在【文件名】输入框中输入 PPT 名称"蛇年春节古诗词鉴赏与教育.pptx"，然后单击【保存】按钮即可。

【任务 7-7】 使用 Kimi 绘制从左往右的思维导图

【任务描述】

使用 Kimi 绘制从左往右的思维导图。

提示词：请你整理一下"鸿蒙智行尊界 S800"汽车的核心卖点，使用 Mermaid 语言生成一张从左往右的思维导图。

【任务实施】

在 Kimi 的输入框中输入提示词，然后单击【发送】按钮↑，稍等片刻，即可生成思维导图。

扫描二维码，打开电子教材中的电子活页 7-5，在线浏览"使用 Kimi 绘制的思维导图"。也可以自行在 Kimi 中生成类似的结果。

电子活页 7-5

【任务 7-8】 使用 DeepSeek 生成用于绘制程序流程图的代码

【任务描述】

求 1×3×5×7×9×11 的值的步骤如下。

S1: 1 → t。

S2: 3 → i。

S3: t×i → t。

S4: i+2 → i。

S5: 若 i≤11，返回 S3；否则，结束。

按以上步骤，使用 DeepSeek 生成用于绘制程序流程图的代码。

【任务实施】

打开 DeepSeek 的首页，输入以下提示词。

请参照以下步骤,使用 Mermaid 语言生成用于绘制计算 1×3×5×7×9×11 的程序流程图的代码。

S1: 1 → t。

S2: 3 → i。

S3: t×i → t。

S4: i+2 → i。

S5: 若 i≤11，返回 S3；否则，结束。

DeepSeek 生成的使用 Mermaid 语言的用于绘制程序流程图的代码如下。

```
graph TD
    A([开始]) --> B["设置 t=1"]
    B --> C["设置 i=3"]
    C --> D["计算 t = t × i"]
    D --> E["i = i + 2"]
    E --> F{i ≤ 11?}
    F -- 是 --> C
    F -- 否 --> G([结束])
```

【任务 7-9】 使用 Kimi 绘制多种图表

【任务描述】

使用 Kimi 绘制以下多种图表。

1. 绘制流程图

绘制流程图的提示词如下。

开始：项目起点。

市场调研：研究市场以确定目标用户和需求。

是否可行：基于市场调研结果，评估项目是否可行。

定义产品愿景和目标：如果项目可行，定义产品愿景和目标。

创建原型：基于产品愿景创建 App 的原型。

收集用户反馈：收集用户对原型的反馈。

开发 MVP：根据反馈开发最小可行产品（Minimum Viable Product，MVP）。

测试 MVP：测试 MVP 以收集数据和反馈。

分析测试结果：分析 MVP 测试的结果。

是否满足预期：判断测试结果是否满足预期。

准备发布：如果满足预期，准备发布 App。

发布 App：将 App 发布到应用商店。

监控和维护：发布后监控 App 的性能并对其进行必要的维护。

收集用户反馈：收集用户对 App 的反馈。

是否需要迭代：根据用户反馈判断是否需要对 App 进行迭代。

项目完成：如果不需要迭代，项目完成。

请帮我绘制一张包含以上过程的流程图，使用 Mermaid 语言输出。

2. 绘制相关类的关系图

绘制相关类的关系图的提示词：使用 Mermaid 的类图功能来绘制一张广告投放相关类的关系图。

3. 绘制时间线图

绘制时间线图的提示词：帮我绘制一张关于用户增长的时间线图，使用 Mermaid 语言输出。

4. 绘制状态图

绘制状态图的提示词：帮我绘制一张权限审批的状态图，使用 Mermaid 语言输出。

5. 绘制实体关系图

绘制实体关系（Entity Relationship，E-R）图的提示词：帮我绘制一张电商的实体关系图，使用 Mermaid 语言输出。

【任务实施】

打开 Kimi 的首页。

1. 绘制流程图

输入绘制流程图的提示词，Kimi 就会按要求绘制好流程图。

2. 绘制相关类的关系图

输入绘制相关类的关系图的提示词，Kimi 就会按要求绘制好关系图。

3. 绘制时间线图

输入绘制时间线图的提示词，Kimi 就会按要求绘制好时间线图。

4. 绘制状态图

输入绘制状态图的提示词，Kimi 就会按要求绘制好状态图。

5. 绘制实体关系图

输入绘制实体关系图的提示词，Kimi 就会按要求绘制好实体关系图。

自主学习

【任务 7-10】 借助 Kimi+ 的"PPT 助手"智能生成主题 PPT

【任务描述】

借助 Kimi+ 的"PPT 助手"智能生成主题 PPT，主题为"黄山的奇松"。

【任务 7-11】 借助通义的"PPT 创作"智能生成主题 PPT

【任务描述】

借助通义的"PPT 创作"智能生成主题 PPT，主题为"AIGC 学习入门指南"。

【任务 7-12】 借助讯飞智文智能生成主题 PPT

【任务描述】

借助讯飞智文智能生成主题 PPT，主题为"新能源汽车营销方案"。

【任务 7-13】 使用豆包绘制小米核心智能产品类型的思维导图

【任务描述】

使用豆包，绘制一张小米核心智能产品类型的思维导图，使用 Mermaid 语言输出。

【任务 7-14】 使用讯飞星火绘制程序流程图

【任务描述】

根据以下步骤，使用讯飞星火绘制程序流程图，输出 2000 年至 2020 年的闰年数。

S1：2000→year。

S2：若 year 不能被 4 整除，转到 S6。

S3：若 year 能被 4 整除，不能被 100 整除，则(n+1)→n，然后转到 S5。

S4：若 year 能被 100 整除，又能被 400 整除，则(n+1)→n，然后转到 S5。

S5：year+1→year。

S6：当 year≤2020 时，转到 S2，继续执行；当 year>2020 时，转到 S7，算法停止。

S7：输出 2000 年至 2020 年的闰年数 n。

使用 Mermaid 语言输出。

模块8
AIGC助力图像生成与创意设计

AI 绘画是一种革命性的技术，它使用人工智能算法来创造视觉艺术作品，这种技术通常基于深度学习模型，如 GAN、变分自编码器（Variational Auto Encoder，VAE）及 Transformer 等。这种技术通过学习和模仿大量艺术作品的艺术风格和技巧，自动生成具有创意和美感的图像。用户只需提供简单的需求描述或者选择特定的风格，AI 绘画工具就能自动生成独一无二的画作。这不仅为艺术创作提供了无限的可能性，也使得没有绘画背景的人能够轻松创作出令人惊叹的艺术作品。

✕ 知识探析

8.1 常用的图像处理与生成工具简介

目前，常用的图像处理与生成工具如表 8-1 所示，这些工具是视觉创意的"魔法师"。

表 8-1　常用的图像处理与生成工具

序号	名称
1	通义万相
2	即梦 AI
3	海艺 AI
4	WHEE
5	堆友
6	无界 AI
7	360 智绘
8	360 鸿图
9	万兴爱画
10	奇域
11	简单 AI
12	ARC

下面以通义万相、即梦 AI、海艺 AI、WHEE、堆友和无界 AI 为例，对其基本情况作简要介绍。

1. 通义万相

通义万相是阿里巴巴推出的 AI 绘画创作大模型，用户可以很轻松地使用它创作出精美的图像。它可以基于文本生成不同风格的图像，支持生成相似图像的创意发散，还支持图像风格迁移，图像生成速度快。

2. 即梦 AI

即梦 AI 是字节跳动旗下的 AI 图像创作与绘画工具，专为图文和短视频创作者设计，它简单易用、功能强大，目前支持图像生成、智能画布、视频生成和故事创作功能。

使用即梦 AI 非常简单，用户只需要在界面上输入提示词，例如，"粉色轿车，极简风格海报，汽车侧视图，胶片质感，低对比度胶片，ins 风格"，然后单击【立即生成】按钮，即可快速将创意转化为图像。

3. 海艺 AI

海艺 AI 是一款高效、易用的 AI 绘画和图像生成工具，用户无须具备专业技能，仅需输入提示词即可生成高质量图像。海艺 AI 通过结合强大的渲染引擎和丰富的模型库，满足用户的个性化创作需求。

海艺 AI 不仅有专业的图像生成功能，覆盖游戏、设计、电商、家居等多应用场景，还有 AI 滤镜、AI 美妆等泛娱乐功能，此外，海艺 AI 还为用户创建了一个能够实现互动合作的创意社区。

4. WHEE

WHEE 是美图旗下的 AI 绘画平台，主要功能包括文生图、图生图、创作词库、风格模型等。用户只需要输入提示词，WHEE 就能根据提示词生成对应的图像；用户也可以导入一张图像，WHEE 可以根据图像生成多种风格的绘画作品。此外，WHEE 还提供了 AI 修图功能，能够满足用户在视觉创作方面的需求。

5. 堆友

堆友是由阿里巴巴精心打造的设计师全成长周期服务平台，其不仅提供丰富的 AI 功能，如文生图、图生图等，还提供强大的图像编辑功能和"AI 工具箱"功能。其 3D 素材丰富且可编辑，并配有专业 Web UI 和模型训练功能。

堆友以成为设计师的"好朋友"为目标，不仅是一个提供免费、可商用的 3D 头像、3D 场景、3D 元素等丰富内容的资源网站，还是一个强大的在线编辑器。堆友还提供了"AI 反应堆""AI 工具箱""AI 助手"功能，能够助力设计师、画家、学生及相关兴趣爱好者快速生成高质量绘画作品。

堆友提供了非常多与图像设计相关的 AI 功能，例如，常用的文生图、图生图、海报设计、一键抠图等。

6. 无界 AI

无界 AI 是由无界版图推出的专注于 AIGC 的社区和平台，提供简洁易用、模型丰富的 AI 绘画工具，支持水墨、科幻、神话、油画、古风、国潮、写实、二次元等多种绘画风格。它集成了提示词搜索、AI 图库、AI 创作等功能，并采用区块链技术确保 AI 作品的版权受到保护。

8.2 常用的创意设计 AI 工具

目前，常用的创意设计 AI 工具及其说明如表 8-2 所示。

表 8-2　常用的创意设计 AI 工具及其说明

序号	AI 工具名称	说明
1	PostNitro	一款专为社交平台内容创作者、个人博主设计的 AI 工具，专注于快速创建吸引人的社交平台封面图像，尤其适用于小红书等平台。用户能够通过输入主题迅速生成封面图像

序号	AI 工具名称	说明
2	稿定	拥有海量有版权的素材模板，适用于图像制作和视频制作，是设计师必备的在线设计工具
3	墨刀	具备强大的原型编辑和交互能力，支持 AI 创建脑图、流程图和需求文档，提供流畅的协作体验和灵活的团队管理功能
4	即创	提供 AI 视频创作、图文创作和直播创作服务
5	美间	提供海量免费素材模板和提案 PPT，支持软装设计、产品营销、电商物料输出等场景

8.3 AI 图像生成与处理的应用场景

AI 图像生成与处理的应用场景如下。

① 个性化艺术创作：用户可以根据自己的喜好定制独特的艺术作品，如个人肖像、宠物画像等。

② 游戏和电影视觉效果生成：AI 图像生成可用于快速生成游戏背景、角色概念图及电影的视觉效果草图。

③ 广告和社交平台内容生成：为广告创意或社交平台上的帖子提供具有吸引力的图像，提高帖子的关注度。

④ 时尚设计：利用 AI 图像生成能够探索新的设计理念和模式，为时尚行业提供创新灵感。

⑤ 教育和研究：AI 图像生成与处理相关工具可以作为艺术教育和视觉艺术研究的工具，帮助用户学习和探索不同的艺术风格和历史。

⑥ 室内设计和家居装饰：AI 图像生成工具能够生成与房间风格相匹配的定制图像，为室内设计提供灵感。

⑦ 个人和企业礼品：AI 图像生成可用于创建个性化的艺术作品作为礼品，为个人和企业用户提供独特的礼品选择。

⑧ 数字艺术作品收藏：AI 图像生成可用于生成独一无二的数字艺术作品。

8.4 AI 生成图像提示词的分类

我们可以根据 AI 生成图像提示词的功能和作用对其进行多种分类，以下是一些常见的提示词类型。

1. 画质与细节提示词

画质与细节提示词主要用于提升生成内容的画质和细节表现，如 "Anatomically Correct"（解剖学上正确）、"Super Detail"（非常详细）、"Textured Skin"（质感皮肤）等。这类提示词能够引导 AI 在生成内容时更加注重细节和质感，提升作品的整体质量。

2. 绘画风格提示词

绘画风格提示词用于指定生成内容的艺术风格，如 "Bauhaus"（包豪斯）、"Baroque"（巴洛克）、"Contemporary art"（当代艺术）等。通过这类提示词，用户可以轻松实现跨风格的创作，让 AI 生成具有不同艺术魅力的作品。

3. 画面效果提示词

画面效果提示词用于调整生成内容的视觉效果，如 "Motion Blur"（动态模糊）、"Silhouette"

（剪影）、"Glowing Light"（荧光）等。这类提示词能够赋予生成内容独特的视觉冲击力，使其更加具有吸引力。

4. 构图与视角提示词

构图与视角提示词则用于指导 AI 在生成内容时如何安排画面构图和视角，如"Golden Ratio Composition"（黄金分割构图）、"Bird View"（鸟瞰）、"Fisheye Lens"（鱼眼镜头）等。通过这类提示词，用户可以实现对画面构图与视角的精准控制，让 AI 创作出更具艺术感和视觉冲击力的作品。

8.5 AI 生成图像提示词的基本组成元素

提示词：一幅奇幻风格的中式山水画卷，连绵壮丽的山脉被皑皑白雪覆盖，山间有潺潺溪流流淌，错落有致的古老建筑点缀其间，光影柔和交错，以蓝色调为主，色彩在山脉上自然过渡，展现出神秘而美丽的景象。

使用这段提示词生成图像，不同的 AI 工具可能对提示词的理解和反应略有差异，文心一言生成的"奇幻风格的中式山水画卷"如图 8-1 所示。

图 8-1 文心一言生成的"奇幻风格的中式山水画卷"

海艺 AI 生成的"奇幻风格的中式山水画卷"如图 8-2 所示。

图 8-2 海艺 AI 生成的"奇幻风格的中式山水画卷"

对这段提示词进行剖析可知，AI 生成图像提示词的基本组成元素如下。

（1）画面风格与主体

① 壮丽山脉：强调山脉的雄伟壮观。

② 白雪覆盖：突出山脉上的白雪元素。

③ 奇幻风格：营造出一种奇幻的氛围。

④ 中式山水：体现中国传统山水画的韵味。

（2）细节与元素

① 古老建筑：描述山间点缀的建筑。

② 潺潺溪流：提及山间流淌的溪流。

③ 光影柔和交错：强调光线在画面中的效果。

（3）色彩与质感

① 以蓝色调为主：明确色彩基调。

② 自然过渡：描述色彩的柔和过渡。

8.6 多风格 AI 生成图像提示词的基本结构

为了生成不同风格的图像，撰写的提示词需要具有不同的基本结构。

1. 普通场景具象描述提示词的基本结构

（1）基本结构 1

主题/主体描述+环境描述+风格设定+构图镜头设计+图像属性。

（2）基本结构 2

参考图+基本结构 1。

普通场景具象描述提示词的基本结构的各组织元素的解释如下。

① 主题/主体描述：指主题/主体（人或物）、外形、动作、神态描述等，尽量具象描述。

② 环境描述：指场景、天气、氛围、光线等。

③ 风格设定：指水墨、赛博朋克、水彩等艺术风格，对于知名创作者的风格，可以直接引用创作者姓名，如新海诚。

④ 构图镜头设计：指视角、镜头、构图，如俯视角度、35mm 镜头、超广角等。

⑤ 图像属性：指系统指令，如尺寸、渲染参数等。

普通场景具象描述提示词的撰写需要创作者提前构思好画面，将自己想要的画面用语言描述出来并提供给 AI 工具。

提示词示例：主题/主体描述（探险者，可爱的女孩）+环境描述（在森林中，环绕着花朵）+风格设定+图像属性。

完整提示词示示例：可爱的女孩，置身于森林之中，周围环绕着花朵，画面细节精致，呈现出皮克斯风格的流行趋势。这款玩具色彩鲜艳明亮，具有超高质量和精细光泽。采用 3D 渲染和 OC 渲染技术，确保了最佳的质量。清晰度达到 8K 级别，面部细节清晰可见。

2. 大场景抽象描述提示词的基本结构

基本结构：故事+场景+情绪+氛围+风格设定+构图镜头设计+图像属性。

抽象描述与具象描述不同，抽象描述着重于传达一种情绪、氛围或事物的本质。

提示词示例示例：一个炎热的夏日，一群快乐的人正在公园里嬉戏玩耍。画面采用暖色调，展现全景，拥有高清画质，宛如电影一般，画面比例为 16：9。

3. 真实人物描述提示词的基本结构

基本结构：年龄+性别+人种+身体特征+衣着描述+环境描述+拍摄视角。

提示词示例：20 岁的中国女孩，美艳动人，大眼睛，小嘴巴，高挺的鼻梁，一头黑色长发，佩戴着时尚耳环，身着白色连衣裙，背景为纯白色，采用摄影手法，全景，正面视角，8K 超高清画质，画面比例为 1∶1。

4. 卡通人物描述提示词的基本结构

基本结构：人物描述+环境描述+卡通风格+图像属性。

提示词示例：3D 技术，探索者系列，泡泡玛特的可爱女孩 IP 形象，纯净背景，花朵图案，高细节表现，皮克斯风格的流行趋势，色彩鲜艳的模拟盲盒玩具，超高品质，细腻光泽，3D 渲染效果，OC 渲染效果，最佳画面质量，面部特写镜头，超精细去油处理，画面比例为 1∶1。

5. 3D 模型描述提示词的基本结构

基本结构：主体描述+3D 效果+灯光描述+渲染描述+模型属性。

提示词示例：液压机，白色背景，3D 效果，柔光，OC 渲染，纵横比为 4∶3。

6. 图标类描述提示词的基本结构

基本结构：应用程序图标+风格+主体。

① 3D 效果图标描述提示词示例：应用程序图标，等距 3D 效果，汽车，参考 Dribble 和 Pinterest，背景简洁，极简风格。

② 渐变图标描述提示词示例：应用程序图标，渐变，汽车，参考 Pinterest 和 Dribbble，简洁背景，极简风格。

③ 插画图标描述提示词示例：应用程序图标，平面设计，汽车，插图设计。

④ 扁平风格图标描述提示词示例：应用程序图标，扁平风格，相机。

7. 扁平插画描述提示词的基本结构

基本结构：场景描述+整体色调+固定关键词。

提示词示例：春天，渐变背景，绿蓝色调，明亮，晴天，水，广阔的天空，小屋，动物，牧场，草地，山，村庄，广角视角，风景，自然光，平面插图，矢量插图，8K 高清，画面比例为 4∶3。

8.7 使用文心一言生成图像时如何撰写提示词

与和人类画师沟通相似，用户需要使用文本描述，即所谓的提示词来"告诉"文心一言需要生成什么样的图像。

1. 提示词的输入方式

用户可以通过自然语言描述或排列关键词方式输入提示词，来生成符合需求的画作。

（1）自然语言描述

自然语言描述即简单、通俗地描述，用户只需使用简单、直白的沟通和描写方式，写下对图像的想象和期待。

如果希望生成一张图 8-3 所示的站在樱花树下的少女图，提示词如下。

一位少女站在樱花树下，她穿着白色连衣裙，头发披散着，眼神温柔而专注，背景中粉色花朵盛开，形成一幅美丽的景象，写实风格。

（2）排列关键词

排列关键词指的是通过拆解和叠加关键词的方式，将画面拆解为画面主体词、细节词、风格修饰词，并将它们组合成提示词，以生成对应的画作。

当想要绘制一张动漫风格的美少女半身像时，提示词如下。

美丽的少女，萌，半身像，二次元，动漫。

图 8-3　站在樱花树下的少女图

2. 提示词的优化

清晰地表达图像细节是一个高效的创作习惯，如果只告诉文心一言我们想要绘制"月下的美丽少女"，文心一言往往并不知道我们想要的是什么样的人物形象，此时我们可以通过扩写描述或增加关键词的方式，按需优化提示词。

（1）扩写描述

提示词示例：一位在月下的美丽少女，她面容精致、面带微笑，穿着国风华服，画作是唯美二次元风格。

（2）增加关键词

提示词示例：绝美壁纸，古装少女，月亮夜晚，祥云，古典纹样，月光柔美，花瓣飘落，多彩炫光，浪漫色调，浅粉色，几何构成，丰富细节，唯美二次元。

3. 提示词示例

（1）动物类

提示词 1：月球上的兔子戴着墨镜。

提示词 2：在月球上，炫酷机甲兔子戴着墨镜，周围是飞船残骸，高清画质。

（2）植物类

提示词 1：好看的彼岸花。

提示词 2：彼岸花，晶莹剔透，梦幻艺术创想。

（3）场景类

提示词 1：新中式风景，超高清，细节刻画。

提示词 2：游戏梦幻唯美新中式风景，超高清，细节刻画，沐浴在漫天花瓣里，缥缈电影般的环境，明亮清晰。

（4）家装设计类

提示词 1：超现实主义，房间内饰，潘通色，8K 高清，3D 渲染。

提示词 2：创意客厅，高贵蓝色视觉体验，花草，金色的光线，超现实主义，令人难以置信的细节，令人惊叹。

> **说明**　提示词 1 为待优化的提示词，提示词 2 为通过扩写描述或增加关键词方式优化后的提示词。

应用实践

【任务 8-1】 对比国产综合型 AI 工具的文生图效果

【任务描述】

从关键词准确呈现程度、画面精细表达程度等方面对比文心一言、豆包、讯飞星火等国产综合型 AI 工具的文生图效果。

提示词 1：生成一张春节氛围浓厚，包含灯笼、春联、福字的图像。

提示词 2：生成一张呈现"墙角数枝梅，凌寒独自开"景象的图像。

【任务实施】

在国产综合型 AI 工具中输入提示词 1，生成对应的图像，从关键词准确呈现程度、画面精细表达程度等方面自行对比文生图效果。

文心一言生成的春节氛围图像如图 8-4 所示。

图 8-4　文心一言生成的春节氛围图像

豆包生成的春节氛围图像如图 8-5 所示。

讯飞星火生成的春节氛围图像如图 8-6 所示，可以发现，讯飞星火生成的图中未包含春联和福字，且图中的文字存在乱码。

在国产综合型 AI 工具中输入提示词 2，生成对应的图像，从关键词准确呈现程度、画面精细表达程度等方面自行对比文生图效果。

文心一言生成的呈现"墙角数枝梅，凌寒独自开"景象的图像如图 8-7 所示。

豆包生成的呈现"墙角数枝梅，凌寒独自开"景象的图像如图 8-8 所示。

图 8-5　豆包生成的春节氛围图像

图 8-6　讯飞星火生成的春节氛围图像

图 8-7　文心一言生成的呈现"墙角数枝梅，
凌寒独自开"景象的图像

图 8-8　豆包生成的呈现"墙角数枝梅，
凌寒独自开"景象的图像

讯飞星火生成的呈现"墙角数枝梅，凌寒独自开"景象的图像如图 8-9 所示，可以发现，讯飞星火未能对提示词中的"墙角"指令做出反应。

图 8-9　讯飞星火生成的呈现"墙角数枝梅，凌寒独自开"景象的图像

【任务 8-2】 对比国产主流 AI 绘画工具的文生图效果

【任务描述】

文生图是用户最基础的需求之一，简单来说文生图就是通过输入提示词，在不进行其他参数设置的情况下生成图像。接下来，从画面风格丰富性、画面效果逼真度等方面对比即梦 AI、海艺 AI、WHEE 等国产主流 AI 绘画工具的文生图效果。

提示词 1：生成人像，一个美丽的中国女孩，画面比例为 9 ∶ 16，其他参数值均为基础默认值。

提示词 2：生成猫咪图像，一只可爱的猫咪，画面比例为 4 ∶ 3，其他参数值均为基础默认值。

【任务实施】

"尺有所短，寸有所长。"每个国产主流 AI 绘画工具都有自己的优势和不足，请读者根据实际效果，从画面风格丰富性、画面效果逼真度等方面进行判断，选择适合自己的工具。

即梦 AI 生成的人像如图 8-10 所示。

海艺 AI 生成的人像如图 8-11 所示。

图 8-10　即梦 AI 生成的人像

图 8-11　海艺 AI 生成的人像

WHEE 生成的人像如图 8-12 所示。

即梦 AI 生成的猫咪图像如图 8-13 所示。

图 8-12　WHEE 生成的人像

图 8-13　即梦 AI 生成的猫咪图像

海艺 AI 生成的猫咪图像如图 8-14 所示。

WHEE 生成的猫咪图像如图 8-15 所示。

图 8-14　海艺 AI 生成的猫咪图像

图 8-15　WHEE 生成的猫咪图像

【任务 8-3】 对比文心一言与豆包生成的图像

【任务描述】

分别在文心一言、豆包中使用以下提示词生成对应的图像。

蓝色山峰，雪景，古代建筑，河流，夜晚，中国风，华丽，细节，幻想艺术，唯美。

【任务实施】

在不同的 AI 工具中使用相同的提示词，生成的图像有所区别。

文心一言生成的图像如图 8-16 所示。

图 8-16　文心一言生成的图像

豆包生成的图像如图 8-17 所示。

图 8-17　豆包生成的图像

【任务 8-4】 使用通义万相的"文字作画"

【任务描述】

熟悉使用通义万相实现 AI 作画的基本方法，使用通义万相的"文字作画"完成多幅图像生成任务。
1. 以平视视角画一群羊
2. 画雨后的城市街景
3. 画早晨的阳光
4. 画夜晚的河边

【任务实施】

1. 熟悉使用通义万相实现 AI 作画的基本方法

通义万相支持中英文输入，提供了结构化的预设提示词，这些提示词包括风格、光线、材质、渲染、色彩、构图、视角等方面的内容，供用户快速开始。用户还可以复用提示词，快速得到想要的效果。通义万相还提供了四格漫画、情侣头像、图标印花、电影分镜等多种创意模板，支持 1：1、16：9、9：16、4：3、3：4 等多种预设比例，以适应不同场景、终端的差异化使用诉求。

使用通义万相实现 AI 作画的基本方法如下。

打开通义万相首页，单击【文字作画】，通义万相的"文字作画"参数设置界面如图 8-18 所示，在输入框中输入提示词，选择一种合适的创意模板和比例，然后单击【生成画作】按钮，即可生成相应的图像。

图 8-18　通义万相的"文字作画"参数设置界面

2. 完成 AI 作画任务

（1）以平视视角画一群羊

输入提示词：一群羊悠闲地在绿茵茵的草地上低头觅食，它们的羊毛在早晨微弱的阳光照耀下呈现出温暖的金色光泽，形成美丽的光影效果；画面比例为 16∶9。

其他参数都设置为基础默认值。

通义万相生成的一群羊的图像如图 8-19 所示。

图 8-19　通义万相生成的一群羊图像

（2）画雨后的城市街景

输入提示词：雨后的城市街景，湿润的地面上呈现出霓虹灯光绚丽多彩的光芒；行人撑伞匆匆走过，车辆在光怪陆离的街道上缓缓行驶，留下一道道彩色的尾迹；画面比例为 16∶9。

其他参数都设置为基础默认值。

通义万相生成的雨后的城市街景图像如图 8-20 所示。

图 8-20　通义万相生成的雨后的城市街景图像

（3）画早晨的阳光

输入提示词：早晨的阳光洒在一片茂密森林的地面上，金色的光芒穿过树与树之间的缝隙，形成斑驳的光影，营造出一种写实而静谧的氛围；画面比例为 3：4。

其他参数都设置为基础默认值。

通义万相生成的早晨的阳光图像如图 8-21 所示。

（4）画夜晚的河边

输入提示词：夜晚的河边，月光温柔地照亮了水面，一盏盏莲花灯缓缓漂向河心，灯光与水面上的粼粼波光相互辉映，营造出梦幻般的视觉效果；画面比例为 1：1。

其他参数都设置为基础默认值。

通义万相生成的夜晚的河边图像如图 8-22 所示。

图 8-21　通义万相生成的早晨的阳光图像

图 8-22　通义万相生成的夜晚的河边图像

【任务 8-5】 使用海艺 AI 的"图生图"生成图像

【任务描述】

在海艺 AI 中，引用图 8-23 所示的图像，生成一幅类似图像。

图 8-23　海艺 AI 的"图生图"引用的图像

【任务实施】

打开海艺 AI 首页，在左侧的工具栏中单击【图生图】按钮，然后上传引用图像。接着单击引用图像下方的【智能分析】按钮，自动生成提示词，对自动生成的提示词稍加修改，修改结果为：有一匹马在湖边低头吃草，远处是连绵的青山和雪山。

使用海艺 AI 生成的图像如图 8-24 所示。

图 8-24　使用海艺 AI 生成的图像

【任务 8-6】 使用即梦 AI 绘制文案配图

【任务描述】

在即梦 AI 中，通过输入提示词，完成图像生成任务。

【任务实施】

输入以下提示词。

请根据以下文本内容绘制一张图像，要求画面整体突出，色彩搭配和整体氛围贴合主题：阳光由那扇大玻璃窗透入屋内，先落在墙上，接着映照到桌上，最终，也照到了我那张可爱的小床上。风格是水彩，画面内是阳光从大玻璃窗照进房间内，照在墙面上、地板上、桌子上、床上。画面比例设置为 4∶3。

即梦 AI 绘制的文案配图如图 8-25 所示。

图 8-25　即梦 AI 绘制的文案配图

【任务 8-7】 使用海艺 AI 绘制商品图

【任务描述】

使用海艺 AI 绘制一幅新品易拉罐橙子汽水饮料的商品图。

【任务实施】

输入提示词：请帮我绘制一幅新品易拉罐橙子汽水饮料的商品图，写实风格，画面是水面上有一罐易拉罐饮料，周围有橙子作为装饰，画面整体展现出清凉爽快的感觉；画面比例设置为 1∶1。

海艺 AI 绘制的商品图如图 8-26 所示。

图 8-26　海艺 AI 绘制的商品图

自主学习

【任务 8-8】 使用豆包生成图像

【任务描述】

使用豆包生成图像，提示词如下。

帮我生成图像：在绿色的草原上，一头牛在可爱和露营风格的环境中安静地吃草，天蓝色和绿色，浅红色和绿色的色调，淡雅的绘画风格，深橙色和白色相互交织，营造出宁静的氛围；画面比例设置为 9∶16。

【任务 8-9】 使用即梦 AI 生成图像

【任务描述】

使用即梦 AI 生成图像，提示词如下。

　　帮我生成图像：清澈的泉水悄无声息地流淌，阳光透过岸边的树木，投下斑驳的光影，映照在水面上，与晴朗柔和的阳光交织成一幅和谐的画面；小荷叶刚从水面露出嫩绿的尖角，犹如初生的婴儿般娇嫩可爱；一只蜻蜓早早地停驻在荷叶之上，轻盈的身躯与尖尖的荷叶形成鲜明对比，展现出大自然的生机与活力；整幅画面充满了生命的韵律和诗意，令人感受到夏日清晨的清新与宁静，画面比例设置为 4∶3。

【任务 8-10】 使用 360 智绘的"图生图"生成一张图像

【任务描述】

　　在 360 智绘中，引用图 8-27 所示的图像，使用"图生图"生成一张类似的图像。

图 8-27　360 智绘的"图生图"引用的图像

【任务 8-11】 使用无界 AI 生成图像

【任务描述】

　　使用无界 AI 生成一张图像，提示词如下。
　　一位年轻女子穿着一条裙子，站在海边，背对着镜头，凝视着地平线上的夕阳。太阳似乎快要沉入海面，一片金黄色的光芒在海面上弥漫，照亮了整片海洋，仿佛这个时刻被定格在了时间的某个角落里。女子的头发随着微风轻轻飘动，她的轮廓被余晖映照得柔和且温暖。她仿佛在思考着生命的意义和无尽的未来。
　　画面比例及其他参数自行确定即可。

【任务 8-12】 使用腾讯元宝生成"城市景观"插画

【任务描述】

　　使用腾讯元宝生成"城市景观"插画。
　　提示词：生成一张未来城市的夜景插画，包含摩天大楼、霓虹灯和飞行汽车等元素。

【任务 8-13】 对比国产综合型 AI 工具绘制装修设计图效果

【任务描述】

从关键词准确呈现程度、画面精细表达程度等方面对比文心一言、豆包、讯飞星火、智谱清言、天工 AI、腾讯元宝等国产综合型 AI 工具绘制装修设计图效果。

提示词：请为我设计一间卧室，现代建筑，写实，黏土材料，等距，3D 渲染，有光泽，柔和的色彩，暖色调，白色背景，最佳细节，高分辨率。

模块9
AIGC助力音视频生成与动画制作

AIGC 在音视频生成及动画制作方面展现了强大的能力，能够通过深度学习、自然语言处理等技术，巧妙生成高质量的音视频和动画。AIGC 在音视频生成和动画制作方面的巧妙应用，正在改变内容创作的方式，为各行各业带来更多可能性。

AIGC 可以通过分析文本、旋律或语音数据，生成多样化的音频内容。AIGC 在视频生成方面的应用越来越广泛，能够从文本、图像或其他视频中生成新的视频内容。AIGC 可以将音频和视频内容结合，生成更加丰富的多媒体内容。

知识探析

9.1 常用的音乐创作与音频处理 AI 工具简介

目前，常用的音乐创作与音频处理 AI 工具如表 9-1 所示。

表 9-1 常用的音乐创作与音频处理 AI 工具

序号	名称
1	天工 AI
2	即梦 AI
3	海绵音乐
4	海螺 AI
5	网易天音
6	讯飞智作
7	度加剪辑
8	魔音工坊
9	TME Studio

下面以海绵音乐、网易天音、讯飞智作、度加剪辑及 TME Studio 为例，对其基本情况作简要介绍。

1. 海绵音乐
海绵音乐是字节跳动推出的 AI 音乐创作平台，专注于个性化音乐生成，特别擅长中文歌曲创作，用户可通过输入灵感关键词和自定义选项快速生成音乐。

2. 网易天音
网易天音是由网易云音乐推出的 AI 音乐创作工具，用户不需要具备音乐知识即可上手，它能够帮助音乐爱好者和歌手轻松完成作词、作曲、编曲、演唱的全流程创作，生成高质量的 AI 音频初稿。

3. 讯飞智作

讯飞智作是由科大讯飞推出的一站式智能配音服务平台，它提供专业的合成配音、真人配音及虚拟主播等配音解决方案，帮助内容生产者更高效地进行音视频创作，使创作过程更快、更省时、更具特色。用户只需简单地输入文本、选择发音人或虚拟形象，即可完成音视频的制作。

4. 度加剪辑

度加剪辑是由百度推出的一款 AI 创作工具，极具特色和实用性，提供热搜一键成稿、文稿一键成片的功能，是内容创作者的得力助手。对于自媒体创作者来说，度加剪辑是非常值得一试的。它支持在网页上使用和下载 App 使用。

5. TME Studio

TME Studio 是由腾讯音乐推出的 AI 音乐生成工具，由银河音效、MUSE、天琴实验室和腾讯 AI Lab 联合打造，旨在简化音乐创作过程，助力音乐爱好者轻松创作音乐，它提供音乐创作和编辑功能。

9.2 常用的视频创作 AI 工具简介

常用的视频创作 AI 工具如表 9-2 所示。

表 9-2　常用的视频创作 AI 工具

序号	名称
1	可灵 AI
2	即梦 AI
3	清影
4	通义万相
5	海螺 AI
6	Vidu
7	WHEE
8	白日梦
9	讯飞绘镜
10	腾讯智影
11	即创
12	runway

下面以可灵 AI、即梦 AI、清影、海螺 AI、Vidu 和 WHEE 为例，对其基本情况作简要介绍。

1. 可灵 AI

可灵（Kling）AI 是由快手大模型团队基于自研的可灵大模型开发的视频生成工具，现已具有文生视频、图生视频、视频续写、运镜控制、首尾帧生成等多种功能，使用户可以轻松、高效地完成艺术视频创作。

可灵 AI 的核心优势在于视频生成的长度和细节处理能力，它擅长将文本与图像转化为生动的视频。用户只需输入文字描述或上传相关图像，可灵 AI 便能智能解析内容，运用丰富的视频模板和动画效果，自动生成富有情感的视频故事。

可灵 AI 具有强大的视频生成能力，支持生成长达 3min、分辨率为 1080P 的高清视频，并支持自由调整宽高比。

2. 即梦 AI

字节跳动旗下的即梦 AI 是一款基于文本与图像智能生成视频的工具，它利用先进的自然语言处理技术和图像识别算法，能够准确理解用户输入的文本描述，并结合用户上传的图像素材，自动生成一系列连贯、有趣的视频场景。

即梦 AI 是一款具有强大视频生成功能的 AI 工具，它可以根据用户提供的图像、提示词和各种参数设置生成高质量的视频。即梦 AI 擅长捕捉图像中的情感色彩，结合文本的情感导向，创作出既有故事性又富有感染力的视频作品。

3. 清影

清影是由智谱推出的 AI 视频生成工具，用户只需输入文本或图像，该工具即可在 30s 内生成 6s 的视频，适用于个人创作和企业创作，支持多种风格的视频生成。

4. 海螺 AI

海螺 AI 作为一款智能化的短视频创作工具，凭借其强大的自然语言处理与视频生成能力，正在为广告商、教育机构等提供高效的视频创作解决方案。通过简单的文本输入，用户可以轻松制作出高质量的视频，大大降低了视频创作的门槛，提高了视频创作效率。无论是在广告营销、社交媒体内容创作方面，还是在教育培训视频制作中，海螺 AI 都展现出了巨大的应用潜力。

5. Vidu

Vidu 是一款国产 AI 视频生成工具，为用户提供快速、高效且易用的视频创作体验。它支持多主体、参考生视频、文生视频、图生视频等功能。Vidu 采用原创的 U-ViT 架构，结合了 Diffusion 与 Transformer 技术，能够生成长度为 4s 和 8s、分辨率为 720P 和 1080P 的视频内容。

6. WHEE

WHEE 是由美图推出的一款 AI 视觉创作工具，提供文生视频、图生视频、文生图、图生图、画面拓展及局部修改等功能。用户可以通过输入文字或上传图像生成与之相匹配的视频，用户还可以根据需求对视频进行智能剪辑和编辑。

9.3 常用的文本转语音 AI 工具

目前，常用的文本转语音 AI 工具如表 9-3 所示。

表 9-3 常用的文本转语音 AI 工具

序号	名称
1	魔音工坊
2	海豚 AI
3	TextToSpeech
4	TTSMaker
5	Voicemaker
6	LOVO AI

9.4 AIGC 生成视频的提示词需要包含的关键信息

AIGC 生成视频的提示词需要包含以下关键信息。

1. 主要角色和任务

明确视频中的主要角色，以及角色的能力和需要完成的任务。例如，如果想要生成的视频是一个新闻视频，提示词可以为"制作一个关于华为公司最新产品的新闻视频，包括产品的主要功能、市场反应和预期销量"。

2. 内容制作技巧

描述视频的内容制作技巧，如使用感官语言、提供数据和事实、设立冲突或疑问等。例如，提示词可以要求提供引人入胜的开头、生动描述细节、使用情感词语等。

3. 平台适应能力

考虑视频将在哪个平台上发布，确保视频适应该平台的规范和用户群体。例如，如果视频将在抖音发布，提示词可以包括吸引眼球的标题和简短的介绍。

4. 情感共鸣能力

通过情感共鸣来吸引观众。例如，提示词可以要求描述一个感人的故事或展示一个角色的内心世界，以引起观众的共鸣。

5. 技术应用能力

描述视频中使用的技术或特效，确保 AI 能够理解并正确应用这些技术和特效。例如，如果视频中包含动画效果，提示词中应明确指出需要使用哪些动画技术。

9.5 AIGC 生成视频时撰写高质量提示词的技巧

在 AI 视频生成中，提示词是直接描述或引导视频生成的文本或指令，用于描述用户想创作的画面内容、运动方式等，类似给 AI 的提示。提示词内容应包括主体对象、外观描述、运行方式等方面的信息，用户借此控制和指导 AI 生成内容。提示词在 AI 视频生成中十分重要，是表达用户需求的方式，影响着视频内容和质量。

1. AIGC 生成视频时撰写高质量提示词的基本技巧

AIGC 生成视频的提示词生成视频的关键，更精确的提示词可以更好地控制视频的生成效果。撰写高质量提示词的基本技巧如下。

① 精准描述：提示词应尽可能详细和具体，避免使用模糊不清的指令。例如，不要只说"创建一个故事"，而是说"创建一个关于一只名叫波比的狗拯救小镇的儿童故事，包含冒险和友谊的元素"。

② 结构清晰：提示词的结构应清晰，可以先描述背景信息，然后描述主要任务和目标，最后描述具体的要求和细节。

③ 情感表达：在提示词中融入情感元素，使系统能够生成更具感染力的内容。例如，可以描述角色的情感变化或故事的情感高潮。

通过以上技巧，用户可以有效地编写出高质量的生成视频的提示词，确保生成的视频内容符合预期并具有吸引力。

2. AIGC 生成视频时撰写高质量提示词的高级技巧

撰写高质量提示词的高级技巧如下。

① 使用简单词语和句子结构，避免使用过于复杂的语言。

② 描述运动时符合物理规律，尽量描述图像中可能发生的运动。

③ 描述与图像相差较大可能会引起镜头切换，需要注意描述的准确性。

④ 现阶段较难生成复杂的物理运动，如球类的弹跳、高空抛物等。

通过掌握这些撰写提示词的技巧，读者可以更好地利用 AIGC 工具生成符合预期的视频。

应用以上技巧撰写的提示词，可以总结为以下两种形式。

（1）基础版提示词：主体+场景+运动。

例如，"一个女孩在雨中撑伞漫步"，其中"女孩"是主体，"雨中"是场景，"撑伞漫步"是运动。这种提示词简单易写，能够激发 AI 工具的创意表现力。

（2）专业版提示词：主体+场景+主体运动+镜头运动+氛围。

例如，"两个好朋友坐在公园长椅上交谈，镜头固定，画面色调偏暖，氛围温馨"，这种提示词不仅描述了主体、场景和主体运动，还加入了镜头运动和氛围，能够使 AI 工具生成更符合预期的视频。

9.6 使用即梦 AI 创作视频时如何撰写提示词

1. 提示词公式

提示词公式：主体对象+外观描述+运行方式。

2. 撰写生成视频的提示词的基本原则

撰写生成视频的提示词的基本原则如下。

（1）简洁明了

提示词应该简洁明了，避免使用复杂语言，如古诗词、抽象描述、长难句等都属于复杂语言。尽量使用简单的词语和句子结构，以确保 AI 可以正确理解提示词。

（2）具体翔实

提示词应该尽可能具体翔实，提供足够的细节，但需要将细节描述得清楚、简单、易于理解，例如，如果生成时长为 5s 的视频，应该在提示词中说明 5s 内可以实现的画面指令，AI 可能不能完全覆盖太长的画面指令。

（3）突出主体及其运动形态

提示词应该突出主体及其运动形态，让 AI 知道用户想要表达的核心内容。例如，如果想要生成一个关于"直升机在空中飞"的视频，可以提供具体的直升机外观、飞行方式、背景等信息，这样可以帮助 AI 生成更加符合需求的视频，同时降低试错成本。

（4）自然语言描述

可以使用自然语言描述提示词，同时应该避免提示词具有歧义，确保 AI 可以正确理解用户的意图。

（5）多角度描述

提示词应该从多个角度描述用户的需求，这样可以指导 AI 生成更加全面的视频。例如，如果想要生成一个关于"狗"的视频，可以提供狗的品种、外貌、行为等信息。

（6）加入少量的情感元素

提示词中可以加入少量的情感元素，让 AI 生成更加生动和符合情绪预期的视频。例如，可以在提示词中加入"快乐""悲伤""兴奋"等情感词语。

3. 提示词示例

提示词 1：海浪拍打着沙滩，粉色的月亮在天空中缓缓升起。

提示词 2：一个 3D 形象的小男孩，穿着飞行夹克，在公园滑滑板。

提示词 3：戴着帽子的老人双手捧着一块冰，微风吹动老人的胡子。

提示词 4：一只白色的拉布拉多在湖中慢慢地游泳。

提示词 5：薄荷绿的海浪拍打着金色的沙滩，在海岸边微风吹动棕榈树的叶子，手绘风格，漫画。

提示词 6：一只可爱的小花猫静静地趴在粉色透明花瓶旁，背景是淡黄色的窗帘，微风吹动窗帘。

提示词 7：一只 3D 卡通小狗，慢慢地向前走远。

提示词 8：亚洲卷发女孩忧郁地看着镜头，风吹动她的头发。

提示词 9：一架直升机在空中飞行，背景是雪山和云层。

提示词 10：一位中国古代的男性抬头望着月亮，男人背对着镜头，忧愁的氛围，夜晚。

提示词 11：一只白色萨摩耶在公路上向前奔跑，背景是公路和公路两旁的树木。

提示词 12：一个金色头发的亚洲女性坐在红色的沙发上，背景是白色花卉壁纸。

9.7 通过提示词示例说明可灵 AI 生成视频的特色

体现可灵 AI 生成视频的特色的提示词如下。

1. 大幅度的合理运动

可灵 AI 采用 3D 时空联合注意力机制，能够更好地建模复杂时空运动，生成展现较大幅度运动的视频内容，同时能够保证运动符合物理规律。

提示词示例如下。

提示词 1：一辆拉力赛车在赛道上快速转弯。

提示词 2：一个男人骑着马在戈壁沙漠飞奔，背后是美丽的夕阳，电影级别画面。

提示词 3：一名宇航员在月球表面奔跑，低角度镜头展现了月球的广阔背景，动作流畅且显得轻盈。

2. 生成长达 2min 的视频

得益于高效的训练基础设施、极致的推理优化和可扩展的基础架构，可灵 AI 能够生成长达 2min 的视频。

提示词示例如下。

提示词 1：小女孩乘坐火车，透过车窗欣赏各式各样的风景。视频时长 2min 左右。

提示词 2：小男孩在花园里骑自行车经历秋、冬、春、夏四季变换。视频时长 2min 左右。

3. 模拟真实世界的物理特性

基于自研模型架构及 Scaling Law 激发出的强大建模能力，可灵 AI 能够模拟真实世界的物理特性，生成符合物理规律的视频。

提示词示例如下。

提示词 1：一个中国男人坐在桌前，用筷子吃面条。

提示词 2：厨师在厨房切洋葱，为炒菜做准备。

提示词 3：一个戴眼镜的中国男孩在快餐店内闭眼享受美味的芝士汉堡。

提示词 4：一只手小心地将牛奶倒入杯中，奶流平缓，杯子渐渐被牛奶填满。

4. 强大的概念组合能力

基于对文生视频语义的深刻理解和 Diffusion-Transformer 架构的强大能力，可灵 AI 能够将用户丰富的想象力转化为具体的画面，虚构真实世界中不会出现的场景。

提示词示例如下。

提示词 1：微距镜头，火山在一个咖啡杯中喷发。

提示词 2：一个积木小人在美术馆里参观。

提示词 3：一只白猫驾驶车辆，穿过繁忙的市区街道，背景是高楼和行人。

5. 生成电影级的画面

基于自研 3D VAE，可灵 AI 能够生成分辨率高达 1080P 的电影级视频，无论是浩瀚壮阔的宏大场景，还是细腻入微的特写镜头，可灵 AI 都能够生动呈现。

提示词示例如下。

提示词 1：落日余晖下的烟囱。

提示词 2：露水在蓝色玫瑰花瓣上，高清，近景，细节。

提示词 3：一对男女手牵手在星空下行走，背景斗转星移。

6. 支持自由地输出视频宽高比

可灵 AI 采用了可变分辨率的训练策略，在视频生成过程中可以做到将同样的内容输出为宽高比不同的多条视频，满足更丰富的场景中的视频素材使用需求。

提示词示例：一只戴着太阳镜的柯基在热带岛屿的海滩上漫步。

9.8 使用 Vidu 实现图生视频

图生视频是指将静态图像转化为鲜活的视频。使用 Vidu 实现图生视频的操作步骤如下。

1. 打开 Vidu 首页，单击左侧的【图生视频】按钮，或者在右侧的【图生视频】区域单击【创作】按钮。
2. 上传一张描述想要生成的画面的图像，可以根据需求再上传一张尾帧图像。
3. 结合图像，输入必要的提示词，描述想要生成的内容。
4. 设置生成视频的各项参数。在【设置】区域分别设置时长、清晰度、运动幅度、数量等参数。
5. 单击【创作】按钮，等待视频生成。

9.9 使用 AI 工具提高动画作品的制作效率

使用 AI 工具提高动画作品的制作效率可从前期策划、中期制作到后期渲染等多个环节入手，具体如下。

1. 前期策划

（1）创意启发：利用 AI 工具如豆包、Kimi、ChatGPT 等，在其中输入相关主题或关键词，获取创意灵感、故事框架、角色设定等方面的建议，为制作动画作品提供基础思路。

（2）剧本生成：部分 AI 工具能根据给定的情节梗概、角色信息等生成剧本初稿，用户可在此基础上进行修改完善，加快剧本创作进程。

（3）分镜草图：借助 AI 绘画工具，在其中输入文字描述，快速生成分镜草图，确定动画的大致画面构图和情节发展顺序，能够帮助用户更好地理解故事内容和制作方向。

2. 中期制作

（1）角色与场景设计

① 形象与场景生成：Midjourney、Stable Diffusion 等 AI 绘画工具，可依据文字描述生成各种风格的角色形象和场景概念图，用户通过调整参数，可以使它们生成不同角度、表情和动作的变体，为美术设计提供丰富素材。

② 材质与纹理：一些 AI 工具能快速创建各种材质，如木材、金属、布料等的纹理，将这些纹理应用于角色和场景模型，能够节省用户手动绘制纹理的时间。

（2）动画制作

① 关键帧生成：一些 AI 动画工具可根据简单的动作描述或关键姿态描述生成关键帧，再结合传统动画软件进行中间帧补充和细节调整，提高动画制作效率。

② 动作捕捉与驱动：利用 AI 动作捕捉技术，通过摄像头或传感器捕捉真实人物的动作，并将这些动作应用到动画角色上，使角色动作更加自然流畅。

③ 智能绑定与权重分配：一些 AI 工具能自动识别角色模型的骨骼结构和关节点，对其进行快速智能绑定，并分配权重，大大缩短角色绑定的时间。

（3）音频制作

① 语音合成：使用具有语言合成功能的 AI 工具，在其中输入文本即可生成不同音色、风格的语音，用户还能调整语速、语调等参数，满足动画中的角色对话和旁白的需求。

② 音乐与音效生成：具有音频生成功能的 AI 工具可根据动画的风格和情感需求，快速生成适配的背景音乐，一些 AI 音效库也能帮助用户快速查找和筛选合适的音效素材。

3. 后期制作

（1）渲染加速：部分渲染农场利用 AI 技术进行渲染优化，通过智能算法预测和优化渲染过程，减少渲染时间，提高渲染效率。

（2）特效制作：一些 AI 工具可快速生成各种复杂的特效，如火焰、烟雾、水流等，用户只需输入相关参数和指令，即可得到逼真的特效效果，降低特效制作的难度和时间成本。

（3）质量检测与修复：一些 AI 工具能够自动检测动画中的画面瑕疵、逻辑错误等问题，并提供修复建议或自动修复，提高动画的整体质量和制作效率。

9.10 制作动画的常用 AI 工具

1. 文生视频类

常用的文生视频类工具较多，如可灵 AI、即梦 AI 和通义万相等，在前文中均已对其进行介绍，在此不做赘述。

2. 综合创作类

（1）MOKI：由美图推出的 AI 短片创作工具，集成了视频生成模型和完整的 AI 短片制作工作流。用户只需输入故事主题或梗概，即可使 MOKI 自动生成完整故事和分镜脚本。MOKI 提供多种视频风格，支持角色自动生成并重绘、唇形驱动等功能。

（2）巨日禄：AI 短片创作工具，适用于制作小说推文短剧。巨日禄支持多种不同的视频风格，可以将长篇故事分为多个分集，并确保角色形象在分集中保持一致，支持输入分集内容自动生成脚本分镜等功能。

（3）万兴喵影：由万兴科技推出的 AI 视频编辑软件，提供多种编辑模式，具有动画、叠加、音频控制等高级功能，支持屏幕录制及以多种格式文件导入、导出。

3. 图像动画类

（1）Krea AI：可以将静态图像转换为动态动画，界面简单易用，能够提升视频质量。

（2）LivePortrait：利用唇同步和面部运动映射，在动画视频中创建逼真的会说话的角色，支持音频集成、角色动作定制以及多种视频格式，适用于制作教育和营销领域中的包含会说话的角色的动画。

4. 其他

（1）神笔马良：面向长剧本解析的动态故事板 AI 影视创作生成工具，能够将剧本内容自动转换成动态故事板，为影视动画创作提供便利。

（2）neural frames：基于先进的 AI 大模型 Stable Diffusion，可通过提示词制作动画和音乐视频，支持精确控制动画，具有实时预览、灵活的镜头控制和音频反应等功能。

9.11 使用 Kimi 制作动画的步骤

使用 Kimi 制作动画时需要与其他工具配合，具体步骤如下。

1. 打开 Kimi：访问 Kimi 官网，打开 Kimi。

2. 构思故事情节：输入清晰、准确的提示词，明确故事的角色、背景、主题、情节走向、教育意义等关键要素，借助 Kimi 生成故事文本。例如，想创作一个动物冒险的故事，可以输入类似"-Role：动物冒险故事创作家。-Background：用户希望创作一个动物冒险的童话故事，故事要充满奇幻色彩和惊险情节。-Goals：创作一个动物冒险的童话故事，包含有趣的角色和刺激的冒险情节"等的提示词。

3. 生成剧本和分镜脚本：根据生成的故事文本，进一步让 Kimi 将其细化为剧本和分镜脚本，明确每个场景的画面描述、角色动作、对话等内容。

4. 选择配合工具生成画面或图像：将 Kimi 生成的分镜脚本导入如 MOKI 等 AI 绘图或动画制作工具中，选择合适的风格、角色形象、场景等，让 AI 工具根据脚本生成相应的画面。

5. 制作动画视频：若使用 MOKI 生成画面，在生成画面后可直接让其生成视频，进入编辑界面选择配乐、运镜等，添加人物运动方式或景效。

6. 剪辑与后期制作：使用剪映等剪辑软件对生成的视频进行剪辑，添加字幕、调整音频等，使动画作品更加完整和流畅。

应用实践

【任务 9-1】 使用天工 AI 创作一首歌曲

【任务描述】

使用天工 AI 创作一首歌曲，歌名为"忆青春"，歌词如下。

在操场上的日子 夕阳西下
金色光芒洒在我们的肩
从懵懂的步伐 到勇敢的瞬间
每一件小事 都刻在心间
回忆青春的那天
快乐悲伤全在身边
离别是新的起点
希望未来更美好展现
每次紧张考试 夜晚一起奋斗
友谊的瞬间 如星光璀璨
从初入校园到毕业的时刻
那些回忆 随风在飘散
回忆青春的那天
快乐悲伤全在身边
离别是新的起点
希望未来更美好展现
曾经的我们 共同走过的线
将这份情感 永远深藏心间
回忆青春的那天
快乐悲伤全在身边
离别是新的起点
希望未来更美好展现

【任务实施】

1. 打开天工 AI 主页。
2. 单击左侧工具栏中的【AI 音乐】，显示【发现音乐】选项卡和【创作歌曲】侧边栏。
3. 在【创作歌曲】侧边栏的【歌名】输入框中输入"忆青春"，然后在【歌词】输入框中输入对应的歌词，如图 9-1 所示。

图 9-1　在【创作歌曲】侧边栏输入歌名和歌词

4. 单击【开始创作】按钮，等待生成歌曲。生成的《忆青春》歌曲如图 9-2 所示。

图 9-2　生成的《忆青春》歌曲

5. 试听创作的歌曲。在生成的《忆青春》歌曲区域，单击歌曲图标中的【播放】按钮即可试听歌曲。

【任务 9-2】 使用网易天音创作一首歌曲

【任务描述】

使用网易天音创作一首歌曲，歌名为"青春的足迹"，创作歌词时的随笔灵感内容如下：

夕阳渐渐西沉在操场
橘黄色光洒在每个角落
回首这四年时光如梦
从懵懂到坚定每一步
这是青春留下的足迹
课堂争论宿舍谈天笑语
欢声笑语心底的印记
带着感激和无尽憧憬

走过操场这里曾有欢笑
课堂上争论那时的梦想
仿佛昨日一切都在眼前
未来的路我们坚定向前
手持笔尖写下无尽怀念
带着感激对未来的期盼
这首歌送给即将踏新程的我们
愿风中传递最温柔记忆
青春的足迹在风中飘荡
成为岁月里最温柔的记忆

【任务实施】

1. 打开网易天音首页，如图 9-3 所示。

图 9-3　网易天音首页

2. 单击【开始创作】按钮，在进入的页面中单击【AI 一键写歌】区域中的【开始创作】按钮，打开【新建歌曲】对话框，切换到【写随笔灵感】选项卡。

3. 在输入框中输入对应的随笔灵感，如图 9-4 所示。

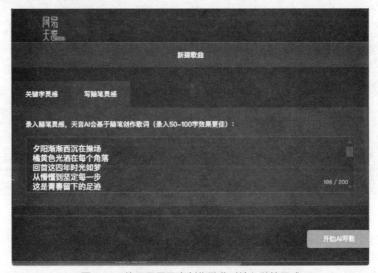

图 9-4　使用网易天音创作歌曲时输入随笔灵感

4. 段落结构选择【全曲模式】，音乐类型选择【流行】，如图 9-5 所示。

图 9-5　使用网易天音创作歌曲时选择段落结构和音乐类型

5. 单击【开始 AI 写歌】按钮，对话框中显示"歌曲内容正在由 AI 生成"，歌曲生成后，会自动打开歌曲编辑页面，如图 9-6 所示。

图 9-6　网易天音的歌曲编辑页面

网易天音自动创作的歌词如下：

闭上眼看不见
明天的路还未走远
昨日一切都在眼前
把笔尖写成了思念

是否还记得那张笑脸
我依然将你存放在心
在梦里，镌刻下诺言
未来的路我们坚定向前
笔尖写满无尽眷恋
就要迈向新的起点
时光足迹在风里面传送出最温柔的纪念
岁月里从不曾改变
生命中最温柔的记忆

6. 单击【保存】按钮，打开【保存工程文件】对话框，在该对话框中输入当前歌曲的名称"青春的足迹"，如图 9-7 所示。然后单击【确认】按钮即可保存创作的歌曲。

图 9-7 【保存工程文件】对话框

单击【导出】按钮可以导出创作的歌曲。

【任务 9-3】 使用海绵音乐创作一首歌曲

【任务描述】

使用海绵音乐创作一首歌曲，歌名为"校园时光"，歌词如下。

晨曦透过窗纱
照亮青春的画
书声琅琅传天涯
梦想悄悄发了芽
绿荫之下玩耍
笑声多么无瑕
风儿轻轻吹过呀
心事慢慢在长大
晚风吹过脸颊
带走一天疲乏
操场身影映晚霞
友情永远不掺假
星光点亮枝丫
思绪飘向哪
回忆中的那些话
温暖如诗在笔下
校园的春秋冬夏
是心底最美的家
晨曦绿荫和晚霞

星光伴我走天涯
那些纯真的年华
是生命中的花
不管未来多变化
回忆永远不褪色啊

【任务实施】

1. 打开海绵音乐首页。
2. 单击左侧的【创作】，在【定制音乐】区域，切换到【自定义创作】选项卡。
3. 输入歌词。在输入框中输入对应的歌词，如图 9-8 所示。

图 9-8　在海绵音乐的输入框中输入歌词

4. 设置歌曲参数。【曲风】选择【民谣】，【心情】选择【快乐】，【音色】中的【类型】选择【女声】，【特征】选择【明亮】。
5. 输入歌曲名称。在【歌曲名称】输入框中输入"校园时光"。设置歌曲参数与输入歌曲名称的结果如图 9-9 所示。

图 9-9　设置歌曲参数与输入歌曲名称的结果

6. 单击【生成音乐】按钮，开始生成歌曲，显示歌曲生成进度如图 9-10 所示。

7. 歌曲生成后，在【创作历史】区域可以显示多首生成的歌曲，单击歌曲图标中的【播放】按钮，即可播放生成的歌曲，如图 9-11 所示。

图 9-10 显示歌曲生成进度

图 9-11 播放生成的歌曲

【任务 9-4】 使用海螺 AI 生成音视频

【任务描述】

1. 使用海螺 AI 的"文生音"将以下文字转换成语音。
蓝色的海浪拍打礁岩，场面恢宏壮阔。
2. 使用海螺 AI 的"生成同款"生成一段视频。
3. 使用海螺 AI 的"文生视频"生成一段视频。
输入的提示词为：一位亚洲美女，身处聚光灯照耀下的墙壁前，对着镜头边眨眼边笑着说话。

【任务实施】

1. 文字转语音

（1）进入海螺 AI 主页，如图 9-12 所示。

图 9-12 海螺 AI 主页

（2）在海螺 AI 主页单击【语音】，打开【文字转语音】页面，如图 9-13 所示。

图 9-13　海螺 AI 的【文字转语音】页面

（3）单击左侧的【文生音】。

（4）输入需要转换成语音的文字内容：蓝色的海浪拍打礁岩，场面恢宏壮阔。

（5）语音参数设置。语音模型、音色、音色效果调节、输出情绪、语速、声调、音量等语音参数均采用默认值。

（6）单击【生成音频】按钮，等待文字转换成语音完成后，生成音频。

2. 生成同款视频

（1）在海螺 AI 主页单击【视频】，进入【发现】页面。在【官方精选】区域选择一个视频作品，将鼠标指针指向该视频作品，会出现【生成同款】按钮，如图 9-14 所示。

图 9-14　出现【生成同款】按钮

（2）单击【生成同款】按钮，打开生成视频的页面，生成同款视频时的【图生视频】选项卡如图 9-15 所示。

图 9-15　生成同款视频时的【图生视频】选项卡

（3）单击生成按钮 30 ，等待同款视频的生成。

3. 文生视频

（1）在图 9-15 所示的页面中将选项卡切换至【文生视频】。

（2）在输入框中输入以下提示词：

一位亚洲美女，身处聚光灯照耀下的墙壁前，对着镜头边眨眼边笑着说话。

（3）设置运镜指令为【固定镜头】。

（4）选择【T2V-01-Director】模型。

（5）设置次数为【1】。

在【文生视频】选项卡中输入提示词与设置参数的结果如图 9-16 所示。

（6）单击生成按钮，等待视频生成。

图 9-16　在【文生视频】选项卡中输入提示词与设置参数的结果

177

【任务 9-5】 使用智谱清言制作短片

【任务描述】

使用智谱清言创建一个展示海底世界的 2min 短片。

【任务实施】

打开智谱清言首页，如图 9-17 所示。

图 9-17　智谱清言首页

单击左侧的【清影-AI 生视频】按钮，进入【清影-AI 生视频】页面，如图 9-18 所示。在输入框中输入如下提示词。

创建一个展示海底世界的 2min 短片，包含五彩斑斓的珊瑚礁和各种海洋生物。

图 9-18　【清影-AI 生视频】页面

单击【生成视频】按钮，生成结果如图 9-19 所示。

图 9-19　使用智谱清言制作短片的结果

【任务 9-6】 使用腾讯混元 AI 视频制作产品广告

【任务描述】

使用腾讯混元 AI 视频制作一个 30s 的智能手机广告。

【任务实施】

打开腾讯混元 AI 视频首页并登录，如图 9-20 所示。

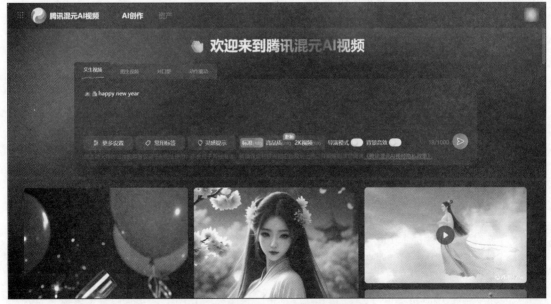

图 9-20　腾讯混元 AI 视频登录后首页

在输入框中输入以下提示词。

制作一个 30s 的智能手机广告，突出显示其摄像功能和超长电池寿命。

单击【发送】按钮，生成结果如图 9-21 所示。

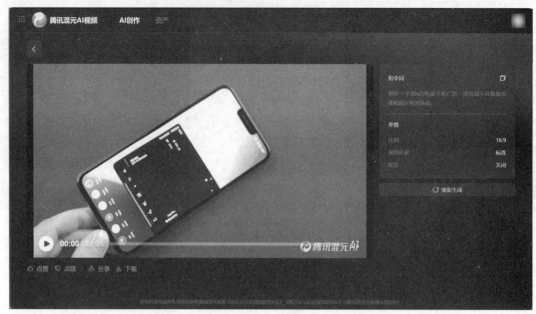

图 9-21　使用腾讯混元 AI 视频制作产品广告的结果

【任务 9-7】 借助通义万相采用多种方式制作视频

【任务描述】

借助通义万相采用以下多种方式制作视频。

（1）采用"文生视频"方式制作"一群鸿雁在天空中翱翔"视频。

（2）采用"图生视频"方式制作"一条锦鲤在荷塘里游动"视频。

【任务实施】

1. 借助通义万相采用"文生视频"方式制作视频

在通义万相中输入提示词，控制视频的画面内容与运动过程，可以生成一段视频内容。配合提示词智能扩写功能，可以显著提升视频画面丰富度与表现力。

借助通义万相采用"文生视频"方式制作视频的操作步骤如下。

（1）打开通义万相首页，如图 9-22 所示。

（2）在通义万相首页单击左侧的【视频生成】，或者在右侧的【视频生成】区域单击【去生成】按钮。

（3）打开【视频生成】页面，选择【文生视频】选项。

（4）输入提示词：一群鸿雁在天空中翱翔。

（5）设置视频生成的参数。

比例选项有【16:9】【9:16】【1:1】【4:3】【3:4】，这里选择【16:9】；选择打开【灵感模式】。输入提示词与设置参数的结果如图 9-23 所示。

图 9-22　通义万相首页

图 9-23　在通义万相中实现文生视频时输入提示词与设置参数的结果

（6）单击【生成视频】按钮，等待视频生成。

2. 借助通义万相采用"图生视频"方式制作视频

借助通义万相采用"图生视频"方式制作视频，需要将图像作为视频首帧延续生成，这会使生成过程更可控、生成画面更精准。具体方法是采用单击或拖曳方式上传一张图像作为视频的首帧，辅以文字描述视频的运动过程和运镜效果。

通义万相不仅支持对上传的图像按任意比例或预设比例裁剪，以便对图像进行构图和二次创作，还支持旋转图像和中、英文提示词。

借助通义万相采用"图生视频"方式制作视频的操作步骤如下。

（1）打开通义万相的首页，在通义万相的首页单击左侧的【视频生成】，或者在右侧的【视频生成】区域单击【去生成】按钮。

（2）打开【视频生成】页面，选择【图生视频】选项。

（3）上传图像。采用单击或拖曳方式上传图 9-24 所示的图像。

图 9-24　在通义万相中实现图生视频时上传的图像

（4）输入提示词：一条锦鲤在荷塘里游动，水墨画。输入提示词的结果如图 9-25 所示。
（5）单击【生成视频】按钮，等待视频生成。

图 9-25　在通义万相中实现图生视频时输入提示词的结果

【任务 9-8】 借助可灵 AI 采用多种方式制作视频

【任务描述】

借助可灵 AI 采用以下多种方式制作视频。
1. 采用"文生视频"方式制作"绿色的种子生长成大树"视频。
2. 采用"首尾帧"方式制作"小猫站在光滑的地板上注视与扑打着毛线球"视频。
3. 采用"多图参考"方式制作"一个女生骑着独角兽漫步在林间小路"视频。

【任务实施】

1."文生视频"方式生成视频
（1）打开可灵 AI 的首页，如图 9-26 所示。

图 9-26　可灵 AI 的首页

（2）在可灵 AI 的首页单击【AI 视频】按钮，打开【AI 视频】页面，该页面左侧有 3 个选项卡，分别是【文生视频】【图生视频】【对口型】，切换到【文生视频】选项卡。

（3）在【创意描述】输入框中输入以下提示词：

雪地中，鹅毛大雪，一个绿色的种子破土而出，快速生长成大树，自然光，冷光，特写，固定镜头，电影。

（4）参数设置

在【参数设置】区域中，【生成模式】选择【标准】，【生成时长】选择【5s】，【视频比例】选择【16:9】，【生成数量】选择【1 条】。输入提示词与设置参数的结果如图 9-27 所示。

图 9-27　在可灵 AI 中实现文生视频时输入提示词与设置参数的结果

（5）单击【立即生成】按钮，等待视频生成。

2．"首尾帧"方式生成视频

（1）切换到【图生视频】选项卡。

（2）切换到【首尾帧】选项卡。

（3）通过单击、拖曳或者粘贴方式上传图 9-28 所示的首帧图，首帧图成功上传的结果如图 9-29 所示。

图 9-28　首帧图　　　　　　　图 9-29　首帧图成功上传的结果

（4）在上传的首帧图下方单击【尾帧图】按钮，然后通过单击、拖曳或者粘贴方式上传图 9-30 所示的尾帧图。首帧图和尾帧图成功上传的结果如图 9-31 所示。

图 9-30　尾帧图　　　　　　　图 9-31　首帧图和尾帧图成功上传的结果

（5）在【图片创意描述】输入框中输入以下提示词：光照进屋内，一只可爱的小猫站在光滑的地板上，全神贯注地注视与扑打着毛线球。

上传首尾帧图与输入提示词的结果如图 9-32 所示。

（6）单击【立即生成】按钮，等待视频生成。

3．"多图参考"方式生成视频

"多图参考"方式生成视频的步骤如下。

（1）上传图像

切换到【多图参考】选项卡，如图 9-33 所示，上传 1～4 张图像，上传方式主要有 2 种。

① 本地上传图像。

② 单击【历史创作】，在弹出的对话框中选择用户在可灵 AI 生成的历史图像素材。

上传 3 张图像的结果如图 9-34 所示。

此外，也可以通过单击上传图像区域下方的推荐示例，来获取一些示例内容；还可以通过单击右侧的【刷新】按钮来获取更多的示例内容。

图 9-32　上传首尾帧图与输入提示词的结果

图 9-33　可灵 AI 的【多图参考】选项卡

图 9-34　可灵 AI 的"多图参考"方式生成视频时上传的 3 张图像

（2）选择主体（可选）

如果上传的图像中包含过多元素，而用户只希望可灵 AI 参考图中特定的主体，那么其需要使用"选择主体"功能，精准框选出希望可灵 AI 参考的部分。在上传的图像中，将鼠标指标指向其中一张图像，图像中的【选择主体】按钮（最左侧按钮）如图 9-35 所示。

单击【选择主体】按钮，在打开的【选择主体】对话框中，显示对应的图像及用于选择图像主体的方框，调整用于选择图像主体的方框大小，结果如图 9-36 所示。

图 9-35　图像中的【选择主体】按钮（最左侧按钮）　　图 9-36　在图像中选择主体的结果

（3）撰写"图片创意描述（必填）"

用一段话来描述希望可灵 AI 参考的（一个或多个）主体，以及希望它生成一段什么效果的 AI 创意视频。

提示词：一个女生骑着独角兽，漫步在林间小路。

"图片创意描述（必填）"内容如图 9-37 所示。

（4）设置参数

参数设置主要包括以下几项。

① 生成模式：【标准】模式生成 720P 视频，生成速度更快；【高品质】模式生成 1080P 视频，生成效果更佳。

② 生成时长：可灵 AI 生成的视频长度，提供【5s】【10s】两种长度。

③ 视频比例：希望可灵 AI 生成的视频的画面比例，提供【16:9】【9:16】【1:1】3 种比例。

④ 生成数量：希望可灵 AI 一次性生成几条视频，支持单次生成 1~4 条。

⑤ 不希望呈现的内容（非必填）：不希望在可灵 AI 生成的视频中出现的内容。

这里的【生成模式】选择【高品质】，【生成时长】选择【5s】，【视频比例】选择【16:9】，【生成数量】选择【1 条】，参数设置结果如图 9-38 所示。

图 9-37　"图片创意描述（必填）"内容　　　　图 9-38　参数设置结果

（5）单击【立即生成】按钮，等待视频生成。

【任务 9-9】 使用 Kimi 生成正弦函数动画

【任务描述】

正弦函数为：$f(x) = a \times \sin(x + x_0) + b$。

正弦函数说明如下。

a：决定正弦函数振动幅度的大小。

x_0：决定函数在 x 轴上的平移量。

b：表示正弦函数偏离 x 轴的距离。

正弦函数图形如图 9-39 所示。

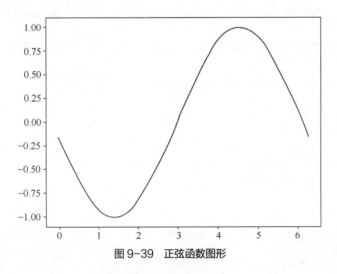

图 9-39　正弦函数图形

使用 Kimi 生成动画，把这个正弦函数直观地展现出来。

【任务实施】

在 Kimi 中输入以下提示词：

你是一个 Python 编程专家，完成如下 Python 脚本的编写：

用 Pillow、NumPy 和 Matplotlib 这 3 个库生成一个正弦函数的 GIF 动画；将生成的 GIF 动画保存到 D 盘。

扫描二维码，打开电子教材中的电子活页 9-1，在线浏览"Kimi 生成正弦函数动画对应的 Python 代码"，也可以自行在 Kimi 中生成类似的代码。

电子活页 9-1

【任务 9-10】 使用 Kimi+MOKI 制作动物冒险动画短片

【任务描述】

1. 使用 Kimi 生成"动物冒险"故事内容。
2. 使用 MOKI 生成"动物冒险"动画视频。

【任务实施】

1. 使用 Kimi 生成故事内容

（1）打开 Kimi。

（2）输入提示词。

提示词如下：

- Role: 童话故事创作大师。

- Background: 用户希望创作一个动物冒险的童话故事，故事内容需要有趣且具有教育意义，同时情节需要有起伏。

- Profile: 你是一位经验丰富的童话故事创作大师，擅长将教育元素融入引人入胜的故事中，创作出既有趣又富有教育意义的作品。

- Skills: 你拥有丰富的想象力、创造力，并且能够深刻理解儿童心理，能够创作出既有教育意义又能够吸引儿童阅读的故事。

- Goals: 创作一个动物冒险的童话故事，故事中包含有趣的情节和教育元素，情节有起伏，能够吸引儿童的注意。

- Constrains: 故事内容要适合儿童阅读，避免使用过于复杂或成人化的情节，确保故事的教育意义和娱乐性并重。

- OutputFormat: 故事文本，包含故事情节、角色描述、对话以及教育元素。

Workflow:

① 设定故事背景和主要角色。

② 构建动物冒险的情节框架。

③ 在故事中融入教育元素和有趣的情节。

④ 确保故事情节有起伏，能够吸引儿童的注意。

⑤ 审阅和修改故事，确保内容适合儿童阅读。

- Examples:

- 例子 1——故事背景为一个普通的小女孩意外穿越到了一个魔法世界。

- 例子 2——主要角色必须通过智慧和勇气来克服困难。

- 例子 3——教育元素包括团队合作的重要性、勇敢面对困难等。

- 例子 4——有趣的情节包括与会说话的动物交朋友、解决谜题等。

- 例子 5——情节起伏包括小女孩在魔法世界中的成长，以及她如何帮助这个世界恢复和平。

-Initialization: 在第一次对话中，请直接输出："欢迎来到童话故事的创作之旅。让我们一起创造一个充满冒险和教育意义的故事，让小读者们在阅读中既能感受到乐趣，又能学到宝贵的人生课程。你想从哪个角色或哪个世界开始你的冒险故事？"

Kimi 输出的内容如下：

欢迎来到童话故事的创作之旅。让我们一起创造一个充满冒险和教育意义的故事，让小读者们在阅读中既能感受到乐趣，又能学到宝贵的人生课程。你想从哪个角色或哪个世界开始你的冒险故事？

接着继续输入提示词：

输入故事的角色：猫和老鼠

Kimi 生成的故事内容如下：

太棒了！猫和老鼠是一对经典的组合，充满了趣味和冲突，非常适合用来创作一个精彩的动物冒险故事。我们可以设定它们在一个奇妙的世界中展开冒险，通过合作克服困难，同时也能学到一些重要的道理。接下来，我会根据你的角色设定，开始构建故事的框架。

故事背景

在一个宁静的小镇上，住着一只聪明机灵的小老鼠米米和一只憨厚勇敢的小猫汤姆。尽管它们是天敌，但米米和汤姆却是一对好朋友。有一天，它们在阁楼里发现了一本古老的魔法书，书的封面上闪烁着神秘的光芒。当它们好奇地翻开书时，一阵光芒闪过，它们被卷入了一个奇妙的魔法世界。

主要角色

- 米米：一只聪明机灵的小老鼠，擅长解决难题，但有时会有些胆小。
- 汤姆：一只憨厚勇敢的小猫，力大无穷，但不太擅长思考问题。
- 魔法世界的居民：包括会说话的动物、神秘的精灵和善良的魔法师。

情节框架

① 穿越到魔法世界：米米和汤姆发现自己来到了一个充满奇幻生物和魔法的世界。这个世界正面临着黑暗巫师的威胁，和平被打破。

② 寻找回家的方法：为了回到自己的世界，它们必须帮助魔法世界恢复和平。它们决定踏上冒险之旅，寻找传说中的"光明水晶"，只有它才能驱散黑暗。

③ 途中遇到的挑战如下。

- 谜题森林：森林里有一条通往光明水晶的路，但路上布满了谜题和陷阱。米米的智慧在这里发挥了重要作用。
- 黑暗巫师的挑战：它们需要与黑暗巫师的手下战斗，汤姆的勇气和力量帮助它们克服了困难。
- 团队合作的重要性：在冒险过程中，米米和汤姆学会了互相帮助，发挥各自的优势。

④ 找到光明水晶，恢复和平：经过一系列的冒险，它们终于找到了光明水晶，并用它驱散了黑暗。魔法世界恢复了和平，它们也找到了回家的路。

⑤ 回到现实世界：回到小镇后，米米和汤姆意识到，无论遇到什么困难，只要团结一心，就能够克服。

教育元素

- 团队合作：米米和汤姆虽然性格不同，但通过合作完成了任务，体现了团队合作的重要性。
- 勇气与智慧：汤姆的勇敢和米米的智慧相辅相成，告诉孩子们勇气和智慧缺一不可。
- 友谊与信任：即使它们是天敌，但通过这次冒险，它们的友谊变得更加深厚，强调了信任和友谊的力量。

现在，我已经为你构建了一个充满冒险和教育意义的故事框架。接下来，我们可以进一步细化情节，增加一些有趣的对话和细节。如果你有任何想法或想要调整的地方，请随时告诉我！

2. 使用 MOKI 生成动画视频

（1）打开 MOKI。

（2）将 Kimi 生成的故事内容输入 MOKI 首页的输入框中，如图 9-40 所示，单击【开始生成脚本】按钮。

图 9-40　在 MOKI 首页的输入框中输入故事内容

（3）稍等片刻，MOKI 会按照故事内容生成分镜脚本，这里的视觉风格选择【中国动画】。

（4）在生成分镜脚本页面向下滚动鼠标滚轮，在【角度设计】区域单击【新增角色】按钮，打开

对话框并打开【AI 生成角色】选项卡，在【角色名】输入框中输入角色名"米米"，【角色性别】选择
【其他】，【角色配音】选择【小主持人】，在提示词输入框中输入"拟人化的小老鼠"。然后单击【立即
生成】按钮进行角色生成，角色生成后在【生成历史】区域选择一个生成的角色，这里选择中间的角
色，如图 9-41 所示。

图 9-41 选择"米米"小老鼠角色

（5）在【AI 生成角色】选项卡中单击【保存】按钮，"米米"小老鼠角色便成功添加。
按照类似步骤添加"汤姆"小猫角色，如图 9-42 所示。

图 9-42 添加"汤姆"小猫角色

接下来按照类似步骤添加"居民"动物角色，如图 9-43 所示。

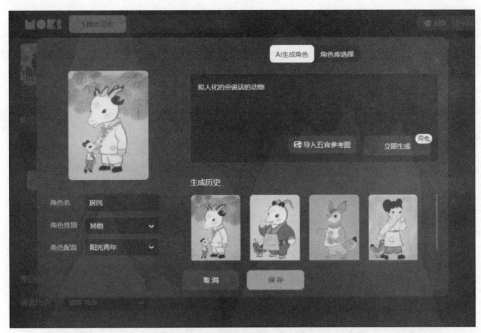

图 9-43　添加 "居民" 动物角色

添加 3 个角色后,【角色设计】区域如图 9-44 所示。

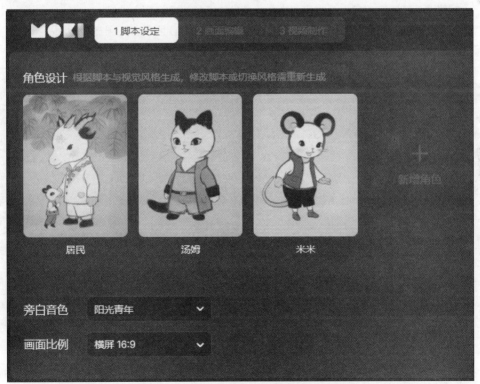

图 9-44　添加 3 个角色后的【角色设计】区域

（6）新增完角色之后,在【旁白音色】下拉框中单击 可以打开图 9-45 所示的旁白音色选择对话框,在其中选择合适的旁白音色,然后单击【确认】按钮即可。

如果需要调整【画面比例】,可以自行调整,【画面比例】有两个选项:【横屏 16:9】和【竖屏 9:10】。

图 9-45　旁白音色选择对话框

（7）配置选项调整完成后，单击页面中右上角的【开始生成视频】按钮。

稍等片刻，MOKI 就会根据内容生成多个画面，如图 9-46 所示。如果觉得画面不符合期望，可以在右侧调整画面描述内容和每个画面的出镜角色。

图 9-46　MOKI 根据内容生成的多个画面

（8）对每个画面的画面描述和出镜角色进行必要调整后，在页面右上角单击【开始生成视频】按钮。

视频成功生成后，会进入视频编辑页面，在此页面可以选择配乐；也可以设置运镜，让整个画面更加有动感；还可以添加人物运动方式或景效，让整个视频效果更好。

至此，动物冒险动画短片制作完毕。

自主学习

【任务 9-11】 使用即梦 AI 的"音乐生成"功能创作音乐作品

【任务描述】

使用即梦 AI 的"音乐生成"功能完成以下音乐作品的创作。

1. 生成背景音乐

提示词：生成一段适合放松和冥想的钢琴背景音乐。

2. 生成自然音效

提示词：创建一段包含鸟鸣声和流水声的夏日森林音效。

3. 创作一首歌曲，歌名为"青春的旋律"

电子活页 9-2

扫描二维码，打开电子教材中的电子活页 9-2，在线浏览"歌曲《青春的旋律》的歌词"。

【任务 9-12】 使用 WHEE 的"文本生视频"功能创作视频

【任务描述】

使用 WHEE 的"文本生视频"功能创作 4 段视频，提示词如下。

提示词 1：一群马在草原上奔跑。

提示词 2：小金鱼在池塘中来回游动。

提示词 3：一位男子驾驶滑翔伞在天空翱翔。

提示词 4：白衣少女在大片盛开的薰衣草花田中漫步，微风轻拂发丝。

【任务 9-13】 使用豆包+MOKI 制作拯救小镇动画短片

【任务描述】

1. 使用豆包编写一个关于一只名叫奥奇的小狗拯救小镇的儿童故事。
2. 使用 MOKI 生成拯救小镇动画视频。

模块10
AIGC助力程序编写与代码优化

人工智能编程助手是人工智能技术在软件开发领域的一项重要应用，是一种基于人工智能技术的智能代码生成工具，它利用深度学习、自然语言处理等先进技术，旨在帮助开发者提高开发效率，优化代码质量，实现智能编程。

人工智能编程助手能够理解开发者需求，并根据需求自动生成高质量代码片段或整个程序。它通过分析大量的代码样本，学习代码的结构、语法和逻辑，智能地为开发者提供代码补全、错误检测、代码生成等辅助服务。涉及的技术有循环神经网络（Recurrent Neural Network，RNN）、长短期记忆网络（Long Short-Term Memory，LSTM）、VAE 等先进的机器学习模型。

随着人工智能技术的不断发展，人工智能编程助手的功能和性能将不断提升。未来，它有望实现更加精准的代码补全和错误检测，支持更多的编程语言和框架，为开发者提供更加个性化、智能化的开发辅助。同时，它还有望与更多的开发工具和服务进行集成，形成更加完善的开发生态体系。

知识探析

10.1 常用的代码生成与编辑专用 AI 工具

目前，常用的代码生成与编辑专用 AI 工具如表 10-1 所示。

表 10-1 常用的代码生成与编辑专用 AI 工具

序号	名称
1	代码小浣熊
2	文心快码
3	豆包 MarsCode
4	CodeGeeX
5	腾讯云 AI 代码助手
6	通义灵码
7	iFlyCode（星火飞码）
8	CodeGPT
9	Sky Code
10	飞桨
11	星河小桨
12	昇思 MindSpore

10.2　代码小浣熊简介

代码小浣熊是由商汤科技基于商汤大语言模型（SenseNova）开发的一款智能编程助手，旨在通过人工智能技术提升开发者的编程效率和质量。它覆盖软件生命周期的多个环节，包括需求分析、架构设计、代码编写、软件测试等，支持 Python、Java、JavaScript、C++、Go、SQL 等 30 多种主流编程语言，并与 Visual Studio Code（简称 VS Code）、IntelliJ IDEA 等主流集成开发环境（Integrated Development Environment，IDE）深度集成。

1. 核心功能

（1）代码生成与补全：代码小浣熊能够根据上下文自动生成代码片段。例如，开发者只需输入"生成一个用于计算两个数之和的函数"的描述，它便能快速生成相应的代码。

（2）跨编程语言翻译：代码小浣熊支持不同编程语言之间的代码转换。例如，将 Python 代码转换为 Java 代码，方便开发者在多语言环境下工作。

（3）代码修正与重构：代码小浣熊能够识别代码中的错误或不合理之处，并提供优化建议。例如，检测到冗余代码时，它会建议重构以提高代码质量。

（4）单元测试用例生成：代码小浣熊能够自动生成单元测试用例，帮助开发者快速构建测试场景，提高代码的可靠性和稳定性。

（5）自然语言交互：开发者可以通过自然语言描述需求，代码小浣熊能够对其进行理解并生成相应的代码或文档。例如，输入"生成一段登录页面的前端代码"，它便能生成基于超文本标记语言（Hypertext Markup Language，HTML）和串联样式表（Cascading Style Sheets，CSS）的前端代码。

2. 使用方式

代码小浣熊提供了 3 种主要的使用方式，具体如下。

（1）侧边栏内代码助手——图形用户界面（Graphical User Interface，GUI）：在 VS Code 侧边栏单击 Raccoon 图标激活。

（2）编辑器内代码助手——图形用户界面：在 Raccoon 侧边栏视图中创建独立实例，支持多线开发。

（3）终端面板代码助手——命令行界面（Command Line Interface，CLI）：在终端中直接输入问题，支持基于上下文的多轮对话。

代码小浣熊不仅是一款高效的编程工具，更是开发者提升编程效率、降低编程门槛的得力助手。无论是在日常开发、团队协作中，还是在编程教育中，它都能发挥重要作用。

10.3　文心快码简介

百度的文心快码（Baidu Comate）是基于百度文心大模型构建的人工智能代码助手，旨在通过人工智能技术提升软件开发的效率和质量。文心快码融合了百度多年积累的编程现场大数据和外部优秀开源数据，能够生成更符合实际开发场景的优质代码。它支持多种编程语言和 IDE，为开发者提供智能代码生成、代码优化与解释和技术问答与知识库等全方位服务。

文心快码的核心功能如下。

1. 智能代码生成

（1）实时续写：在代码编写过程中，文心快码能够实时智能生成完整代码块，帮助开发者快速构建程序框架。

（2）注释生成代码：开发者只需在注释中描述所需功能，文心快码即可生成完整的代码，大大提高编程效率。

（3）对话生成代码：通过交互式的自然语言对话，文心快码可以直接生成开发者所需代码，使开发者无须手动编写烦琐的代码逻辑。

2. 代码优化与解释

（1）代码优化：文心快码能够识别代码中的冗余或低效部分，提出优化建议，如拆分过长函数等，使代码更加简洁、高效。

（2）代码解释：文心快码支持解释完整代码或选中代码段，帮助开发者更好地理解代码逻辑。

3. 技术问答与知识库

（1）技术问答：在对话框中输入开发中遇到的问题，文心快码能够第一时间提供解答，帮助开发者解决燃眉之急。

（2）知识库构建：文心快码能够构建开发领域知识库，满足多场景诉求，助力开发者提升技能水平。

4. 其他辅助功能

（1）生成单元测试：文心快码能够对单函数或批量函数生成单元测试，提高代码质量和可维护性。

（2）生成注释：文心快码能够生成规范的文档注释和行间注释，提升代码可读性。

（3）支持私有化和混合云部署：文心快码支持私有化部署和混合云部署，满足企业对数据安全和隐私保护的需求。

文心快码是一款功能强大、易于使用的人工智能代码助手，能够显著提升软件开发的效率和质量。无论是个人开发者还是企业开发团队，都可以通过使用文心快码来提升编码效率、降低开发成本、提高产品质量。

10.4 腾讯云代码助手简介

腾讯云代码助手是腾讯云自研的一款智能代码辅助工具，旨在帮助开发者提升编程效率，优化代码质量。它为开发者提供智能代码补全、技术对话与咨询、代码诊断与优化、单元测试用例生成、代码理解与解释、多语言代码转换等功能。它支持 Python、Java、C/C++、Go 等数十种编程语言或框架，以及 VS Code、JetBrains 等主流 IDE。通过集成先进的人工智能技术，该工具能够自动生成代码、优化逻辑，并提供实时建议，为开发者提供更流畅的编程体验。

1. 核心功能

（1）智能代码补全

① 上下文理解：腾讯云代码助手能够根据当前代码上下文，智能预测并补全代码，包括方法调用、变量声明、循环结构等类型的代码，显著减少开发者手动编程的次数。

② 注释驱动的代码生成：通过解析注释描述及上下文，腾讯云代码助手能够自动生成符合描述的代码段，加速程序开发进程。

（2）技术对话与咨询

① 即时问答：开发者可以随时向腾讯云代码助手提问，获取编程建议和解决方案。

② 热门知识库问答：腾讯云代码助手能够深入挖掘代码库和技术文档，为开发者提供更加精确的内容查找结果。

（3）代码诊断与优化

① 错误检测：腾讯云代码助手能够快速检测代码中的错误，标记潜在的语法错误、逻辑漏洞等。

② 重构建议：腾讯云代码助手能够分析现有代码，提出重构建议，如循环优化、变量重命名、冗余代码删除等，确保代码既高效又易于维护。

（4）单元测试用例生成

腾讯云代码助手能够根据现有代码结构，自动生成对应的单元测试用例，确保代码变更时功能的稳定性。

（5）代码理解与解释

腾讯云代码助手提供对代码逻辑的清晰解释，便于他人理解和维护代码。

（6）多语言代码转换

腾讯云代码助手支持多种编程语言之间的转换，助力多语言项目快速迁移和适配。

2. 插件安装

（1）在 VS Code 中安装

在 VS Code 的插件市场中搜索"腾讯云代码助手"，安装相应插件并重启编辑器即可使用。

（2）在 JetBrains 系列 IDE 中安装

在 JetBrains 系列 IDE（如 IntelliJ IDEA、PyCharm 等）的插件市场中搜索"腾讯云代码助手"并安装相应插件，重启 IDE 后即可使用。

应用实践

【任务 10-1】 使用文心一言编写 Python 程序读取 Excel 文件中的数据

【任务描述】

在文心一言中编写 Python 程序，使用 pandas 库读取 Excel 文件"example1.xlsx"的 sheet1 工作表中的数据（确保相关编程环境中已经安装了 pandas 和 openpyxl 两个库）。

【任务实施】

打开文心一言首页，在输入框中输入编程要求，然后单击【发送】按钮，生成的 Python 程序如下。

```
import pandas as pd

# 读取 Excel 文件中的 sheet1 工作表
file_path = 'example1.xlsx'
sheet_name = 'sheet1'

# 使用 pandas 的 read_excel()函数读取数据
try:
    df = pd.read_excel(file_path, sheet_name=sheet_name, engine='openpyxl')
    print("读取的 Excel 文件中的数据: ")
    print(df)
except FileNotFoundError:
    print(f"文件 {file_path} 未找到，请检查文件路径是否正确。")
except Exception as e:
    print(f"读取 Excel 文件时发生错误: {e}")
```

【任务 10-2】 使用文心一言编写 Python 程序对 JavaScript 的数组去重

【任务描述】

在文心一言中编写 Python 程序，使用 ES6 的 Set 对象实现对 JavaScript 的数组[1, 2, 2, 3, 4, 4, 5]去重。

【任务实施】

文心一言编写的 Python 程序如下。

```
// 原始数组
const array = [1, 2, 2, 3, 4, 4, 5];
// 使用 Set 对象去重
const uniqueArray = [...new Set(array)];
// 输出去重后的数组
console.log(uniqueArray); // 输出 [1, 2, 3, 4, 5]
```

【任务 10-3】 使用文心一言编写前端代码实现用户登录功能

【任务描述】

在文心一言中编写前端代码，使用 HTML 和 JavaScript 实现用户登录功能。

电子活页 10-1

【任务实施】

扫描二维码，打开电子教材中的电子活页 10-1，在线浏览"实现用户登录功能的代码"。也可以自行在文心一言中生成类似的结果。

【任务 10-4】 使用豆包编写 HTML+CSS 代码实现网页元素的阴影效果

【任务描述】

在豆包中编写 HTML+CSS 代码，使用 CSS 的 text-shadow 属性为网页中的段落"当今时代，人工智能正以前所未有的速度发展。"中的文字"人工智能"添加阴影效果。

【任务实施】

打开豆包首页，在输入框中输入编程要求，然后单击【发送】按钮，生成的 HTML+CSS 代码如下。

```html
<!DOCTYPE html>
<html lang="zh-CN">
<head>
    <meta charset="UTF-8">
    <meta name="viewport" content="width=device-width, initial-scale=1.0">
    <title>文字阴影效果</title>
    <style>
        .highlight {
            /* text-shadow 属性用于为文字添加阴影效果 */
            text-shadow: 2px 2px 4px #888;
        }
    </style>
</head>

<body>
    <p>当今时代，<span class="highlight">人工智能</span>
        正以前所未有的速度发展。</p>
</body>
</html>
```

【任务 10-5】 使用 DeepSeek 编写 Python 程序，使用 read() 方法读取文件的所有内容并输出

【任务描述】

在 DeepSeek 中编写 Python 程序，使用 read()方法读取文件"test.txt"的所有内容并输出。

【任务实施】

DeepSeek 编写的 Python 程序如下。

```python
# 打开文件
with open('test.txt', 'r') as file:
    # 使用 read() 方法读取文件的所有内容
    content = file.read()
# 输出文件内容
print(content)
```

【任务 10-6】 使用通义判断 Python 代码的运行是否会报错

【任务描述】

使用通义判断下面的 Python 代码在运行时是否会报错。如果会报错，请说明原因，并输出解决方法；如果不会报错，请回答"无错误"。

需要判断的代码为：

```
[
A= 1
def test():
    a += 1
    print(a)
test()
]
```

电子活页 10-2

【任务实施】

扫描二维码，打开电子教材中的电子活页 10-2，在线浏览"判断 Python 代码的运行是否会报错"。也可以自行在通义中生成类似的结果。

【任务 10-7】 使用天工 AI 补齐 Python 程序代码，实现要求功能

【任务描述】

使用天工 AI 补齐以下 Python 程序代码，实现检查一个字符串是否为回文字符串（正读与反读相同的字符序列）的功能。

```
def is_palindrome(s):
    # 将字符串反转
    # 比较原字符串和反转后的字符串
# 测试示例
test_string = "radar"
print(is_palindrome(test_string))
```

【任务实施】

天工 AI 补齐的 Python 程序代码如下。

```
def is_palindrome(s):
    reversed_s = s[::-1]   # 将字符串反转
    return s == reversed_s   # 比较原字符串和反转后的字符串


# 测试示例
test_string = "radar"
print(is_palindrome(test_string))
```

【任务 10-8】 使用海螺 AI 纠正 Python 程序中的错误

【任务描述】

使用海螺 AI 纠正以下 Python 程序中的错误。

```
# 创建文件并将内容写入文件
open("example.txt", "w") as file
file.write("This is a test file.\nWelcome to Python programming!")
```

```
# 读取文件内容
open("example.txt", "r") as file
content = file.read()
print(content)
```

【任务实施】

使用海螺 AI 纠正错误后，正确的 Python 程序如下。

```
# 创建文件并将内容写入文件
with open("example.txt", "w") as file:
    file.write("This is a test file.\nWelcome to Python programming!")
# 读取文件内容
with open("example.txt", "r") as file:
    content = file.read()
    print(content)
```

海螺 AI 的主要修正点如下。

1. 使用 with 语句：使用 with 语句来管理文件操作，这样可以自动处理文件的打开和关闭，避免资源泄露。

2. 添加冒号：在每个 with 语句的末尾添加冒号 "："，这是 Python 语法要求的，用于标识代码块的开始。

3. 正确缩进：with 语句块内的代码需要正确缩进（通常为 4 个空格），以表示这些代码是 with 语句块的一部分。

【任务 10-9】 应用代码小浣熊实现代码补全与代码注释

【任务描述】

应用代码小浣熊实现以下 AI 编程任务。

1. 代码补全

根据以下 Python 代码和注释，利用代码小浣熊对其进行补全。

```
import requests
# 请求访问 https://www.ryjiaoyu.com/网站，获取返回的响应状态码、响应头、响应内容，并输出
```

2. 代码注释

为以下 Python 代码添加必要的注释，以说明代码的功能。

```
def tcplink(conn, addr):
    print("Accept new connection from %s:%s" % addr)
    conn.send(b"Server: Welcome!")
    while True:
        conn.send(b"Server: What's your name?")
        data = conn.recv(1024)
        if data == b"exit":
            conn.send(b"Server: Good bye!\n ")
            break
        conn.send(b"Server: Hello %s!\n" % data)
    conn.close()
    print("Connection from %s:%s is closed" % addr)
```

【任务实施】

（1）代码补全

代码小浣熊补全的 Python 代码如下：

```python
import requests

# 目标 URL
url = "https://www.ryjiaoyu.com/"

try:
    # 发送 GET 请求
    response = requests.get(url)

    # 输出响应状态码
    print(f"响应状态码: {response.status_code}")

    # 输出响应头
    print("响应头:")
    for header, value in response.headers.items():
        print(f"{header}: {value}")

    # 输出响应内容
    print("\n 响应内容:")
    print(response.text[:1000])   # 仅输出前 1000 个字符，避免输出过多内容

except requests.exceptions.RequestException as e:
    print(f"请求过程中发生错误: {e}")
```

（2）代码注释

代码小浣熊对代码的注释如下：

电子活页 10-3

```
# 这段 Python 代码定义了一个名为 tcplink 的函数，用于处理与 TCP 连接相关的客
户端通信。这个函数通常在服务器端使用，用于与客户端进行交互。
```

扫描二维码，打开电子教材中的电子活页 10-3，在线浏览"代码小浣熊对代码的详细注释和说明"。也可以自行在代码小浣熊中生成类似的结果。

【任务 10-10】 应用豆包 MarsCode 实现多项 AI 编程任务

【任务描述】

应用豆包 MarsCode 实现以下多项 AI 编程任务。

1. 生成 1 条查询数据的 SQL 语句，用于从"图书信息"数据表中检索作者为"张珊"且出版日期在"2024-01-01"之后的图书信息，要求查询结果只需包含"商品编号""图书名称""作者""出版日期"4 个字段。

2. 创建一个函数 getTypeName()，该函数的功能是从"商品类型"数据表中根据指定的"类型编号"获取"类型名称"。

3. 创建一个存储过程 procDemo，用于查看"人民邮电出版社"出版的图书种类。

【任务实施】

1. 豆包 MarsCode 生成的用于查询数据的 SQL 语句如下。

```
SELECT 商品编号, 图书名称, 作者, 出版日期
FROM 图书信息
WHERE 作者 = '张珊' AND 出版日期 > '2024-01-01';
```

2. 豆包 MarsCode 创建函数 getTypeName() 的 SQL 语句如下。

```
-- 创建函数 getTypeName()
CREATE FUNCTION getTypeName (
    @typeId INT -- 输入参数: "类型编号"
)
RETURNS NVARCHAR(50) -- 返回类型: "类型名称"
AS
BEGIN
    DECLARE @typeName NVARCHAR(50); -- 声明变量用于存储 "类型名称"

    -- 从 "商品类型" 数据表中查询指定 "类型编号" 的 "类型名称"
    SELECT @typeName = 类型名称
    FROM 商品类型
    WHERE 类型编号 = @typeId;

    -- 返回 "类型名称"
    RETURN @typeName;
END;
```

3. 豆包 MarsCode 创建存储过程 procDemo 的 SQL 语句如下。

```
-- 创建存储过程 procDemo
CREATE PROCEDURE procDemo
AS
BEGIN
    -- 查询 "人民邮电出版社" 出版的图书种类
    SELECT DISTINCT 图书种类
    FROM 图书信息
    WHERE 出版社 = '人民邮电出版社';
END;
```

自主学习

【任务 10-11】 使用文心一言定义多种数据类型的变量

【任务描述】

在文心一言中编写 Python 代码，分别定义多种数据类型的变量，并输出这些变量的值。

【任务 10-12】 应用文心一言实现多项 AI 编程任务

【任务描述】

应用文心一言实现以下多项 AI 编程任务。

1. 编写 Python 程序，生成 20 以内的所有质数。
2. 编写 Python 程序，使用 while 循环语句计算 1 到 10 的总和。
3. 对以下代码进行优化处理。

```
try:
    # 以追加模式打开文件
    file = open('test.txt', 'a', encoding='utf-8')
    # 追加内容
    file.write("This is additional content.\n")
except Exception as e:
    print(f"追加内容时出错: {e}")
finally:
    if file:
        file.close()
```

【任务 10-13】 使用豆包充当 Python 解释器对 Python 代码进行解释

【任务描述】

使用豆包充当 Python 解释器，提示词如下。

我希望你表现得像一个 Python 解释器。我会给你 Python 代码，你来执行它并输出执行结果。你不需要向我提供任何解释。

待解释的代码如下：

```
print("hello world! ")
print(1+2)
x=5;
y=10;
print(x+y)
```

【任务 10-14】 使用 Kimi 编写 Python 程序创建 NumPy 数组

【任务描述】

在 Kimi 中编写 Python 程序创建 NumPy 数组，该 NumPy 数组应该具有(x,y,z)的形状。请用随机值初始化 NumPy 数组。

【任务 10-15】 使用腾讯元宝编写 Python 程序计算应付金额

【任务描述】

已知购买物品的数量为 5，单价为 21.6 元，在腾讯元宝中编写 Python 程序，计算应付金额并输出。

【任务 10-16】 使用海螺 AI 解释 SQL 语句的含义

【任务描述】

使用海螺 AI 解释以下 SQL 语句的含义。

Select 商品编号, 图书名称, 作者, 价格, 出版日期 From 图书信息 Where 价格>45 Order By 价格;

模块11
AIGC助力文献阅读与事务处理

如果用户想要速读一篇很长的文献，那么基于 AIGC 语言模型的阅读助手（简称 AIGC 阅读助手）可以很好地为用户提供帮助，AIGC 阅读助手还可以回答用户针对文章内容提出的问题。

使用 AIGC 阅读助手是一种利用人工智能技术提高阅读效率和信息获取准确性的有效方法。通过自动摘要生成、关键词提取、内容分类与标签标注及智能推荐与关联等功能，AIGC 阅读助手可以帮助用户快速掌握长篇文献的核心内容，提高阅读效率。未来，随着人工智能技术的不断发展，AIGC 阅读助手有望在更多领域发挥重要作用，为用户提供更加智能化、便捷的文献阅读与事务处理体验。

知识探析

11.1 常用的国产文献阅读与分析专用 AI 工具简介

目前，常用的国产文献阅读与分析专用 AI 工具如表 11-1 所示。

表 11-1 常用的国产文献阅读与分析专用 AI 工具

序号	名称
1	包阅 AI
2	通义智文
3	AMiner
4	语雀

常用的国产文献阅读与分析专用 AI 工具介绍如下。

1. 包阅 AI

包阅 AI 是一款集成了人工智能技术的科研文献阅读与管理工具，支持各种常见阅读场景，能够帮助不同需求的用户更高效地阅读文献，如帮助科研人员、学生及其他专业人士更高效地阅读学术文献并处理和吸收学术文献中的信息。包阅 AI 适合各行各业全场景，包括法律、科研、营销、教育、商业等场景的文档阅读需求。包阅 AI 目前支持 PC 端、手机端和浏览器插件。

包阅 AI 是一款专业好用的多功能 AI 阅读工具，聚焦于文档处理和提升阅读效率，支持的功能包括 AI 智能问答、光学字符阅读器（Optical Character Reader，OCR）截图问答、多格式文件翻译、全文改写、笔记等功能。

包阅 AI 利用先进的文本解析技术，能够快速理解文档内容，其支持以下格式。

（1）文档类：PDF、Word、PPT、EPUB、MOBI、TXT、Markdown、WPS、CAJ。

（2）图像类：JPG、PNG、WebP。

（3）其他：视频、音频、网页链接。

2. 通义智文

通义智文是由阿里云推出的基于通义大模型的 AI 阅读工具，它可以智能阅读网页、论文、图书和其他文档，自动生成内容提要和要点概述，帮助用户在更短的时间内精读文章，快速掌握要点，提高阅读效率。通义智文还支持自由提问，可解答用户关于文章的问题。

3. AMiner

AMiner 是由清华大学团队创建的新一代科技情报分析与挖掘平台，具有完全自主知识产权。AMiner 是学术搜索和社会网络挖掘研究的重要数据和实验平台。其主要功能包括论文推荐、论文 AI 对话、论文排名等。

AMiner 基于科研人员、科技文献、学术活动三大类数据，构建三者之间的关联关系，提供检索学者、论文文献等学术信息资源的功能，以及多种专业知识服务。其中论文 AI 对话可以让用户很方便地进行文献研究。

4. 语雀

语雀推出了 AI 助手功能，用户可以通过其提高文档的阅读和创作效率，同时语雀支持个性化的 AI 应用定制。

11.2 从定义、核心功能、应用场景、优势等方面介绍 AIGC 长文档阅读

AIGC 在长文档阅读领域的应用，为用户带来了高效、便捷的文档处理体验。

1. AIGC 长文档阅读的定义

AIGC 长文档阅读，是指利用人工智能技术，对长篇文档进行快速阅读、信息提取和关键信息概括的过程。通过 AIGC 技术，用户可以在短时间内掌握文档的核心内容，提高阅读效率。

2. AIGC 长文档阅读的核心功能

（1）自动摘要生成

AIGC 能够分析文档的结构和内容，自动提取文档的核心信息，生成简洁明了的摘要。用户可以通过阅读摘要，快速了解文档的主旨和大意。

（2）关键词提取

AIGC 能够从文档中识别出关键词，帮助用户快速定位关键信息。这对于用户快速了解文档内容和结构具有重要意义。

（3）内容分类与标签标注

AIGC 可以根据文档的内容和主题，对文档进行分类和标注标签。这有助于用户更好地组织和管理文档，提高文档检索效率。

（4）智能推荐与关联

AIGC 可以根据用户的阅读历史和兴趣，为用户推荐相关的文档和资源。同时，它还可以根据文档的内容，为用户推荐相关的知识点和参考资料，帮助用户更深入地理解文档内容。

3. AIGC 长文档阅读的应用场景

（1）学术研究

对于科研人员和学生来说，阅读长篇学术论文和报告是常态事务，AIGC 可以帮助他们快速掌握学术论文和报告的核心内容，提高阅读效率。

（2）企业决策

企业高管和决策者需要阅读大量的市场报告、行业分析报告和政策文件，AIGC 可以帮助他们快速提炼关键信息，为决策提供支持。

（3）法律文件审查

律师和法务人员需要阅读大量的法律文件和合同，AIGC 可以帮助他们快速理解文件或合同的核心内容，提高审查效率。

（4）新闻报道

记者和编辑需要阅读大量的新闻稿件和背景资料，AIGC 可以帮助他们快速提炼新闻要点，编写出更加准确、生动的报道。

4. AIGC 长文档阅读的优势

（1）提高阅读效率

AIGC 能够快速生成文档摘要和关键词，帮助用户快速了解文档内容，提高阅读效率。

（2）降低阅读难度

对于长篇复杂文档，AIGC 可以帮助用户提炼关键信息，降低阅读难度，提高阅读体验。

（3）提升信息获取的准确性

AIGC 通过智能分析和提取关键信息，可以帮助用户更准确地获取文档中的关键信息，减少信息遗漏和误解。

随着人工智能技术的不断发展，AIGC 长文档阅读的功能和性能将不断提升。未来，AIGC 有望为用户提供更加智能化的文档阅读体验，如通过自然语言处理技术实现更准确的语义理解，通过机器学习算法不断优化摘要生成和关键词提取的准确性，等等。同时，AIGC 还将与其他文档处理工具和服务进行更紧密的集成，形成更加完善、便捷的文档处理生态体系。

11.3 常用的音视频转录 AI 工具

目前，常用的音视频转录 AI 工具及其功能说明如表 11-2 所示。

表 11-2 常用的音视频转录 AI 工具及其功能说明

序号	名称	功能说明
1	通义听悟	一款由阿里云推出的 AI 音视频转录工具，聚焦于音视频内容，依托通义大模型、音视频 AI 大模型能力，帮助用户记录、整理和分析音视频内容，实现用大模型做音视频笔记、整理会议记录的功能
2	讯飞听见	提供录音转文字服务，支持实时转录和多语种翻译，可快速提升文稿可读性和记录整理效率，适用于会议记录和内容整理等场景

11.4 常用的音视频转文字 AI 工具简介

以下是一些常用的音视频转文字 AI 工具。

1. 狸猫语音转文字

狸猫语音转文字是一款专业的语音转文字、录音转文字、视频声音转文字软件。它支持多语言，包括普通话、英语、粤语、韩语等的实时语音识别与转写；支持 10 余种主流音频格式文件的提交与转写，还支持 30 余种方言转写。它可快速将音视频转写为文字，用户在该软件中一键导入音视频即可实现转写。

2. 通义听悟

通义听悟是由阿里云推出的 AI 音视频转录工具，支持网页端、App 端、钉钉小程序、微信小程序、Chrome 插件、Edge 插件等多种使用方式。它的核心功能包括实时记录（即实时语音转文字）、同步翻译、要点智能总结；用户可在通义听悟中上传音视频实现音视频转文字，并将结果一键导出。

3. Memo AI

Memo AI 是一款本地运行的 AI 音视频转录工具，支持 Windows 端、macOS 端。它能轻松将视频、播客等转换为文字稿，支持中文、英语、日语等 90 多种语言的转录与翻译，还支持 MP4、MP3、AAC、M4A 等格式的本地媒体文件转录。

4. 飞书妙记

飞书妙记是字节跳动旗下的产品，支持网页端，也支持飞书客户端、App 端等。其 PC 版本主要提供音视频转录功能，移动版本可以实现语音实时转录。用户可以使用 PC 版本的飞书妙记一键上传音视频文件，利用人工智能快速实现语音识别与转文字。

5. 简单听记

简单听记是由百度推出的专业音视频处理平台，它实现了场景细分，除了能够处理音视频，还支持录音、访谈转化等功能。

6. 钉钉闪记

钉钉闪记是阿里巴巴旗下的产品，用户可在网页中使用该产品，也可下载并安装钉钉 App，在钉钉 App 中使用该产品。其界面简洁，主要功能是音视频转文字和语音实时转录。

7. VideoChat

VideoChat 是基于人工智能技术的音视频内容解读助手，能够将音视频文件自动转录为文字，并提供多种内容解读方式，支持将批量上传的音视频文件自动转录为文字，也支持以 VTT、SRT、TXT 等多种格式导出转录结果。

11.5 常用的会议录制 AI 工具简介

常用的会议录制 AI 工具如下。

1. 飞书智能伙伴

飞书智能伙伴可以进行会议录制，支持在会议结束后根据录制内容自动生成妙记文件或会议纪要文档，这些文件或文档包含会议总结、待办事项和章节纪要等内容。它还支持中、英、日 3 种语言的自动识别及实时翻译，方便跨国会议使用。

2. 腾讯会议·AI 小助手

腾讯会议·AI 小助手能够覆盖会议全流程，在会后可基于全场会议讨论的议题提炼云录制文件，自动整理会后重点跟进事项、跟进人及完成时间等信息。用户还能在会议中使用其提供的各种个性化功能，如实时信息回顾、个性化提醒事项等。

3. 通义听悟

通义听悟作为由阿里云推出的 AI 会议助手，可实现实时语音转文字、多语言同步翻译、音视频转写、智能区分发言人等功能。它还能对会议内容进行 AI 智能分析和总结，提取关键信息、问答观点、章节脉络、待办事项等；它还支持以多格式一键导出结果。

4. 讯飞听见

讯飞听见具有一键录音功能，可以迅速捕捉会议内容，并将其实时转化为文字，支持多国语种互译。录音结束后，用户还可以使用它对转写结果进行智能编辑、文本翻译，确保会议纪要的准确性和完整性。

5. Otter.ai

Otter.ai 以强大的语音识别技术著称，它可以实时转录会议内容，自动捕捉 PPT 和生成实时总结。它支持与 Zoom、微软公司的 Teams 和谷歌公司的 Meet 等进行会议集成，允许用户在实时转录中添加评论、突出重点和分配行动项。

6. Zoom AI

Zoom AI 集成在 Zoom 视频会议中，不仅可以自动生成会议纪要和字幕，方便参会者实时查看，还可以进行会议录制，方便用户后续回顾会议内容。

11.6　常用的国产自动生成会议纪要 AI 工具简介

常用的国产自动生成会议纪要 AI 工具如下。

1. 听脑 AI

听脑 AI 是一站式智能会议助手，接入 DeepSeek 相关模型，适用于线下会议和线上视频会议。它可实现会议录音转文本、自动区分发言人、生成会议纪要、生成摘要和待办事项等功能，支持实时录音转文字，能够做到毫秒级识别，还能生成思维导图。

2. 飞书妙记

飞书妙记可自动识别会议中的关键信息，如议题、决策、责任人等，并生成结构化的会议纪要模板，会后飞书智能伙伴还能根据录制内容生成包含会议总结、待办事项和章节纪要的妙记文件。

11.7　常用的文件格式转换 AI 工具简介

以下是一些常用的文件格式转换 AI 工具。

1. 迅捷 PDF 转换器

迅捷 PDF 转换器功能强大，不仅支持 PDF、CAD 等格式转换，还具备 PDF 文件编辑、文档翻译、语音识别、智能对话等功能，以及 AI 改写功能。

2. HiPDF

HiPDF 是万兴科技旗下的产品，它具备 AI 文档翻译、校对、格式转换等功能。其 PDF 文档转换功能支持将 PDF 文件轻松转换为 Word、Excel、PPT、图像等多种格式的文件，也支持将其他格式的文件转换为 PDF 文件，在教育、信息技术、金融、法律等多个专业领域被广泛应用。

3. 博思 AIPPT

博思 AIPPT 是基于 AI 技术的在线 PPT 生成工具，支持 AI 格式转换。用户可在其中导入 PDF、Word、Markdown、TXT 等格式的文件，它会自动将这些文件转换为 PPT。它还具备结构化大纲解析、智能排版、AI 重写等功能。

4. SlidesPilot

SlidesPilot 是基于 AI 技术的在线文档处理工具，提供 PDF、Word 格式的报告、大纲、研究论文转 PPT 的功能，用户在使用时可按需选择对应的工具。

5. FileFormat

FileFormat 是一款在线 AI 文件转换工具。它支持将多种格式的文件转换成，可同时转换多达 10 个文件（要求每个文件大小不超 10MB）。

6. CloudConvert

CloudConvert 支持文件格式在线转换，还可对目标文件的分辨率、质量和大小等进行调整。该工具自 2012 年发布以来，以其数据安全性和高质量转换受到用户信赖。

11.8　常用的翻译 AI 工具简介

以下几款常用的翻译 AI 工具在准确率方面的表现较为出色。

1. DeepL

DeepL 使用 AI 技术提供高质量翻译，允许用户在正式与非正式语气间选择，能保留原始内容格式。它在处理长难句和专业文本方面表现出色，例如，它在翻译法律、商务等方面的专业文件时，能准确传达原文含义，翻译质量广受认可。

2. 有道翻译

有道翻译中的 AI 翻译基于大模型能力，能够更好地捕捉上下文信息，对语言的理解能力强，可实现专业领域词语的轻松翻译，能确保句子和文章的连贯性，避免语义断层或结构混乱，对于文言文等较难的内容也能较好地理解和翻译。

3. 深蓝词典

深蓝词典专注于特定领域（如法律、医学等）的翻译，它在这些专业领域的翻译结果准确性较高，适合专业人士使用。

应用实践

【任务 11-1】 使用豆包生成文章的摘要和关键词

【任务描述】

使用豆包生成文章"勤奋工作 踏实劳动——劳动精神述评.docx"的摘要和关键词。

【任务实施】

打开豆包首页，单击左侧导航栏中的【AI 阅读】，上传文章"勤奋工作 踏实劳动——劳动精神述评.docx"，然后输入提示词：请帮我生成该文章的摘要和关键词。单击【发送】按钮。

豆包生成的文章的摘要和关键词如下。

摘要如下。
中华民族以勤于劳动、勇于奋斗的精神创造了灿烂文明。广大劳动者传承崇尚劳动、热爱劳动、辛勤劳动、诚实劳动的精神内涵，在不同历史时期书写了壮丽篇章。未来，广大劳动者需继续发扬劳动精神，以奋斗为笔、创新为墨，奋力绘就新画卷。
关键词：劳动精神；奋斗；创新；劳动者

提示：AI 工具生成的内容并不一定完全正确，用户需要对其生成的内容进行理性分析，特别是要对其生成内容的价值导向应进行严格审核。学会做 AI 工具的主人，是使 AI 工具助力高效办公与生活的第一步。

【任务 11-2】 使用讯飞星火生成文章的提纲

【任务描述】

使用讯飞星火生成文章"九寨沟一年四季的摄影之旅.docx"的提纲。

【任务实施】

打开讯飞星火首页，上传文章"九寨沟一年四季的摄影之旅.docx"，然后输入提示词：请帮我生成该文章的提纲。单击【发送】按钮。

讯飞星火生成的提纲如下。

1. 引言
   - 旅行与摄影的意义
   - 九寨沟的自然魅力
2. 春之九寨，摄桃花娇艳
   - 春天的九寨沟：生命的赞歌
   - 相机下的九寨沟：勃勃生机
3. 夏之九寨，摄漫山青翠
   - 夏天的九寨沟：清凉避暑胜地
   - 天空、山林：水天相接
4. 秋之九寨，摄彩林叠瀑
   - 秋天的九寨沟：色彩集中营
   - 红叶、黄栌、松柏：层林尽染
5. 冬之九寨，摄冰瀑清雪
   - 冬天的九寨沟：宁静童话世界
   - 白雪飘扬：幽静之美
6. 总结
   - 九寨沟四季风光的魅力
   - 摄影爱好者的天堂

【任务 11-3】 使用文心一言阅读并理解文章

【任务描述】

使用文心一言阅读并理解文章"在平凡的岗位上创造不平凡的业绩——劳模精神述评.docx"，然后完成以下任务。

1. 生成文章的摘要和关键词。
2. 生成文章的提纲。
3. 生成文章的综述。

【任务实施】

打开文心一言的首页，单击输入框上方导航栏中的【文档分析】，然后上传文章"在平凡的岗位上创造不平凡的业绩——劳模精神述评.docx"。

1. 生成文章的摘要和关键词

输入提示词：请帮我生成该文章的摘要和关键词。单击【发送】按钮，文心一言生成的文章摘要和关键词如下。

摘要如下。

本文深入阐述了劳动模范精神的内涵与价值，通过回顾不同历史时期劳动模范的杰出事迹，展现了他们在平凡岗位上创造非凡业绩的历程。文章指出，劳模精神是爱岗敬业、争创一流、艰苦奋斗、勇于创新、淡泊名利、甘于奉献的综合体现。本文呼吁全社会尊敬劳动模范，让诚实劳动、勤勉工作蔚然成风。

关键词：劳模精神；平凡岗位；爱岗敬业；勇于创新

2. 生成文章的提纲

电子活页 11-1

输入提示词：请帮我生成该文章的提纲。单击【发送】按钮，等待片刻，即可生成文章的提纲。

扫描二维码，打开电子教材中的电子活页 11-1，在线浏览"文心一言生成的提纲"。也可以自行在文心一言中生成类似的结果。

3. 生成文章的综述

输入提示词：请帮我生成该文章的综述。单击【发送】按钮，文心一言生成的综述如下。

> 综述
>
> 本文阐述了劳动模范精神内涵，包括爱岗敬业、争创一流、艰苦奋斗、勇于创新、淡泊名利、甘于奉献。通过回顾张定宇、冯艳、张秉贵等劳模事迹，展现了劳模精神在不同历史时期的传承与发扬。文章强调，劳模精神对推动社会进步有重要意义，呼吁全社会尊敬劳模、弘扬劳模精神，为实现中国梦贡献力量。

【任务 11-4】 使用通义听悟将语音转写为文字

【任务描述】

使用通义听悟将"生命的乐章.mp4"视频中的配音转写为文字。

【任务实施】

打开通义听悟的首页，单击【上传音视频】按钮，在弹出的【上传音视频】对话框中单击【上传本地音视频文件】按钮，在弹出的【上传本地音视频文件】对话框中上传本地视频文件"生命的乐章.mp4"，如图 11-1 所示。然后单击【开始转写】按钮。

图 11-1　在【上传本地音视频文件】对话框中上传本地视频文件"生命的乐章.mp4"

等待通义听悟将视频中的配音转写为文字，转写完成后的文字如下。

> 发言人　00:07
> 水有韵，瀑有魂，生命的乐章在奏响。透过枝叶，看水花与岩石共舞。飞珠溅玉，似万万颗珍珠散落人间。
> 发言人　00:45
> 瀑布铺陈开来，不知何起、何终。历经世事，黄褐色的钙华似乎在诉说着岁月峥嵘。真实之中更显宏伟、豪迈、坦荡。
> 发言人　01:19
> 密林深处，潺潺流水，倾泻而出。朵朵水花，仿佛一群调皮的孩子，蹦跳着落到水面。
> 发言人　01:50
> 欢快的笑声一如从前。
> 发言人　02:00
> 绝美群瀑声形异，只存清澈不存愁。轮回流转，周而复始，绝世的交响，生生不息。

【任务 11-5】 优选 AI 工具实现会议记录和整理

【任务描述】

在当今数字化办公时代，会议是信息交流和决策制定的重要场景，对其进行录制至关重要。AIGC 技术的发展为会议录制带来了新的变革，大大提升了会议录制的效率和质量。

1. 针对以下会议场景优选合适的 AI 工具记录会议发言内容。

会议场景 1：一家互联网公司的项目组召开周会，讨论项目的进展和下一阶段计划。

会议场景 2：一家大型企业召开跨部门协作会议，旨在协调不同部门之间的工作，解决项目推进过程中的问题。

会议场景 3：一家企业组织内部培训会议，邀请专家进行知识分享和培训。

2. 分析这些 AI 工具在相应会议中的使用流程或作用。

3. 对所选用的 AI 工具的优势和局限性进行分析。

【任务实施】

1. 选用讯飞听见、通义听悟与亿图脑图 MindNaster 记录日常工作会议

针对会议场景 1，选用讯飞听见、通义听悟与亿图脑图 MindNaster 记录日常工作会议。

（1）AIGC 辅助流程

为了高效记录会议内容，项目组成员采用了以下 AIGC 辅助流程。

① 会议录制：会议开始时，使用讯飞听见进行会议内容录制。之所以选择它，是因为其录音功能稳定，录制的音频清晰，能完整保留会议中的各种声音信息。

② 内容总结：会议结束后，将录制好的音频上传至通义听悟官网。在通义听悟的工具箱中找到"上传音视频"功能，利用通义听悟会对音频进行处理。处理完成后进入章节速览页面，在这里可以查看会议中的各个章节，并总结出核心内容。例如，当讨论到项目进度时，通义听悟能准确提取出已完成的任务模块、遇到的问题及解决措施等关键信息。如果对某些总结内容存在疑问，或者通义听悟的总结有误，用户还能在页面左侧查看原文进行溯源，在章节右侧进入编辑状态补充重点内容。最后，将总结内容以.md 格式导出。

③ 生成会议纪要思维导图：打开亿图脑图 MindNaster，将以.md 格式保存的总结内容导入，亿图脑图 MindNaster 会自动将文本内容转化为思维导图形式的会议纪要。这样一来，会议的核心要点、讨论的不同主题及各主题下的详细内容都以清晰的层级结构呈现出来，方便项目组成员回顾和梳理会议内容，了解项目的整体情况和后续工作方向。

（2）优势分析

① 高效性：整个流程操作简便，从内容总结到生成会议纪要思维导图，AI 工具均可在短时间内完成，大大节省人工记录和整理会议内容的时间。

② 准确性：通义听悟利用人工智能技术对音频进行分析和处理，能够较为准确地提取会议核心内容，减少了人工记录可能出现的遗漏和错误。

③ 可视化呈现：通过亿图脑图 MindNaster 生成的思维导图形式的会议纪要，将会议内容以直观的图形化方式展示，方便项目组成员理解和记忆，有助于其快速把握会议重点。

（3）局限性分析

对设备和网络的依赖：整个过程需要依赖录音设备、计算机及稳定的网络环境，若在录制过程中出现设备故障或者网络不稳的情况，可能会影响会议录制和后续的内容处理。

2. 选用飞书智能会议纪要和飞书智能伙伴助力企业跨部门协作会议

针对会议场景 2，选用飞书智能会议纪要和飞书智能伙伴助力企业跨部门协作会议。

（1）使用飞书智能会议纪要和飞书智能伙伴进行会议记录

① 预约会议：会议组织者在飞书中预约会议时，详细填写会议议程，并附上会议讨论内容的上下文和相关附件。这样参会人员在收到日程后，能对讨论议题进行了解，明确会议重点。

② 会中聚焦议程讨论：会议开始后，参会人员围绕议程快速展开讨论。主持人可以在会议中启动议程计时，确保讨论聚焦议程并按时结束。当讨论到某个具体问题，例如，不同部门在资源分配上的争议时，参会人员能够清晰地围绕该问题进行交流，避免讨论偏离主题。

③ 使用飞书智能伙伴总结会议：在视频会议进行期间，启动飞书智能伙伴。飞书智能伙伴可以实时总结会议要点、生成待办事项和总结发言人的发言内容等。例如，当某位发言人提出一项解决方案时，飞书智能伙伴能迅速将其总结为要点，并明确相关的待办事项和责任人。参会人员还可以在会中根据需要持续进行问答，以便在会后生成更完整的纪要。

④ 会后自动生成智能纪要：会议结束后，妙记文件或会议纪要文档中会自动生成智能纪要。智能纪要包括会议总结、待办事项、章节纪要 3 部分。会议组织者将妙记文件或会议纪要文档分享给所有参会人员后，参会人员即可查看智能纪要。在多语言识别方面，若会议中存在中英文混杂的讨论，飞书智能会议纪要能够逐字逐句识别；当英文讨论占多数时，智能纪要以英文呈现，并支持翻译成多种语言，方便不同语言背景的参会人员理解会议内容。

（2）优势分析

① 全流程智能化：从预约会议到会后自动生成智能纪要，飞书智能会议纪要提供了一站式的智能化解决方案，贯穿会议的整个生命周期，大大提高了会议管理的效率。

② 精准的内容提取和总结：基于人工智能模型，飞书智能伙伴能够精准地提取会议中的关键信息，生成准确的会议要点和待办事项，有助于参会人员明确工作方向和责任。

③ 多语言支持：对于跨国企业或有不同语言背景的人员参与的会议，多语言识别和翻译功能能够消除语言障碍，确保所有参会人员都能准确理解会议内容，促进跨部门的有效协作。

④ 与办公软件的兼容性：飞书与其他常用办公软件具有良好的兼容性，方便用户在不同的办公场景中进行数据交互和协作，提高工作效率。

（3）局限性分析

① 免费使用次数限制：目前飞书智能会议纪要限制用户的每天免费使用次数，这对于会议召开频繁的企业来说，这一限制可能无法满足全部需求，企业可能需要考虑付费升级其账户，以便获取更多的使用次数及服务支持。

② 对网络环境要求高：飞书智能会议纪要依赖稳定的网络环境，若网络环境不稳定，可能会出现会议卡顿、语音识别延迟或错误等问题，影响会议的正常进行和记录效果。

3. 选用天翼企业云盘 AI 会议助手服务企业内部培训会议

针对会议场景 3，选用天翼企业云盘 AI 会议助手服务企业内部培训会议。

（1）天翼企业云盘 AI 会议助手在会议录制和记录、整理中能够发挥重要作用

① 智能录音与转录：会议开始时，开启天翼企业云盘 AI 会议助手，它具备智能录音与转录功能，能够实时记录会议内容。它在录制过程中，通过先进的语音识别技术，将会议中的语音精准转化为文字纪要。例如，专家在讲解专业知识时，天翼企业云盘 AI 会议助手能准确识别并记录复杂的专业术语和详细的知识点。

② 资料保存与分发：会议结束后，天翼企业云盘 AI 会议助手生成的会议记录会自动保存至天翼企业云盘内。企业可以通过天翼企业云盘将会议记录快速、安全地分发给参会人员，确保他们能够及时获取会议记录，方便后续复习和回顾培训内容。

③ 会议记录搜索与利用：利用天翼企业云盘的全盘搜索功能，企业客户只需搜索关键词，就能精

准定位到会议记录中的相关内容。例如，员工想要查找关于某个特定技术点的讲解内容，通过搜索关键词，就能快速找到对应的会议记录片段，为员工的学习和工作提供了便利，也有助于加快决策速度和提升决策质量。

（2）优势分析

① 一站式会议记录解决方案：天翼企业云盘 AI 会议助手集录音、转录、保存、分发和搜索功能于一体，为企业提供了全面的会议记录服务，满足了企业在会议管理中的多种需求。

② 高准确性的语音转录：通过采用先进的语音识别技术，天翼企业云盘 AI 会议助手能够准确地将会议语音转化为文字，即使面对专业领域的复杂内容和不同语言的发言，也能保持较高的识别准确率。

③ 安全、可靠的数据管理：会议记录自动保存至天翼企业云盘，利用天翼企业云盘的安全机制，确保数据的安全性和稳定性。同时，天翼企业云盘的权限管理功能可以对会议记录的访问进行控制，保证敏感信息不被泄露。

④ 便捷的搜索功能：全盘搜索功能使得会议记录的查找变得非常便捷，员工能够快速获取所需信息，提高了工作效率，也有助于知识的沉淀和共享。

（3）局限性分析

① 功能相对单一：与一些综合型办公软件相比，天翼企业云盘 AI 会议助手主要侧重于会议记录和资料管理，在其他办公功能的集成和拓展方面相对较弱，目前可能无法满足企业复杂的办公需求。

② 对天翼企业云盘存储空间的依赖：如果天翼企业云盘存储空间不足，可能会影响会议记录的保存和后续使用。虽然可以通过购买更多存储空间来解决该问题，但这会增加企业的成本投入。

通过以上实例可以看出，AIGC 在辅助会议录制方面展现出了强大的功能和显著的优势，能够有效提高会议记录的效率和质量。然而，目前的 AIGC 技术在语音识别准确性、对网络环境的依赖及功能的完善性等方面还存在一定的局限性。随着技术的不断发展和创新，相信 AIGC 在会议录制领域将发挥更大的作用，为企业和组织的办公效率提升带来更多的便利和更高的价值。

【任务 11-6】 使用讯飞听见将语音转换为文字与实现会议录制

【任务描述】

使用讯飞听见完成以下任务。
1. 将"爱永恒如歌.mp4"视频中的配音转换为文字。
2. 会议录制。

【任务实施】

1. 将视频中的配音转换为文字

打开讯飞听见首页，如图 11-2 所示，单击【导入音视频】按钮，在弹出的【导入音视频文件】对话框上传本地视频文件"爱永恒如歌.mp4"，如图 11-3 所示。

图 11-2 讯飞听见首页

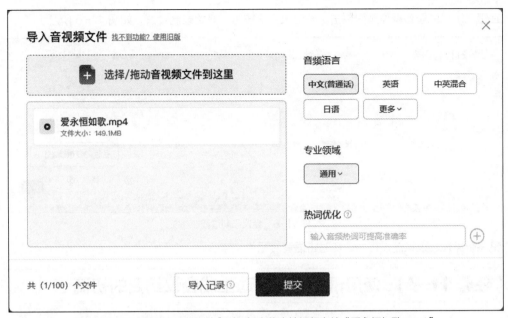

图 11-3　在【导入音视频文件】对话框上传本地视频文件"爱永恒如歌.mp4"

　　然后单击【提交】按钮，开始导入选择的音视频文件，音视频文件导入完成后，进入图 11-4 所示的操作页面，单击【转文字】，即可开始将配音转换为文字。

图 11-4　讯飞听见的操作页面

2. 会议录制

在讯飞听见的首页单击【实时录音】按钮，打开讯飞听见的录音操作页面，如图 11-5 所示。

图 11-5　讯飞听见的录音操作页面

在讯飞听见的录音操作页面单击【开始录音】按钮，开始录制会议，如图 11-6 所示。

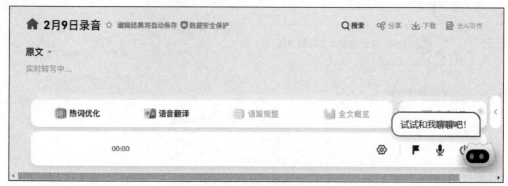

图 11-6　会议录制过程

讯飞听见在会议录制过程中，实时将语音转写为文字。

【任务 11-7】 使用讯飞听见自动生成会议纪要的初稿

【任务描述】

某互联网公司的产品研发团队召开了一次周会，主要讨论新产品的功能优化和上线计划。会议时长约 60min，参会人员包括产品经理、研发工程师、设计师和测试人员。会议召开过程中，会议组织者使用专业录音设备对会议进行了全程录制。

完成以下操作任务。

1. 会议结束后，使用讯飞听见自动生成会议纪要的初稿。
2. 对讯飞听见生成的会议纪要初稿中所包含的内容进行分析。
3. 探析使用 AI 工具自动生成会议纪要初稿的优势与不足。

【任务实施】

1. 使用讯飞听见自动生成会议纪要的初稿

会议结束后，将录音文件上传至讯飞听见。讯飞听见利用语音识别技术将录音内容转化为文字，并通过自然语言处理算法对文字内容进行分析和提炼，自动生成了会议纪要的初稿。

2. 分析讯飞听见生成的会议纪要初稿中所包含的内容

会议纪要初稿涵盖以下内容。

（1）会议的基本信息：会议主题、时间、地点和参会人员。

（2）会议的主要内容：各个讨论议题的要点、达成的共识及提出的问题。

（3）会议明确的各项任务的责任人及完成时间节点：例如，关于新产品的某个功能优化，会议决定由研发工程师小李负责在本周内完成代码修改，由测试人员小张负责在下周初进行测试。这些关键信息在生成的会议纪要初稿中都得到了清晰呈现。

3. 使用 AI 工具自动生成会议纪要初稿的优势与不足

（1）优势

① 高效性：传统方式下，人工整理会议纪要可能需要花费数小时甚至更长时间，而 AI 工具短短十几分钟就能生成初稿，大大降低了时间成本，提高了工作效率。

② 准确性：AI 工具基于先进的算法，能够准确识别会议中的关键信息，减少了人工记录可能出

现的遗漏和错误，确保会议纪要初稿的内容全面、准确。

③ 规范性：生成的会议纪要初稿格式规范、结构清晰，按照会议的流程合理组织会议内容，便于参会人员和相关人员查阅和理解。

（2）不足

① 语音识别误差：尽管 AI 工具自动生成会议纪要初稿的准确性较高，但在多人同时发言、语速过快或存在口音的情况下，AI 工具的语音识别可能会出现错误，导致会议纪要初稿中的部分内容不准确，需要人工进行核对和修正。

② 语义理解局限：对于一些复杂的业务讨论和专业术语，AI 工具的语义理解能力还有待提高，可能无法完全准确地把握会议的深层含义和意图，需要人工进一步完善和补充。

③ 缺乏灵活性：AI 工具生成会议纪要初稿主要依据预设的算法和模板，对于一些特殊的会议需求和个性化的内容呈现方式，可能无法很好地满足，需要人工进行调整和优化。

总体来说，AI 工具辅助生成会议纪要初稿为会议记录工作带来了极大的便利和效率提升，但其目前还不能完全替代人工，只有将 AI 工具处理与人工处理相结合，发挥各自的优势，才能生成高质量的会议纪要初稿。

【任务 11-8】 选用 AI 工具实现文件格式转换

【任务描述】

选用合适的 AI 工具分别实现文本格式转换、图像格式转换、音频格式转换、视频格式转换。

【任务实施】

1. 文本格式转换

场景：一位科研人员撰写了一篇学术论文，他使用的是 Markdown 格式，因为这种格式便于快速撰写和整理内容，但导师要求其提交 Word 格式的学术论文以便于批注和修改。

选用工具及操作：科研人员可以使用 Smallpdf 在线转换工具。将 Markdown 格式的论文上传至 Smallpdf 平台，在转换选项中选择转换为 Word 格式。平台利用人工智能技术，能够识别 Markdown 格式的论文中的标题层级、列表等元素，并将其准确地转换为 Word 格式的论文中的相应元素，如标题样式、项目符号列表等，生成的 Word 文档保留了原论文的结构和内容，且格式规范，科研人员无须再进行大量的手动调整。

2. 图像格式转换

场景：一名设计师制作了一个产品宣传海报，源图像采用 PSD 格式，需要将其转换为 JPEG 格式用于在网站上展示。

选用工具及操作：设计师可以使用 Adobe Photoshop 软件。打开 PSD 图像后，选择【文件】菜单中的【存储为】选项，在【格式】下拉菜单中选择【JPEG】。Adobe Photoshop 利用其内置的人工智能相关算法，在转换过程中会自动优化图像的色彩和分辨率等参数，以适应 JPEG 格式的特点。例如，对于一些复杂的图层效果，人工智能相关算法能够智能地进行合并和处理，确保转换后的 JPEG 图像在保持原有视觉效果的同时，其文件大小也能够得到合理优化，便于在网站上快速加载和显示。

3. 音频格式转换

场景：一位音乐爱好者录制了一段 WAV 格式的原创音乐小样，但想要将其转换为 MP3 格式以便在手机音乐播放器上播放音乐和将音乐分享给朋友。

选用工具及操作：音乐爱好者可以使用 Audacity 软件。将 WAV 文件导入 Audacity 后，选择【文件】菜单中的【导出】选项，在【格式】中选择【MP3】。Audacity 利用人工智能技术对音频进行分析和处理，根据 MP3 格式的编码特点，对音频的采样率、比特率等参数进行调整和优化。例如，它可能会根据用户设置的目标音质，智能地选择合适的比特率进行编码，在保证音频质量的前提下，将文件大小压缩到适合 MP3 格式的范围，转换后的 MP3 文件可以在各种手机音乐播放器上流畅播放。

4. 视频格式转换

场景：一个视频制作团队拍摄了一些原始视频素材，格式为 MOV，需要将其转换为 MP4 格式用于在社交媒体平台上发布。

选用工具及操作：该团队可以使用万兴优转软件。将 MOV 视频素材添加到万兴优转的转换列表中，选择输出格式为 MP4。万兴优转利用人工智能技术对视频进行全面的分析和处理，在转换过程中，它会根据 MP4 格式的特点和社交媒体平台的播放要求，自动调整视频的分辨率、帧率和码率等参数。例如，如果 MOV 视频素材的分辨率过高，不满足社交媒体平台的播放要求，人工智能算法会智能地将其调整为合适的分辨率，同时保证视频的清晰度和流畅度不发生改变，转换后的 MP4 视频能够完美适配社交媒体平台的播放环境，吸引更多观众。

【任务 11-9】 使用讯飞星火将中文内容翻译为英文

【任务描述】

在讯飞星火中将中文内容"你只管努力，剩下的交给时间"翻译为英文。

【任务实施】

打开讯飞星火首页，在输入框输入以下提示词。

请将以下中文内容翻译为英文。

你只管努力，剩下的交给时间。

翻译结果如下。

Just focus on doing your best, and leave the rest to time。

【任务 11-10】 使用 DeepSeek 翻译中英文

【任务描述】

在 DeepSeek 中完成以下任务。

1. 将中文内容"书山有路勤为径，学海无涯苦作舟。"翻译为英文。

2. 将以下英文内容翻译为中文。

The most precious is life,life,each person only once,people's life should be spent this way:When the recollection of events,he will not be wasted for love and remorse,will not result in mediocrity and shame; in dying,when he was able to say "my whole life and all of our energy,have been dedicated to the world's most magnificent cause: the cause of human liberation struggle.

【任务实施】

（1）将中文内容翻译为英文

翻译结果如下。

Diligence is the path to the mountain of books; Perseverance is the boat on the endless sea of learning.

（2）将英文内容翻译为中文

翻译结果如下。

人最宝贵的是生命。生命每个人只有一次。人的一生应当这样度过：当回忆往事的时候，他不会因为虚度年华而悔恨，也不会因为碌碌无为而羞愧；在临死的时候，他能够说："我的整个生命和全部精力，都已经献给了世界上最壮丽的事业——为人类的解放而斗争。"

自主学习

【任务 11-11】 使用智谱清言生成论文的摘要和关键词

【任务描述】

使用智谱清言生成论文"教育家精神的时代特质及培育路径.docx"的摘要和关键词。

【任务 11-12】 使用天工 AI 生成文章的提纲

【任务描述】

使用天工 AI 生成文章"在全社会弘扬劳动精神.docx"的提纲。

【任务 11-13】 使用飞书妙记将语音转写为文字

【任务描述】

使用飞书妙记将视频"四季五花海.mp4"的配音转写为文字。

【任务 11-14】 优选合适的 AI 工具翻译中英文

【任务描述】

选择熟悉的 AI 工具。

□文心一言　　□豆包　　□DeepSeek　　□Kimi　　□讯飞星火

□通义　　□智谱清言　　□天工 AI　　□腾讯元宝　　□海螺 AI

1. 将以下中文内容翻译为英文

（1）AI 时代不学习就会落伍，我们要抓住机遇学会使用 AI 工具，让工作效率翻倍。

（2）连绵起伏的壮丽山脉，山峰高耸入云，气势磅礴。

2. 将以下英文内容翻译为中文

Many people read on digital devices like cell phones and e-books. The fast pace of life leaves many people no time to sit and read a whole book, so making use of fragmented time to read is sure to be a trend. Fragmented reading has its advantages. People can get hold of large amounts of information, knowledge, and entertainment in a short time. Digital reading is faster and more interactive than traditional deep reading.